国家出版基金项目
NATIONAL PUBLICATION FOUNDATION

曾巩研究书系
ZENG GONG YANJIU SHUXI

主编 闵定庆

曾氏文学家族研究
ZENG SHI WENXUE JIAZU YANJIU

李俊标 著

江西高校出版社
JIANGXI UNIVERSITIES AND COLLEGES PRESS

图书在版编目（CIP）数据

曾氏文学家族研究 / 李俊标著. -- 南昌：江西高校出版社, 2021.12
（曾巩研究书系 / 闵定庆主编）
ISBN 978-7-5762-1608-0

Ⅰ.①曾… Ⅱ.①李… Ⅲ.①曾巩（1019-1083）—家族—研究 Ⅳ.① K820.9

中国版本图书馆 CIP 数据核字 (2021) 第 134315 号

出版发行	江西高校出版社
社　　址	江西省南昌市洪都北大道 96 号
总编室电话	（0791）88504319
网　　址	www.juacp.com
印　　刷	浙江海虹彩色印务有限公司
经　　销	全国新华书店
开　　本	700mm×1000mm　1/16
印　　张	16.5
字　　数	220 千字
版　　次	2021 年 12 月第 1 版 2021 年 12 月第 1 次印刷
书　　号	ISBN 978-7-5762-1608-0
定　　价	48.00 元

赣版权登字 -07-2021-882
版权所有　侵权必究
图书若有印装问题，请随时向本社印制部（0791-88513257）退换

主编简介

闵定庆,男,江西永修人,1964年生,苏州大学中国古代文学博士、中山大学中国古代文学博士后。现任华南师范大学文学院中国近代文学研究室主任,教授。主要研究方向为唐宋文学、近代文学、古籍整理。

作者简介

李俊标,男,辽宁义县人,1970年5月生于江苏南京。安徽师范大学中国古代文学硕士,南京大学中国古代文学博士,复旦大学中国古代文学博士后,为京都大学大学院文学研究科特聘外国人学者,江苏师范大学文学院教授,江西省历史学会曾巩文化研究专业委员会顾问。出版有古籍整理《曾巩集》《王维诗选》,学术专著《曾巩研究》《曾巩散文考论》。

总　序

曾巩（1019—1083），字子固，北宋建昌军南丰（今江西省南丰县）人，北宋文学家、史学家、政治家，人称"南丰先生"。曾巩早年遭逢变故，一方面"经营食众口，四方走遑遑"，一方面刻苦治学，备尝艰辛困苦，迟至三十九岁才得中进士。虽偃蹇不偶，却久负才名，在文学、经学、史学、金石、治政等方面皆取得巨大成就。他追随欧阳修进行诗文革新，成为北宋古文运动的骨干，其文在当时极受欢迎，"学士大夫手抄口诵，唯恐得之晚"。在学术方面，敬承欧学之"醇"，与欧阳修一起推动"孟子升格"运动，又折冲于张载、二程之间，上续孟韩，下启濂洛，对"宋学"的形成起到了不可替代的作用；馆阁九年，校勘古籍，成就斐然，尽传向、歆校雠学的精髓。在为政方面，他不愿卷入无谓的政治争斗，自求外放，相继主政七州，居官勤政廉洁，积极造福一方，深受百姓的爱戴，南昌"子固路"，济南"南丰祠""南丰桥""曾堤"等"活地名"，就是当地百姓对这位地方长官的肯定。

曾巩是两宋时期一颗极其耀眼的"明星"，当时有"两宋文人半江西"之说，曾巩与众多江西文人一起谱写了江西文化史上最璀璨的篇章。他有力推动了"宋学"的建立，在很大程度上改变了中国封建后期文化史的建设，为后学奉为"千古醇儒"。一代宗师欧阳修视其为"传人"，亲授经史、文学之"秘"。王安石有诗赞云："曾子文章众无有，水之江汉星之斗。"陈师道有诗称道："向来一瓣香，敬为曾南丰。"朱熹更奠定了"曾巩崇拜"的基调，他说："公之文高矣，自孟、韩以来，作者之盛，未有至于斯。"故《宋史·曾巩传》做了以下"定论"："曾巩立言于欧阳修、王安石间，纡徐而不烦，简奥而不晦，卓然自成一家，可谓难矣。……宋之中叶，文学法理，咸精其能，若刘氏、曾氏之家学，盖有两汉之风焉。"明初朱右创辑《八先生文集》，由此开启中国文化史上独具特色的"唐宋八大家"选学系统与文脉体系。清初张伯行编《唐宋八大家文钞》，于曾文情有独钟，选文一百二十八篇，略等于欧、三苏、王之文的总和。清乾隆帝《唐宋文醇》不但选曾文最多，且于评点中再三致意，抉出"醇儒"风致。曾巩，作为一个"文学-文化现象"，很早就为人所瞩目，并一度形成了"曾巩崇拜"。无论是就中国文化史而言，还是就中国文学史而言，曾巩作为一个标志性人物，一直是人们无法绕过去的"明星般的存在"。

1983年，江西省有关部门发起、组织了曾巩逝世九百周年的纪念活动，会议论文集结为《曾巩研究论文集》，引发了曾巩研究的热潮。2019年，适逢曾巩诞辰一千年。我们认为，最好的纪念便是恢复曾巩本来的面目，既可消除"唐宋八大家""千古醇儒"等标签化认知，又可祛"唐宋八大家中最不受重视的一个"等论述的"悲情"之魅。在全球化的文化语境中，如何以现代的、宏通的视野，按严格的学术规范，对曾巩其人其文进行新的整合、新的理解、新的思考，描摹其内在精神、个性特征、独特内涵，并做好传统价值的转换工作，揭示其现实意义，运圆览之力，收会通之功，塑造出一个南丰的、江西的、中国的、世界的曾巩形象，是我们应该担当起的一项迫切而光荣的使命。

有鉴于此，我们诚邀海内外曾巩研究专家共襄盛举。他们当中既有学有夙成的文化名家，也有崭露头角的学术新锐，大家分工协作，从曾巩的家族、年谱、传记、思想、诗歌、散文、学术及接受史等方面切入，运用了新材料和新发现，多维、立体、全面地展现曾巩的文学造诣、学术成就，及他对中华优秀传统文化的发展所做出的重大贡献。各书稿均为重新撰作，充分吸收学界的研究成果，并在此基础上有所出新，体现出材料新、语境新、观点新的特点。我们深知，由于学力有限，见闻不广，必然出现这样或那样的问题，在此，热切期盼各位方家、读者批评指正，在以后的研究和写作中一定加以改进、提高。

闵定庆

己亥五月于华南师范大学

自 序

"书序,序所以为作者之意。"得明厥旨,诗书并序。自纂其作,始有亲笔。吕览叙意,鸿烈要略。各得心曲,良有以也。是作远溯三江之崔嵬,遥承海上之卿云。虽已转思秦汉,用意别录。然未睹江河,焉识源流。是以沉心天水,忘情南丰。悠悠岁华,对案晨风。也是因缘有自,心性相成。斯世同怀,感同切真。心香一瓣,百代尤芬。曾氏唯南丰唯大,南丰唯曾氏唯衡。八家并峙,虽非有欧苏之风流兴分,终是标新立异卓尔不群,亦凛凛然成一家之言者也。因散体已有别论,故首以南丰诗歌为述。南丰首倡,三曾联辔,众曾随响,天水无俦,并世罕靓。当代纷纭,后世纷争,自非文肃公莫属。而文情缱绻,可窥其情。由是次以子宣艺文为论。年次最殿,却是两为中书,再登翰林,文昭之文,闻名天下。是以子开艺文依次为叙。三曾振作,曾氏风致,可得中流。葱翠丰荣,更助三春光辉;溯往追来,三曾以至四五。一斑全豹,众葩谐芳,遂分论诸曾。上探立业成宗之正臣,旁及三曾兄弟之子翊。下汲公衮、竑父父子,更至同季之文辞。公衮、竑父、同季之三曾,诚可谓曾氏别开生面者也。终殿以综述,是谓"礼终三爵,乐奏九成"。是以本文以三曾为终始。文定、文肃、文昭之大三曾,横以成纲;公衮、竑父、同季之小三曾,纵以振绪。经纬交错,纵横贯缀。一门文翰,百世风流,天生其德,斯文有成。附言缀以《妾思》,无忘余师恕诚大人再造之深恩,无有先师,无有今生。小子何言,小子何感。人为最灵,有无相应,虚实两成,唯得其真。想南丰千古,唯斯唯尊者矣。

目 录

楔 子 /001

第一章 曾巩诗歌创作论
  第一节 古体诗歌创作 /006
  第二节 律体诗歌创作 /026
  第三节 宋调 /048
  第四节 综论 /055
  附论一 曾巩诗集考 /056

第二章 曾布文学创作论
  第一节 散文创作研究 /062
  第二节 诗歌创作研究 /066
  第三节 《水调歌头》大曲研究 /069
  附论二 筑毬渊源述略 /101
  附论三 曾布佚文考 /125

第三章 曾肇文学创作论
  第一节 散文创作研究 /127
  第二节 诗歌创作研究 /141

附论四　曾肇文集考　/157

附论五　曾肇佚文考　/161

第四章　曾氏族人文学创作论

第一节　曾致尧　/175

第二节　曾宰　/181

第三节　曾纡　/182

第四节　曾惇　/192

第五节　曾协　/207

第五章　综论

第一节　曾氏气禀　/221

第二节　曾氏文风　/225

主要征引文献　/234

后记一　/248

后记二　/251

楔子

元符三年（1100），南丰军山被赐庙封侯，第二年曾肇作《南丰军山庙碑》，文中描写南丰："……风气和平，无瘴氛毒疠之虞；水土衍沃，飞蝗不至，故岁常顺成而凶饥之灾少，民寡求而易足。故椎埋鼓铸、盗敚之奸，视诸其邻，有弗为也。"① 早此数十年，其祖曾致尧于《春日至云庄记》中也曾诗意化地对家乡描写道："盱江南北，地方千里，田如绮绣，树如烟云……"② 钟灵毓秀，经数世之积蕴，至曾致尧，曾氏家族声势渐起，到其孙曾巩一代，则一门数杰，蔚然卓立于天水一朝，之后亦代不乏人，让世人每多赞叹。明朝宋濂在《宋学士文集》卷第十二《曾学士文集序》中就曾感叹道："至于文定公巩、文肃公布、文昭公肇，起于南丰，遂以文章名天下……呜呼！何南丰曾氏之多贤哉！"③

曾氏家族向以好学善述显于当时。曾巩在《先大夫集后序》记载其祖曾致尧："公所为书，号《仙凫羽翼》者三十卷，《西陲要纪》者十卷，《清边前要》五十卷，《广中台志》八十卷，《为臣要纪》三卷，《四声韵》五卷，总一百七十八卷，皆刊行于世。今类次诗赋书奏一百二十三篇，

---

① 曾枣庄、刘琳主编：《全宋文》第一一〇册，上海辞书出版社、安徽教育出版社，2006年，第110页。
② 《全宋文》第〇〇七册，第15页。
③ 〔明〕宋濂撰：《宋学士文集》，《四部丛刊》初编本。

又自为十卷，藏于家。"① 曾致尧之子曾易占也是"博学懿文……著书垂后"②，知泰州如皋、信州玉山二县，唯以兴学为务。③ 宋代孙觌称他："能传父学，著时议数十万言，皆当世要务。"④ 曾家不仅男子如此，女子也是"于财无所蓄，于物无所玩，自司马氏以下，史所记世治乱、人贤不肖无所不读"⑤。到了三曾兄弟时代，此风更是大盛。曾氏长兄曾晔虽过世较早，然由其始就以勤学博览为能。曾巩在《亡兄墓志铭》中记载其"欢愉忧悲、疾病行役、寝食之间，书未尝去目。故自上古以来，至今圣贤百氏、骚人材士之作，训教警戒，辨议识述，下至浮夸诡异之文章，莫不皆熟"⑥。至曾巩，自幼受此风习之浸润，"六艺百家史氏之籍，笺疏之书，与夫论美刺非、感微托远、山镵冢刻、浮夸诡异之文章，下至兵权、历法、星官、乐工、山农、野圃、方言、地记、佛老所传，吾悉得于此"⑦。他曾参与多部史书之编撰，有《元丰类稿》五十卷、《金石录》五百余卷传世。《东都事略》第四十八卷言其"平生嗜书，家藏至二万余卷"⑧。其弟曾宰、曾布、曾肇幼秉家学，承兄教之，同样是勤奋好学、善于著述。曾宰"少力学，六艺百子、史氏记、钟律地理、传注笺疏、史篇文字，目览口诵手抄，日常数千言，手抄书连楹累笥不能容"⑨。《宋史》本传

---

① 〔宋〕曾巩撰，陈杏珍、晁继周点校:《曾巩集》卷第十二，中华书局，1984年，第194页。
② 〔宋〕曾肇:《行状》，见《曾巩集》附录，第791页。
③ 〔宋〕陈师道撰:《光禄曾公神道碑》，《后山居士文集》卷十六，上海古籍出版社，1984年，北京图书馆藏宋刻本影印。
④ 《全宋文》第一六〇册，第304页。
⑤ 〔宋〕王安石:《河东县太君曾氏墓志铭》，《临川先生文集》卷一百，《四部丛刊》初编本。
⑥ 《曾巩集》卷第四十六，第624页。
⑦ 《曾巩集》卷第十七，第285页。
⑧ 〔宋〕王称:《东都事略》，赵铁寒主编:《宋史资料萃编》第一辑，文海出版社（台北），1979年，第720页。
⑨ 《曾巩集》卷第四十六，第634页。

称曾肇"博览经传"①，有《曲阜集》四十卷、《奏议》十二卷、《西掖集》二卷、《内制》五十卷、《外制》三十卷、《书讲义》八卷、《将作监式》五卷、《曾氏谱图》一卷等著述刊行于世。曾布由于深陷新旧党争的旋涡，身后更因政见原因而被列入《宋史·奸臣传》，故文集多有残缺②。然即便如此，《宋史·艺文志》仍载其有《三朝正论》二卷、《熙宁新编常平敕》二卷、《丹丘使君诗词》一卷、《曾布集》三十卷。他还著有《曾公日录》，今残存七、八、九三卷，就此三卷之字数可推知，其全本颇为浩繁。曾布之子曾纡有《南游纪旧》一卷、《空青遗文》十卷。曾肇之孙曾协有《云庄集》二十卷，四库馆臣辑得五卷。《四库全书总目·云庄集》称其："杂文颇雅饬有法，《宾对》一赋为集中巨篇，语特伟丽。"③

正因其家族好学不辍，故子弟蟾宫折桂者接连不断。曾巩祖、父辈，祖曾致尧于太平兴国八年、从祖曾士尧于淳化三年、从父曾易从于咸平三年、父曾易占于天圣二年分别及第。至曾巩时代，则更为频繁。嘉祐二年（1057），曾巩与其弟曾牟、曾布及从弟曾阜同时金榜题名，四年后曾宰亦及第，治平四年（1067）最小的弟弟曾肇也紧随其后，跃入龙门。④至此，曾氏一门兄弟除曾晔早逝外俱登科及第。一榜之中有如此之多的兄弟登科，且一门之中又有如此多子弟及第，即使在科举兴盛的宋代也是较为罕见之事，由此正显示出曾氏家学的兴盛与发达。

在南丰曾氏家族众多成员之中，就当时之声势及后世之影响而言，尤为显著者当首推曾巩、曾布、曾肇三兄弟，如南宋汪藻所言，三兄弟"同时鼎峙为名臣，于是曾氏之名，益彰彻于时。士大夫以氏族名家，皆出

---

① 〔元〕脱脱等：《宋史》，中华书局，1985年，第10395页。
② 曾布因党争牵连，其文集多被删毁，故历代记载极少，但观其家风，及其久为翰林，可推知其著述亦夥。
③ 〔清〕永瑢等：《四库全书总目》卷一五八，中华书局，1965年，第1365页。
④ 〔清〕许应鑅、朱澄澜修，〔清〕谢煌等撰，《中国地方志集成·江西府县志辑：光绪抚州府志》，江苏古籍出版社，1996年，第19—22页，据光绪二年（1876）刻本影印。

其下"①。在他们三人身上集中体现了南丰曾氏的独特家族风范和文学创作成就。而其他曾氏族人,前有曾致尧为其家族奠定艺文之基石,后有曾纡、曾协为其家族文学创作增添不一样之色彩。故而本书将逐一论述其家族文学创作之翘楚,以显南丰曾氏翰苑特色,更以窥天水一朝家族文学创作之风貌。

---

① 《全宋文》第一五七册,第359页。

第一章
曾巩诗歌创作论

　　《曾巩集》中共收录有四百四十三首诗,其中《薛老亭晚归》一诗非曾巩所作。《全宋诗》曾巩卷中又补充了六首完整诗作,即《将行陪贰车观灯》《赴齐州》《恩藏主送古梅诗》《饯神》《千丈岩瀑布》《诗一首》。① 另补充了七组残诗,分别是"濯残暑气朝来雨,助作秋风夜半风""荷花落日红酣""兴亡两丘土""吟笑还孤永""旷然青霞抱,永矣白云适""割蚌珠的皪""固知臭味非相类,其奈萦缠不自由"。其中,《将行陪贰车观灯》《赴齐州》《千丈岩瀑布》这三首诗,以及"荷花落日红酣""兴亡两丘土""吟笑还孤永""旷然青霞抱,永矣白云适"这四组残诗均非曾巩所作。另外涂木水在《争鸣》1987年第一期上发表的《曾巩佚诗两首》中又辑录了《疏山寺》《抚橙》两首诗,宋罗愿撰《罗鄂州小集》卷六中又载有曾巩一首残诗。由此,曾巩现存

---

① 《曾巩集》所录《诗一首》未全,全诗载于宋祝穆撰《古今事文类聚·后集》卷三四《鳞虫部》,诗题为《金陵初食河豚戏书》,详见本书"附论一:曾巩诗集考"。

诗共四百五十一首，其中完整诗作四百四十七首，残诗四首。①四首残诗大致可以判断出是律体诗，这样律体诗共有二百二十七首，古体诗共有二百二十四首，两者数量大致相当。唐宋八大家中宋代的六位，除文名较弱的苏洵之外，曾巩的存诗数量是最少的。与陈师道、晁补之、张耒等人相比也同样如此，因而，笔者猜测，其当时所作应不止这些。《欧阳修全集》卷四十四《送曾巩秀才序》中说曾巩初到京师时就"橐其文数十万言来京师"②。再以曾巩在熙宁三年（1070）至熙宁六年任职齐州期间所作诗为例，当时曾巩兴致颇高，与友人酬唱之作应当不少，他曾专为此写有《齐州杂诗序》，然而现今其文集中齐州所作仅有三十余首，其散佚情况由此可见一斑。而后人对其诗文的不同态度应当是导致曾巩诗歌过多散佚的一个主要原因。

第一节　古体诗歌创作

曾巩一向给人严谨有余而灵动不足的印象，这使人很难在诗歌创作上将其与李白联系起来。而展卷细观曾巩的诗歌创作，其鲜明个性让人为之一震，由此又使人不能不对这一印象产生怀疑。就古体诗而言，他早期所作的一首描写麻姑山的诗歌《麻姑山送南城尉罗君》，将李白诗歌瑰丽酣畅的风格充分表现了出来。

> 麻姑之路摩青天，苍苔白石松风寒。峭壁直上无攀援，悬

---

① 邹陈惠仪在《古籍整理研究学刊》2003年3月第2期发表的《曾巩诗文版本概况与辑佚》一文中又辑入自己发现的佚诗三首。其中，《咏虞姬》并非曾巩所作，详见本书"附论一：曾巩诗集考"；《过灵璧张氏园》见《曾巩集》卷第八，第135页；《范饶州坐中客语食河豚鱼》乃梅尧臣诗作，见〔宋〕梅尧臣撰，朱东润编年校注：《梅尧臣集编年校注》卷八，上海古籍出版社，1980年，第117页。
② 〔宋〕欧阳修撰，李逸安点校：《欧阳修全集》卷四十四，中华书局，2001年，第625页。

磴十步九屈盘。上有锦绣百顷之平田，山中遗人耕紫烟。又有白玉万仞之飞泉，喷崖直泻蛟龙渊。丰堂广殿何言言，阶脚插入斗牛间。樛枝古木不记年，空槎枿然卧道边。幽花自婵娟，林深为谁妍？但见尘消境静翔白鹤，吟清猿，雏禽乳鹿往往噪荒颠。却视来径如缘絙，千重万叠穷岩峦。下有荆吴粟粒之群山，又有瓯闽一发之平川。弈棋纵衡远近布城郭，鱼鳞参差高下分冈原。千奇万异可意得，墨笔尽秃谁能传？丈夫舒卷要宏达，世路俯仰多拘挛。偶来到此醒心目，便欲洗耳辞嚣喧。罗夫子一日远补东南官，爱此层崖峻壑之秀发，开轩把酒可纵观。喜此披霄插汉之夐起，出门举足得往还。罗夫子一尉龙蛇方屈蟠，此邦人人衣食足，阖境年年枹鼓闲。几案剸裁得休暇，山水登蹑遗纷烦。我行送之思故园，引领南望心长悬。①

句式如此错杂的长篇杂言体诗在宋人的著作中是比较少见的。以宋人中最具才情的苏轼为例，在《苏轼诗集》较为可靠的前四十五卷中共有杂言诗五十四首，而这四十五卷共有诗两千三百八十八首，杂言诗只占到了百分之三不到的分量。这五十四首杂言诗篇幅大都不长，句式变化不大，许多只是以"君不见"起到音节变换的作用。就以句式变化较大的《轼近以月石砚屏献子功中书公，复以涵星砚献纯父侍讲，子功有诗，纯父未也，复以月石风林屏赠之，谨和子功诗，并求纯父数句》而言，篇幅也无此篇之长。曾巩这首诗不论是在句式的长短运用上，还是意境的塑造上，都明显受到了李白《蜀道难》的深刻影响。在北宋的诗人群体中，郭祥正诗风最似李白，由此而赢得"李白后身"之称。其文集中《蜀道篇送别府尹吴龙图（仲庶）》与《九疑山图》两诗风格与《蜀道难》

---

① 《曾巩集》卷第四，第57—58页。

最为相近,兹录前一首如下:

> 长吟李白《蜀道难》,蜀道之难难于上青天。长蛇并猛虎,杀人吮血毒气何腥膻。锦城虽乐不可到,侧身西望泣涕空涟涟。其辞辛酸语势险,有如曲折顿挫万丈之洪泉。世人不识宝玉璞,每欲酬价齐刀铅。求之往古疑未有,惜哉不经孔子之手加镌镵。公今易节帅蜀国,为公重吟《蜀道篇》。旌旗翻空度剑阁,甲花照雪参林颠。云罩连椎谷声碎,画角慢引斜阳悬。竹马争迎旧令尹,指公长髯皓素非往年。蜀道何坦然,和气拂拂回星躔。长蛇深潜猛虎伏,但爱雄飞呼雌、响亮调朱弦。时乎,乐哉!公之往也,九重深拱尧舜圣,庙堂论道丘轲贤。抚绥斯民赖良守,平平政化公能宣。束兵兴学有源本,何必早夜开华筵。尝闻家家卖叙钏,只待看舞青春前。此风不革久愈薄,稔岁往往成凶年。噫吁嚱!今我无匹马,安得从公游?尽书政绩来中州。献之明堂付太史,陛下请捐西顾忧。①

从中我们可以看出郭祥正诗歌模仿的成分远多于曾巩。《蜀道篇送别府尹吴龙图(仲庶)》一诗开篇直接复述《蜀道难》,接下去对于蜀地景色的描摹也未能脱出《蜀道难》的窠臼,多是从中套用,如"长蛇深潜猛虎伏,但爱雄飞呼雌、响亮调朱弦"等。"时乎,乐哉"以下内容是自出胸臆的述说,但在气势上与其上套用李白诗句有明显区别。且句式几乎全为七言句,只"噫吁嘻!今我无匹马,安得从公游"一句稍有不同。第二首《九疑山图》则从起首直到末尾都在亦步亦趋地依照《蜀道难》而吟咏。这种套用不可避免地造成重复与雷同的弊病,也就使得他的诗歌中少有自己的感情色彩,缺乏一种贯串始终的灵动性,读来总

---

① 〔宋〕郭祥正撰,孔凡礼点校:《郭祥正集》卷十五,黄山书社,1995年,第250—251页。

无李白原作那样明快流畅的节奏。而曾巩对于麻姑山则不是像郭祥正仅只是遥想蜀道或是对图构拟。对于自己从小就熟知的家乡山水，他有着发自肺腑的亲切感。他所借鉴的只是李白《蜀道难》以及其他诗歌中所特有的瑰奇俊逸的风格特点。这正与麻姑山的景色相契合，也更与作者自己心中的境象相吻合。他借用此瑰奇俊逸的风格特点描摹麻姑山奇特崔嵬的自然山色，实际上是要以此来抒发自己心中意气风发的壮志豪情。由山路之险峻喻世路之艰难，由青年人不畏险阻勇往直前的勇气与激情，展现要为天下一展宏图的强烈愿望。正如诗中所言："丈夫舒卷要宏达""罗夫子一尉龙蛇方屈蟠"。曾巩的此种愿望并不是以直接倾诉的方式来表达，而是通过对麻姑山险峻的山势、对南城尉罗君治政的描写侧面映衬出来。整首诗歌不论是写景还是言情，都始终贯彻着这种精神，故而从头到尾洋溢着一种明快劲爽的气韵。最后又以回望故园收束，暗合《蜀道难》末尾的怅然之情。此诗充分吸收了李白诗歌的风格特点，但并不是亦步亦趋，而是以此风格来抒发自己的情感，抒写自己的志愿，借鉴中别具面目。如对山势景色的描写，既没有郭祥正"长蛇并猛虎，杀人吮血毒气何腥膻""噫吁嚱"这样的重复叙述，也没有"乾颠坤弱能扶持"[①]（郭祥正《九疑山图》）这样的生硬描写。又如同样是从《蜀道难》"但见悲鸟号古木，雄飞雌从绕林间"化用而来，曾巩的"但见尘消境静翔白鹤，吟清猿，雏禽乳鹿往往噪荒颠"要比郭祥正的"但爱雄飞呼雌、响亮调朱弦"一句多了许多变化。同样是"上有……下有"这样的句式，《九疑山图》和《蜀道难》一样，"上有源源不绝之寒泉，下有沄沄不断之深溪"，而曾巩于借鉴中更有变化，将李白的两句生发出二十一句的大段景色描写，这是《蜀道难》所没有的。再如结尾不论是《蜀道篇送别府尹吴龙图（仲庶）》的"陛下请捐西顾忧"，还是《九疑山图》"高吟尽日长

[①] 《郭祥正集》卷十四，第242页。

吁嚱",都完全套用《蜀道难》的立意,而曾巩则从送友而生乡思入手,用笔自然。另外,诗歌的立意也不同,《蜀道难》寓意虽然复杂,但曾巩诗歌借送友而抒发自己的激情壮志则是《蜀道难》所不具有的,而这也正是一首诗歌的精髓所在,即不论如何借鉴,最终必须要抒发出自己的真情实感。郭祥正这两首诗歌最欠缺的地方正在于此,其诗歌的主题思想较为模糊,从中我们不能清晰地看出作者鲜明的个体特征,他的这两首诗歌确切地讲应是拟作、和作。郭祥正是"李白后身"揳入心中,诗歌的创作是先有此固定之模式,再往里面灌注字语。曾巩则有一种不可遏抑、不得不发之心绪欲喷涌而出,而非借此种方式叙述则不足以将之尽情展露,故而是一种自然而然的创作。这就使得整首诗歌一气呵成,自始至终节奏明快流畅,少有模拟套用造成的滞重之感。曾巩对于郭祥正的"不谓然"或正是从此意而言。

李白的豪情往往与酒相伴,在曾巩的早期诗歌中也同样如此。如《菊花》"当携玉轸就花醉,一饮不辞三百杯"①,其中"三百杯"是在李白诗歌中经常出现的意象,如《将进酒》、《襄阳歌》、《幽歌行上新平长史兄粲》、《月下独酌四首》之四等。再如《东津归催吴秀才寄酒》中所言:"从今物物已可爱,有酒便醉情何慊。君厨山杏旧所识,速致百壶须滟滟。心知万事难刻画,惟有醉眠知不忝。预愁酪酊苦太热,已令洒屋铺风簟。"②诗风超逸飘荡,颇有太白风神。

与此豪纵之气相伴,曾巩早期的古体诗中还喜好杂以瑰奇的色彩、峭劲的字眼,由此更衬托出其风发之意气。如《冬望》一诗:

> 霜余荆吴倚天山,铁色万仞光铓开。麻姑最秀插东极,一峰挺立高嵬嵬。我生智出豪俊下,远迹久此安蒿莱。譬如骅骝踏天路,六辔岂议收驽骀。巅崖初冬未冰雪,薜花入履思莫裁。

---

① 《曾巩集》卷第三,第36页。
② 《曾巩集》卷第三,第38页。

长松夹树盖十里,苍颜毅气不可回。浮云柳絮谁汝碍?欲往自尼诚愚哉。南窗圣贤有遗文,满简字字倾琪瑰。旁搜远探得户牖,入见奥阼何雄魁。日令我意失枯槁,水之灌养源源来。千年大说没荒冗,义路寸土谁能培?嗟予计真不自料,欲挽白日之西颓。尝闻古者禹称智,过门不暇慈其孩。况今庀人冒壮任,力蹶岂更余纤埃。龙潭瀑布入胸臆,叹息但谢宗与雷。著书岂即遽有补,天下自古无能才。①

诗中"霜余荆吴倚天山,铁色万仞光铿开。麻姑最秀插东极,一峰挺立高嵬嵬"等瑰奇的景色中所融灌的是"苍颜毅气不可回""欲挽白日之西颓""龙潭瀑布入胸臆"这样酣畅的气势。而"铁色""插""奥阼"等峭劲字词的运用又更加助长了这股气势。可见诗篇"字句极奇",又并非如方东树所言缺乏"鼓荡之气"②。从中我们可以看出曾巩受到了韩、孟诗风的影响,何焯在《义门读书记》第四十卷中评此诗为:"学韩亦兼有似太白处。"③曾巩在《杂诗五首》之二中也曾说:"韩公缀文辞,笔力乃天授。"④但曾巩对此派诗歌风格的借鉴也是有所选择的。一方面,他抛弃了此种风格中苦寒的一面。像孟郊《秋怀十五首》所言"孤骨夜难卧,吟虫相唧唧。老泣无涕洟,秋露为滴沥"⑤,为《曾巩集》中所无。同时,对于此派诗歌中怪异的一面他也加以摒弃,如贾岛在《暮过山村》中所说"怪禽啼旷野,落日恐行人"⑥,也为曾巩不取。另一方

---

① 《曾巩集》卷第一,第1页。
② 〔清〕方东树撰,汪绍楹校点:《昭昧詹言》,人民文学出版社,1961年,第16页。
③ 〔清〕何焯著,崔高维点校:《义门读书记》第四十卷,中华书局,1987年,第715页。
④ 《曾巩集》卷第四,第55页。
⑤ 〔唐〕孟郊著,华忱之、喻学才校注:《孟郊诗集校注》卷四,人民文学出版社,1995年,第159页。
⑥ 〔唐〕贾岛著,齐文榜校注:《贾岛集校注》,人民文学出版社,2001年,第395页。

面，他又偏好此派中峭劲的风格，因而其诗歌具有一种内敛的力度，而无怪异、凄苦之感，如韩愈在《荐士》中所说的"横空盘硬语"①。另外，这种峭劲的诗风中还带有一种清越的色彩。如曾巩《答石秀才月下》："今宵月色明千里，秋水与天无表里。树木矫矫蛟龙蟠，屋瓦鳞鳞雪霜洗。林下病人毛骨醒，目爱清光不知已。秋风自作竽籁声，更送城笳夜深起。客衾初寒睡未能，忽得子诗哦以喜。子求我和何勤勚，我知枯疏少知己。子真爱我常存心，安用芜辞烦笔纸。"②此诗以"雪霜洗""毛骨醒""清光""枯疏"等清枯的字眼加以仄声韵脚，使得整首诗歌颇有韩、孟诗歌中清越的意蕴。而"毛骨醒"这一意象也颇为曾巩所喜，在《丹霞洞》一诗中，云："令人到此毛骨醒"③。这或许也就是在阴劲弦所编的《韵府群玉》中为何将孟郊诗混为曾巩诗的原因所在④。如"吟笑还孤永"一句实为孟郊《石淙十首》之九中的一句。全诗为："昔浮南渡飙，今攀朔山景。物色多瘦削，吟笑还孤永。日月冻有棱，雪霜空无影。玉喷不生冰，瑶涡旋成井。潜角时耸光，隐鳞乍漂囧。再吟获新胜，返步失前省。惬怀虽已多，惕虑未能整。颓阳落何处，升魄衔疏岭。"⑤该诗在内在意蕴上与《答石秀才月下》颇为相似。

在对韩愈一派峭劲风格的学习中我们又注意到，在外在风格上，曾巩不论是对苦寒还是对其怪异风格的摒弃，其实都体现了曾巩在古体诗的创作中对"涩"的否定。他不喜滞涩，倾向明快流畅的风格。因此，对于韩、孟诗派的这种峭劲的"硬语"，他也不是简单的模仿，而是将

---

① 〔唐〕韩愈著，钱仲联集释：《韩昌黎诗系年集释》卷五，上海古籍出版社，1984年，第528页。
② 《曾巩集》卷第三，第36页。
③ 《曾巩集》卷第三，第32页。
④ 阴劲弦所辑见《景印文渊阁四库全书》本《韵府群玉》卷十二，孟郊原诗见《孟郊诗集校注》卷四，第187页。此句被《全宋诗·曾巩卷》误收。详见本书"附论一：曾巩诗集考"。
⑤ 《孟郊诗集校注》卷四，第185页。

之与李白畅朗明快的诗风相结合,这一点是与韩、孟诗派颇为不同的地方。如《咏雪》一诗描摹飞雪的态状,一连用了四个"或"字句:"或稀若有待,或密似相萦。或弱久宛转,或狂自轩腾。"① 这显然是由韩愈《南山诗》化用而来,《南山诗》中两处分别连用十九和三十二个"或"字句,使得诗风佶屈聱牙。而曾巩的化用则避开了这种风格,与整首诗歌的歌行风格相一致,明快中并无音节违背常情的滞涩感。又如《游麻姑山九首》之一的《游麻姑山》就很好地体现了曾巩的这种古诗风格。其诗为:

军南古原行数里,忽见峻岭横千寻。谁开一径破苍翠?对植松柏何森森。危根自迸古崖出,老色不畏莓苔侵。修竹整整俨朝士,下荫石齿明如金。遂登半岭望城郭,但见积霭萦江浔。冈陵稍转露楼阁,沙莽忽尽横园林。秋光已逼花草歇,寒气况乘岩谷深。我驰轻舆岂知倦,倏忽遂觉穷嵚崟。龙门谁来此中凿,玉简不记何年沉。泉声可听真众籁,泉意欲写无瑶琴。斗回地势平如削,穊稙百顷黄差参。横开三门两出路,却立两殿当崖阴。深廊千步抵岩腹,榱木万本摩天心。碑文磊嵬气不俗,笔画缥缈工非今。世传仙人家此地,天风泠泠吹我襟。今人岂解不老术,可怪绿发常盈簪。根源分明我能说,一室倾里输琅琳。相高既不拥耒耜,方壮又不持戈镡。我丁轗轲岂暇议,直喜虚旷开烦襟。清谣出口若先构,白酒到手无停斟。山人执袂与我语,留我馈我山中禽。玲珑当窗急雨洒,窈窕隔溪孤笛吟。未昏已移就明烛,病骨夜宿添重衾。神醒气生目无睡,到晓独爱流泉音。起来身去接尘事,片心未省忘登临。②

诗中"破""迸""老""逼""嵚崟""穊稙""磊嵬"这些峭

---

① 《曾巩集》卷第二,第24页。
② 《曾巩集》卷第三,第32页。

劲的字眼以流畅的"清遥"勾串，与同样描写麻姑山色的《麻姑山送南城尉罗君》相比，畅朗的诗风中又多了一层老拙之气。《麻姑山送南城尉罗君》一诗在流畅的歌行中贯穿着壮怀与激情，又加之以瑰丽色彩环衬，使得诗歌激昂肆意，恣意的挥洒中可以看到一种昂扬奋发的精神面貌。诗虽也有忧愁，但如滔滔洪水般不可阻挡的气势将之冲刷得没了踪迹。而此首诗歌对于忧愁的排遣不是以气势胜，而是有着更深一层的人生感悟。就具体描写而言，《麻姑山送南城尉罗君》是以峥嵘之山势暗喻人生道路之艰难，又由此反衬勇往直前的豪情与壮怀。而此诗的山形山势虽也是松柏森森、岩石嶔崟，又加之"秋光已逼花草歇，寒气况乘岩谷深"，一派凋颓之态，但曾巩却能"我驰轻舆岂知倦，倏忽遂觉穷嶔崟"。此时山与人不再两相对立，曾巩思考的也不再是攀登与征服，"我丁辚轲岂暇议，直喜虚旷开烦襟"中一个"喜"字可见他已将"险势"纳入肺腑并予以消融。在这消融中自己也求得了与山形、山势的一种和谐。前首诗歌很明显地吸收了李白《蜀道难》的创作手法，并借鉴了李白《梦游天姥吟留别》的创作构思，但这种借鉴更为隐蔽也更为圆融。《梦游天姥吟留别》由梦入而醒出，最终以仙境的自由反衬世事的局促，并由此坚定了自己不愿摧眉折腰的决心与信念。而曾巩此诗则是醒入梦出，通篇全是真实的写照，不涉一梦字，但最终忽然以一句"片心未省忘登临"收束，给前面所描绘的山势、山形涂抹了一层淡淡的仙意，也使得整首诗增加了一份如梦如幻的空灵色彩。这种醒入梦出的表现手法与《梦游天姥吟留别》相比颇有创新之处。他之所以用此手法，其用意正与李白相通，都表现了对世事的不满。李白在诗中是将梦中世界与现实世界两相对照、直接表现。而曾巩是在"起来身去接尘事"之后陡然转入"片心未省忘登临"，以对真实世界的梦幻化来反衬对另一个不可梦幻的真实世界的反感。在构思上此诗虽受到了李白诗歌的影响，但如此反向表达则别有创意且更为深刻。这种变化体现了曾巩古体诗歌的创作正逐渐走向成熟。

曾巩诗歌既有学太白之诗纵横超逸的一面，也有杜甫沉郁深稳的一面。杜甫诗中有着浓烈的忧国愁民之心，以"泽吾民"为治政之本的曾巩在诗中也以此情为系。如《降龙》一诗对"礼下天子一等尔，衣服居处何其殊"的当权者只图自身的享乐而不顾百姓的温饱提出警告："君胡为乎目时病，橐针襮艾恬以愉。"最后又劝诫道："生前赫赫浪自重，身后没没宁非愚？"①在《地动》诗中曾巩由地震引发出更为广泛的忧国之情，清人彭期在其所刊刻的《曾文定公集》中评价此诗道："忠君爱国意溢于言外，若人谓杜工部一饭不忘君，余于公亦云。"②

《曾巩集》中另有《追租》一诗：

耕耰筋力苦，收刈田野乐。乡邻约来往，樽酒追酬酢。生涯给俯仰，公敛忘厚薄。胡为此岁暮，老少颜色恶？国用有缓急，时议废量度。内外奔气势，上下穷割剥。今岁九夏旱，赤日万里灼。陂湖麋埃塩，禾黍死硗确。众期必见省，理在非可略。谓须倒廪赈，讵止追租阁。吾人已迫切，此望亦迂邈。奈何呻吟诉，卒受鞭捶却。宁论救憔悴，反与争合龠。问胡应驱迫，久已罹匮涸。计须卖强壮，势不存尫弱。去岁已如此，愁呼遍郊郭。饥羸乞分寸，斯须死答缚。法令尚修明，此理可惊愕。公卿饱天禄，耳目知民瘼。忍令疮痍内，每肆诛求虐。但忧值空虚，宁无挺犁钁。暴吏理宜除，浮费义可削。吾卧避嚣喧，兹言偶斟酌。试起望遗村，霾风振墟落。③

诗歌以虚拟的丰收欢快场景开篇，随后陡然一变转到对现实生活的

---

① 《曾巩集》卷第四，第46页。
② 〔宋〕曾巩撰：《曾文定公集》，南京图书馆古籍部藏康熙壬申年刊本。
③ 《曾巩集》卷第四，第51页。

描述，两者形成强烈的对比。中间的具体叙述也是如此，不去救济灾民反而与之争食，公卿饱食天禄本应体知民瘼，却是"忍令疮痍内，每肆诛求虐"。诗篇最后又忽然荡开一笔，以远眺作结。浓烈的忧国愁民之情加之层层转折的叙述方式，正印合了杜甫沉郁顿挫的诗风。其结尾的处理方式也正与杜甫《缚鸡行》①有异曲同工处，使诗情随着空间的拓展显得格外浓重沉浑。在自我抒怀中曾巩也有同样的表现。如《冬暮感怀》一诗：

> 荒山未有雪，野水不见冰。一腊今已半，浮阳壮犹矜。奈至一岁除，未有严气升。坐思崆峒间，负雪山千层。虽受粟冽僵，愈此秽浊蒸。感激昆仑祇，一气吹丘陵。炎埃灭无遗，古色万里兴。我病一洗濯，怀抱失所憎。因思大羽猎，属车上崚嶒。六军骑皆骏，争先雪中登。天时倾人意，踊跃士气增。大义虽不杀，四方慑兵稜。今此效安在？东南塞犹乘。将帅色凋槁，蚍蜉势趠腾。惨错天运内，止戈信谁能？②

此诗无论是对景色的描写还是对时势的议论以及忧心国事而引发的情感抒发都与杜甫的诗歌风格相似。其中"因思大羽猎"也由杜甫《杨监又出画鹰十二扇》中"天寒大羽猎"③借用而来。再如《北风》一诗：

> 北风动地江翻天，我坐极浦维空船。浮云冥冥下无日，老树自摆相摎缠。薰琴空闻不可见，应已久绝朱丝弦。遂令阴飙自回斡，安得岁物无疵疠。江头酒贱且就醉，勿复著口问陶甄。④

---

① 参见：〔唐〕杜甫著，〔清〕杨伦笺注：《杜诗镜铨》，上海古籍出版社，1980年，第735页。
② 《曾巩集》卷第一，第9—10页。
③ 《杜诗镜铨》卷十三，第631页。
④ 《曾巩集》卷第三，第42页。

此诗风沉郁中内敛着旷怀,而此旷怀又为层层浓愁所埋。风格颇似《登高》《秋兴八首》。长篇如此,《曾巩集》中的一些短小之作也同样具有这种沉稳的力度。如《颜碑》一诗,"碑文老势信可爱,碑意少缺谁能镌。已推心胆破奸究,安用笔墨传神仙。"此诗"推""破"二字与遒劲的碑文、历经风雨凋残的断碑共同形成一股浑厚的气势。

在宋调的探索上,曾巩也是较早向杜甫学习的诗人。杜甫的《自京赴奉先县咏怀五百字》《北征》这些长篇大作在诗歌表现功能的拓展上做出了积极的贡献,对于那些欲有所作为的后起诗人而言,可以很方便地借鉴并将之运用到自己的诗歌创作中来。曾巩的《读书》一诗就在这方面做出了有益的尝试。此诗共一百二十四句,长达六百二十字,比杜甫《自京赴奉先县咏怀五百字》还要多出一百二十字。其诗开篇即以"吾性虽嗜学,年少不自强"这样的叙述语气发端,与《自京赴奉先县咏怀五百字》的起句"杜陵有布衣,老大意转拙"[①]相仿。其中对于行旅情景的描写"山川浩无涯,险怪靡不尝。落日号虎豹,吾未停车箱。波涛动蛟龙,吾方进舟航",也与《自京赴奉先县咏怀五百字》"岁暮百草零,疾风高冈裂。天衢阴峥嵘,客子中夜发。霜严衣带断,指直不得结"[②]的描写有相通处。此诗最终由壮情结尾,表现的是不畏艰难奋发向上的志气,与杜甫悲天悯人之怀自有厚薄之分。但曾巩作此诗的侧重点不在这里,我们对此诗的分析也就不能以此来权衡。将此诗与杜甫所作两诗加以对照可以看出,曾巩此诗将景物描写予以压缩而加长了叙与论,全诗基本上就是由前半部分的叙与后半部分的论组成,这样的结构明显缺乏变化。但曾巩对叙与论的大段拓展正体现出一种新气象,他试图对长期传承的诗歌抒写方式,或者说是对唐代在取意造形上已经定型的诗歌样式进行

---

① 《杜诗镜铨》卷三,第108页。
② 《杜诗镜铨》卷三,第109页。

一种新的尝试。此诗在取意上有待进一步的拓展，但在诗歌的抒写功能上，曾巩做了积极的探索，使今后进行另一种抒写成为可能。杜甫正是为这种探索提供了一种可贵的动力。

曾巩早期风格与李白相近的诗作虽写得神采飞扬，但在诗歌风格上自己的面目还没有形成。随着这种学习与借鉴的不断深入，他逐渐具有了自己的风格特点。曾巩所处的时代氛围以及自身的际遇，使得曾巩并没有沿着李白的风格继续发展下去，随着世事的历练、阅历的增长，年轻人的激情归于内敛之后，他的诗歌更注重内在意蕴的酝酿与构造，不再以外张的风气打动人，而是转潜为一种内在的气韵感发人。杜甫的沉郁诗风与李白的豪放纵逸风格虽不同，但就诗篇所凝聚的力度而言，两者又有着相通的一面。曾巩正是揳入此点，将这种壮阔的气度与李白超逸的风格相结合，形成了一种阔然洒脱的诗歌风格，《游金山寺作》一诗正充分表现了这种风格特征。

> 候潮动鸣舻，出浦纵方舟。举篙见兹山，岢然峙中流。朱堂出烟雾，缥缈若瀛洲。十年入梦想，一日恣寻游。屐履上层阁，披襟当九秋。地势已潇洒，风飙更飕飗。远把蜀浪来，旁临沧海浮。壶觞对京口，笑语落扬州。久闻神龙伏，况睹鹭鸟投。行缘石径尽，却倚岩房幽。颇谐云林思，顿豁尘土忧。昏钟满江路，归榜尚夷犹。①

此诗篇气象之壮阔、意境之浑成可谓佳构。起首四句写远望之景，"岢然峙中流"一句有壁立千仞之感。随后，作者又在仙境般的景致中展开寻游的历程。其中，"屐履上层阁，披襟当九秋。地势已潇洒，风飙更飕飗。远把蜀浪来，旁临沧海浮"写其登高望远所见所感，气象格外辽

---

① 《曾巩集》卷第五，第66页。

阔。随后"壶觞对京口,笑语落扬州"两句使得整首诗显得格外飘逸洒脱、神采动人。"久闻神龙伏,况睹鸷鸟投"的描写又为诗篇增加了瑰丽的色彩。最后以"昏钟满江路,归榜尚夷犹"收尾,人与景达到了浑然一体的境地,给人以无限的遐想。同时,诗篇在情绪节奏的把握上也张弛有度。开篇一"纵"、一"峙"富于紧迫感,紧接着又以缥缈烟雾舒缓节奏。之后"壶觞对京口,笑语落扬州"之开张与结尾"昏钟满江路,归榜尚夷犹"的幽情荡漾,将诗篇酝酿得神完气足。此诗在构思上容易让人想到杜牧"十年一觉扬州梦",但此阔大之境象早已将杜牧诗歌的立意涤荡干净。另外,曾巩这首诗与苏轼所作《游金山寺》多有相似处,如"久闻神龙伏,况睹鸷鸟投"与"江心似有炬火明,飞焰照山栖鸟惊",以及"颇谐云林思,顿豁尘土忧"与"我谢江神岂得已,有田不归如江水"[①]。但两诗在风格上迥异。苏诗以细致描写胜,曾诗以气象阔大胜。苏诗的富于变化体现在局部景色的转换,而曾诗的巧转腾挪则表现为大跨度的调动,如今日与十年、京口与扬州的对调。程千帆先生在《宋诗精选》中评价苏轼之诗为"笔次骞腾,兴象超妙,而依然层次分明"[②],而曾巩的这首诗歌也同样具有这一特点。诗中"屦屦上层阁,披襟当九秋,地势已潇洒,风飙更飕飗"与杜甫"高标跨苍穹,烈风无时休"[③]所述境象同样壮阔,但意蕴上一个向内敛,一个则向外延展。由此可窥知,曾巩对于诗歌意蕴的锻炼虽有着内敛的倾向,但此内敛并不与杜甫相同。杜甫的内敛是在情感上具有深厚的悲天悯人之心,故而其情总难脱沉郁;而曾巩则将淬炼得越发深厚的思想情感转为一种旷怀。又如《汉阳泊舟》一诗:

---

① 〔宋〕苏轼撰,〔清〕王文诰辑注,孔凡礼点校:《苏轼诗集》卷七,中华书局,1982年,第308页。
② 程千帆编选:《宋诗精选》,江苏古籍出版社,1992年,第100页。
③ 《杜诗镜铨》卷一,第35页。

> 暂泊汉阳岸，不登黄鹤楼。江含峨岷气，万里正东流。惊风孤雁起，蔽日寒云浮。祗役虽远道，放怀成薄游。兴随沧洲发，事等渔樵幽。烟波一尊酒，尽室载扁舟。①

该诗起首处一句"不登黄鹤楼"起处即断，力挽以蓄势。随即一气直下，"江含峨岷气，万里正东流"两句渗透着杜甫"吴楚东南坼，乾坤日夜浮"的意蕴，气象壮阔辽远。然而杜甫此诗最终归结于"戎马关山北，凭轩涕泗流"，使得整个天地之间充满了深厚的愁怨。而曾巩此诗则以尊酒、扁舟收束，洒脱飘逸，气度不凡。再将之与杜甫《剑门》"岷峨气凄怆"②相比较，这种不同的风格取向就体现得更为明显。

从曾巩诗歌的这种发展变化中我们可以看出，他早期豪放之作并不是一时的心血来潮，而是根源于他性格的必然结果。《曾巩集》开篇就有一首《一鹗》诗：

> 北风万里开蓬蒿，山木汹汹鸣波涛。尝闻一鹗今始见，眼驶骨紧精神豪。天昏雪密飞转疾，暮略东海朝临洮。社中神狐倏闪内，脑尾分磔垂弓櫜。巧兔狞鸡失草木，勇鸷一下崩其毛。窟穴呦呦哭九子，帐前活送双青猱。唧啾燕雀谁尔数，骇散亦自亡其曹。势疑空山竭九泽，杀气已应太白高。归来礧磈载俎豆，快饮百瓮行春醪。酒酣始闻壮士叹，丈夫试用何时遭。③

此诗表面看是描写鹗鸟，其实自有深意。《汉书》卷五十一《邹阳》言："臣闻鸷鸟累百，不如一鹗。"④孔融在《荐祢衡表》中即引此语举荐祢衡，

---

① 《曾巩集》卷第五，第 75 页。
② 《杜诗镜铨》卷七，第 308 页。
③ 《曾巩集》卷第一，第 1—2 页。
④ 〔汉〕班固著：《汉书》，中华书局，1959 年，第 2340 页。

言"鸷鸟累百，不如一鹗。使衡立朝，必有可观"①。曾巩《送李莘太傅》就由此而引述："久待连城价，谁腾一鹗书。"欧阳修在《送杨辟秀才》中也曾称赞曾巩，"吾奇曾生者，始得之太学。初谓独轩然，百鸟而一鹗"②。由此可见此诗实际上是借鹗鸟而别有所发，其"眼駃骨紧精神豪"一句逼真地刻画出作者内在的精神气质，此点与杜甫早年所作《画鹰》正一脉相承。诗中"巧兔狞鸡失草木，勇鸷一下崩其毛"两句正如杜甫诗中所言之"何当击凡鸟，毛血洒平芜"③。诗中由鹗与众鸟的强烈对比烘托出作者卓尔不群的壮志，也正如杜甫在《画鹘行》中所说"侧脑看青霄，宁为众禽没"，以及《李鄠县丈人胡马行》中所言"始知神龙别有种，不比凡马空多肉"。④诗篇在"归来礌硊载俎豆，快饮百瓮行春醪"之后笔锋陡然一转，道出壮士怀才不遇之慨。这种强烈的反差并不让人有丝毫消沉颓丧之感，反而由扼腕叹息中更加体现出作者不凡的气概。曾巩在篇中用一"紧"字将鹗鸟之精神全盘托出。另外，在《丹霞洞》《答石秀才月下》中曾巩反复用到了"毛骨清"这一意象，体现出他对霜雪清境的喜好。从这些偏好中正可看出曾巩内在的精神气质。在《冬望》一诗中所说的"千年大说没荒冗，义路寸土谁能培？嗟予计真不自料，欲挽白日之西颓"，颇如李白在《古风五十九首》之一中所言"我志在删述，垂晖映千春"⑤，以及杜甫《自京赴奉先县咏怀五百字》中所说的"窃比稷与契"⑥。怀有如此壮志的曾巩，一旦以诗歌来抒写自己的所思所感，其壮阔之意境的塑造也正是在情理当

---

① 〔梁〕萧统编，〔唐〕李善注：《文选》第三十七卷，上海古籍出版社，1986年，第1668页。
② 〔宋〕欧阳修著，洪本健校笺：《欧阳修诗文集校笺》卷二，上海古籍出版社，2009年，第34页。
③ 《杜诗镜铨》卷一，第6页。
④ 分别见：《杜诗镜铨》卷四、卷五，第194、211页。
⑤ 〔唐〕李白著，瞿蜕园、朱金城校注：《李白集校注》卷二，上海古籍出版社，1980年，第91页。
⑥ 《杜诗镜铨》卷三，第108页。

中。从这里我们可以看出，世人心目中久已成为定式的曾巩形象，并非已经完成了对曾巩的全部价值判断。王震在《南丰先生文集序》中言其"异时齿发壮，志气锐，其文章之慓鸷奔放，雄浑瑰伟，若三军之朝气，猛兽之抉怒，江湖之波涛，烟云之姿状，一何奇也"①。从曾巩的诗歌创作风格以及诗中所体现的思想性格来看，王震所言并非空穴来风，恰是对曾巩思想性格其中一个方面的生动描述。

曾巩对于诗歌艺术的探索不仅仅停留于对唐代诗人的学习，他还由此上溯到唐代诗歌的源头，从汉魏六朝以至先秦的乐府古诗中吸收更为生动鲜活的创作原动力，以求在广泛的学习探索中能溯本清源，使自己的诗歌创作确立一个坚实的基础——正如他在《游麻姑山》中所言"清谣出口若先构"，以及《咏雪》中所言"亦有诗谣恣搜抉"——这就使得他的一些古体诗歌具有一种民谣特性。如《靖安县幽谷亭》诗中"岂如此中吏"的反复出现正是借用了《诗经》中重章复句的手法。又如《寄子进弟》一诗不论是立意还是造句都是由《饮马长城窟行》化用而来。②古乐府歌辞对相思的抒写最具有代表性，诗句于平淡之中透着热烈而深厚的情感，其朴拙自然之美是后代所难以企及的。曾巩正是捕捉到了这一点，在反复的模仿学习中希望对这一诗美能有所把握。他在《一昼千万思》诗中写道：

> 一昼千万思，一夜千万愁。昼思复夜愁，昼夜千万秋。故人远为县，海边勾践州。故人道何如，不间孔与周。我如道边尘，安能望嵩丘？又若涧与溪，敢比沧海流。景山与学海，汲汲强自谋。愁思虽尔勤，故人得知不？③

---

① 《曾巩集》附录，第810页。
② 《文选》第二十七卷《乐府上·古乐府三首》，第1278页。
③ 《曾巩集》卷三，第35页。

此诗虽借鉴了唐代张彪的《古离别》中的诗句,但不论是从诗题还是内容,都直追汉乐府古诗,与张彪的《古离别》相比,在用语、造意上都更得乐府古诗的神韵。① 如字句的重叠复沓,"故人"等古歌辞常用语的恰当运用,都使得整首诗歌气韵质朴幽古。② 对这种抒情方式的成功运用,可以在与所传承原形的复叠之中使所抒之情具有一种历史的厚重感,这可以称为是一种跨越历史的"同情与共鸣"。

曾巩对古诗的学习是多方面的,除以上方面之外,曾巩还经常使用轻快风格来表现自己的喜悦心情。如《青青间青青》:

> 青青间青青,尽望密如罉。风柔声自和,草缛阴可藉。游蜂不暂去,啼鸟时独下。缭墙隔深园,高枝出虚榭。贵人无余事,欢言持玉斝。茅檐亦自好,吾庐四如画。故人傥可迟,倒屣不辞迓。③

此诗以轻快的节奏描写明媚的春光中诗人愉悦的心情。值得注意的是,曾巩在继承中又有所变化。古诗词中有许多诗歌是以"青青"起首,但多是用反衬的手法,即所谓以乐景衬哀情来表达和煦春风中不禁油然兴起的一缕惆怅。如《长歌行》以"青青园中葵"起兴,最终归结于"少壮不努力,老大乃伤悲"④。其他如《饮马长城窟行》"青青河边草",以及《古诗十九首》中"青青河畔草""青青陵上柏"两诗都是如此,这俨然成了一种传统。⑤ 在诗歌发展史上,由于某类题材所抒发的某种情

---

① 张彪《古别离》有"纵知明当还,一夕千万思"之语,见清朝彭定求所编之《全唐诗》卷二六,中华书局,1960年,第354页。
② 古乐府歌辞中"故人"一词常用,如《先秦汉魏晋南北朝诗》卷十二《古诗五首》之一"故人从阁去""故人工纤素"(逯钦立辑校,中华书局,1983年,第334页);《文选》第二十九卷《杂诗上·古诗十九首》之十八"故人心尚尔",第1350页。
③ 《曾巩集》卷第三,第40页。
④ 《文选》第二十七卷《诗戊·乐府上》,第1279—1280页。
⑤ 分别见:《文选》第二十九卷《诗巳·杂诗上·古诗十九首》之二、之三,第1344页。

绪历时久远地反复传承，便在此题材上逐渐积淀了一种情感定式，后人在借用此题材时也无形中会受到这种倾向性的限制，在其巨大深厚的历史积淀面前难有突破，"青青"便是这样一种典型。六朝吴声歌曲《读曲歌》中的"初阳正二月，草木郁青青。蹑履步前园，时物感人情"①正很好地说明了此题材情绪取向的内涵。汉以后如晋朝傅玄《青青河边草篇》、潘岳《内顾诗二首》之一，隋朝无名氏的《送别诗》，一直到唐代刘希夷《采桑》、刘长卿《从军行六首》之四、韦应物《有所思》、韩愈《青青水中蒲三首》都是如此。②而曾巩此诗虽也以"青青"起兴，但却以"青青间青青"变调，写出了欢快的气氛，颇有创意。《青青间青青》《一昼千万思》都可以说是惟妙惟肖的拟作——在逐渐掌握了这一风格之后，曾巩将之更为圆熟地运用于创作之中。如《喜晴赴田中》一诗："自愁雨破西岭出，只看水缘南涧生。青天忽从树杪见，白日渐向谷中明。豳公涤场不可失，陶令负禾须自行。归时小榼搿亦满，固有阿连相伴倾。"诗中清新明快的节奏感正是得之于乐府民歌。将此诗与杜甫的古体诗《喜晴》③相较，就能很明显地看出两者节奏感的不同。

在向古诗的借鉴学习中，曾巩又着意于乐府歌行。他由李白豪纵恣意的流畅节奏进而上溯到对李白有着深刻影响的乐府歌行的学习。这种探本溯源也正体现了曾巩对诗歌艺术的不断追求与探索。起初，古乐府歌行多为五言诗且篇幅较短，这在一定程度上限制了节奏的流畅性，自魏文帝曹丕的《燕歌行》一出，这种局面得到了改观。其后经过很长一段时间的发展，到了初唐卢照邻、骆宾王的手中，长篇大段的七言歌行

---

① 〔宋〕郭茂倩编：《乐府诗集》第四十六卷，中华书局，1979年，第673页。
② 分别见：〔陈〕徐陵编，〔清〕吴兆宜注、程琰删补，穆克宏点校：《玉台新咏笺注》卷二，中华书局，1985年，第72、83页；《先秦汉魏晋南北朝诗》卷八，第2753页；《全唐诗》卷十九，第209页；《全唐诗》卷十九，第229页；〔唐〕韦应物著，陶敏、王友胜校注：《韦应物集校注》卷六，上海古籍出版社，1998年，第364页；《韩昌黎诗系年集释》卷一，第22—23页。
③ 《杜诗镜铨》卷三，第136—137页。

的创作才使得其特有的悠扬节奏得到了充分发挥。卢、骆的歌行"是以市井的放纵改造宫廷的堕落"①，与之不同，曾巩则是将民歌的清新自然融入歌行明快的节奏之中，这样在抹去了歌行宫体色彩的同时，也使得其创作出的六朝民歌的节奏更为明快流畅。如《南湖行二首》：

> 二月南湖春雨多，春风荡漾吹湖波。著红少年里中出，百金市上裁轻罗。插花步步行看影，手中掉旂唱吴歌。放船纵櫂鼓声促，蛟龙擘水争驰逐。倏亲忽远谁可追？朝在西城暮南溪。夺标得隽唯恐迟，雷轰电激使人迷。红帘彩舫观者多，美人坐上扬双蛾。断瓶取酒饮如水，盘中白笋兼青螺。生长江湖乐卑湿，不信中州天气和。
>
> 东南溪水来何长，若耶清明宜靓妆。南湖一吸三百里，古人已疑行镜里。春风来吹不生波，秀壁如奁四边起。蒲芽荇蔓自相依，踯躅夭桃开满枝。求群白鸟映沙去，接翼黄鹂穿树飞。我坐荒城苦卑湿，春至花开曾未知。荡桨如从武陵入，千花百草使人迷。山回水转不知远，手中红螺岂须劝。轻舟短楫此溪人，相要水上亦湔裙。家住横塘散时晚，分明笑语隔溪闻。②

此诗塑造的意境有点类似六朝民歌小乐府，但节奏感明显更强，从而使得诗歌情韵更为悠扬。同时，第一首诗中，虽然少年美人插花掉旂相互掩映，但末尾一句"不信中州天气和"，却透出与六朝乐府柔曲同中有异的一面。第二首诗中，虽横塘轻舟具有浓郁的吴声情韵，但中间"南湖一吸三百里，古人已疑行镜里"，又带有一些李白"一夜飞渡镜湖月"的气势。从这种溯本探源中可以看出，曾巩在学习李白的同时也试图谋求一种变化，从而在诗歌的创作中走出一条属于自己的道路。李白所创

---

① 闻一多撰，傅璇琮导读：《唐诗杂论》，上海古籍出版社，1998年，第25页。
② 《曾巩集》卷第五，第67页。

作的乐府歌行，复古的色彩较重，其创作的上百首歌行，虽有变化，但都还是烙有古乐府清晰的印迹。其诗风格飘逸洒脱，多伴以杂言，音节的变化极大。而曾巩的古体诗于这种洒脱中又融入了初唐歌行的风格，以一种被"铺张扬厉的赋法膨胀过了的乐府新曲"①的形式进行创作。如《代书寄赵宏》，全诗长达四十八句，虽然不是以"市井的放纵"去加以改造，但诗中所体现出来的行云流水般的气势与初唐歌行"以大胆代替羞涩，以自由代替局缩"所产生的效果正相同。②而曾巩之所以着意于古诗歌行风格的探索，就是试图以赋的手法尽量扩展诗的表现潜能。而这一切又都是为了他变创诗歌新风服务，也即是后人反复论述的宋人以文为诗的新风格。

第二节　律体诗歌创作

在曾巩现存二百二十七首律体诗歌中，除了四首残诗无从判断是绝句还是律诗外，其余大部分都是七言律诗，共有一百四十六首。此外，七言绝句有五十九首，五言律诗有十六首，五言排律有六首，现存诗中没有五言绝句及七言排律的创作。

在上文中我们曾论述到曾巩对于杜甫沉郁而壮阔诗风的把握，这一点在曾巩七言律诗的创作中表现得尤为显著。众所周知，杜甫沉郁顿挫的风格特征在其七言律诗的创作中达到了炉火纯青的地步。而曾巩正是"此乃从顶颡上作来"③。如《苦雨》一诗：

雾围南山郁冥冥，狭谷荒风驱水声。只疑日失黄道去，又

---

① 《唐诗杂论》，第24页。
② 《唐诗杂论》，第25页。
③ 〔宋〕严羽著，郭绍虞校释：《沧浪诗话校释》，人民文学出版社，1961年，第1页。

见雨含沧海生。如催病骨夜寒入，似送客心衰思惊。扬州青铜不在照，应有白须添数茎。①

诗篇起笔造意颇为阔大，其中"只疑日失黄道去，又见雨含沧海生"与苏舜钦《淮中晚泊犊头》"晚泊孤舟古祠下，满川风雨看潮生"②相比，气象尤为壮阔动人。在此映衬之下，作者的寒夜愁思显得浑厚而凝重，如漫天风雨迎面扑压而来。诗歌前半部所塑造的阔大浑厚的境象都凝结于结尾处的数茎白发之上。在这数茎白发的挑动之下，至大至厚与极小极细的强烈反照使得这愁思分外鲜明刺眼。可以说，此诗之壮阔雄浑与杜甫诗歌风格颇有相通处。"扬州青铜不在照"这一意象其源久远，早在汉代辛延年的《羽林郎》中就已提及，之后沈约的《少年新婚为之咏》中又加以沿用，到了唐代张籍的《白头吟》中的"扬州青铜作明镜"也仍然沿用乐府诗意。③而曾巩此处所用则由乐府中脱胎而来，又将之融入一种与乐府迥然不同的意境之中。又如《盆池》一诗："环环清泚旱犹深，炳炳芙蓉近可寻。苍壁巧藏天影入，翠奁微带藓痕侵。能供水石三秋兴，不负江湖万里心。照影独怜身老去，日添华发已盈簪。"④颈联两句使得诗歌所表现的岁晚而壮志难酬之情沉浑浓郁。这些诗中所抒发的感情都颇得杜甫沉郁之意。

此类沉郁之作在曾巩的诗歌中所占分量不大，从某种意义上说，这些诗歌可以看作是对杜诗的一种学习与锻炼。曾巩在其他的大部分七言律诗中表现出的是另一种壮阔的风格特点。如《遣兴》：

青灯斗鼠窥寒砚，落月啼乌送逈笳。江汉置身贫作客，溪

---

① 《曾巩集》卷第一，第2—3页。
② 〔宋〕苏舜钦撰，沈文倬校点：《苏舜钦集》，上海古籍出版社，1981年，第74页。
③ 分别见：《玉台新咏笺注》卷一、卷五，第24、184页；《全唐诗》卷二十，第249页。
④ 《曾巩集》卷第六，第83页。

山合眼梦还家。百忧忽忽丹心破，万事悠悠两鬓华。谁与健帆先度鸟，更无留滞向天涯。①

此诗"百忧忽忽丹心破，万事悠悠两鬓华"两句笔力遒劲，而这正是由杜甫《散愁二首》之二"恋阙丹心破，沾衣皓首啼"②转化而来。从这两首诗的比照中我们可以看出，杜甫的诗作要沉郁悲愤得多，常令人老泪纵横。而曾巩此诗随即以"谁与健帆先度鸟，更无留滞向天涯"振荡开去，将悠悠愤懑抛向广阔的天地之中。在这种"向天涯"的位置转换中，也正包含着曾巩自己心胸与天地之间的一种对应转换，天地的辽阔正显现了曾巩心胸的广阔。因个人不同的时代遭逢及性格特性，曾巩诗中虽有一些抒写哀情之作，但他总不愿被此浓厚的情绪重重裹缚，而希望以另一番情怀将其化解。并由此再进一步，于此壮阔中体现出一种超逸洒然的诗歌风格。其他如《浮云楼和赵㈱》等诗俱是如此，如《北渚亭》诗：

四楹虚彻地无邻，断送孤高与使君。午夜坐临沧海日，半天吟看泰山云。青徐气接川原秀，常碣风连草木薰。莫笑一樽留恋久，下阶尘土便纷纷。③

《明一统志》卷二十二载："北渚亭在大明湖西五龙潭上。"④晁补之在《鸡肋集》卷二《北渚亭赋序》中言："北渚亭，熙宁五年集贤校理南丰曾侯巩守齐之所作也。盖取杜甫宴历下亭诗以名之，所谓'东藩驻皂盖，北渚凌清河'者也。"⑤在此处建亭并非始于曾巩，郦道元《水经

---

① 《曾巩集》卷第六，第82页。
② 《杜诗镜铨》卷七，第335页。
③ 《曾巩集》卷第七，第106—107页。
④ 〔明〕李贤等撰：《明一统志》卷二十二，《景印文渊阁四库全书》本。
⑤ 〔宋〕晁补之撰：《济北晁先生鸡肋集》卷二，《四部丛刊》初编本。

注》卷八记载："其水北为大明湖,西即大明寺,寺东北两面侧湖,此水便成净池也。池上有客亭,左右楸桐,负日俯仰,目对鱼鸟,水木明瑟。可谓濠梁之性,物我无违矣。"① 曾巩守齐之时虽与郦道元所述时代相去较远,但此地仍为一处风景名胜。二十一年之后晁补之重游故地,虽"风雨废久",然形势尚存,"尝登所谓北渚之址,则群峰屹然,列于林上,城郭井闾,皆在其下。陂湖迤逦,川原极望"②。曾巩即在这登临远眺之际由"物我无违矣"的"濠梁之性"中另翻出一层新意来。开篇两句营造出一种辽阔的气象,其中"断送孤高"一句尤显旷远。之后"午夜坐临沧海日,半天吟看泰山云"气势博大雄浑,"青徐"两句再做进一步渲染。蓄势至此,收尾处以笑颜、樽酒绾结,壮怀随之化于超逸洒然之中。其"莫笑"一句正如张谓在《春园家宴》中所言的"山简醉来歌一曲,参差笑杀郢中儿"③,于他人反观之下将作者的神采生动体现出来。另外,这"莫笑"又隐现出作者自己对"纷纷尘土"的另一种笑意,正如王禹偁《村行》"数峰无语"是"能语、有语、欲语"一样。④ 在这两相对笑之中,作者的胸襟得以充分展露。此诗前半部在气势上近于杜甫的《望岳》,由此正可见出曾巩一以贯之的壮志雄心。随后所生发出的另一番超然,又显现出曾巩久历世事之后心境与诗风的一种转变与成熟。晁补之在《北渚亭赋序》中所言:"想见侯经始之意,旷然可喜,非特登东山小鲁而已。"他也受其感发,从"忘老而遗死兮路漫漫其修阻"的悲感中解脱出来,终归于"舍然大笑"。与曾巩同时代的孔平仲与苏辙也曾有诗吟咏此亭。孔平仲《北渚亭》诗云:"高深极前临,苍莽接回眺。齐州景物多,于

---

① 〔后魏〕郦道元注,杨守敬、熊会贞疏,段熙仲点校,陈桥驿复校:《水经注疏》卷八,江苏古籍出版社,1989年,第744页。
② 《济北晁先生鸡肋集》卷二《北渚亭赋序》,《四部丛刊》初编本。
③ 《全唐诗》卷一九七,第2021页。
④ 钱锺书选注:《宋诗选注》,人民文学出版社,1989年2版,第8页。

此领其要"①,可说是乏善可呈。苏辙所作《北渚亭》言:"西湖已过百花汀,未厌相携上古城。云放连山瞻岳麓,雪消平野看春耕。临风举酒千钟尽,步月吹笳十里声。犹恨雨中人不到,风云飘荡恐神惊。"②该诗篇气韵与曾巩诗有相通处,但气势上没有曾诗博大,于颔联的对比中可明显看出此点;其结尾归于"犹恨",亦缺乏曾诗由壮阔而生发的洒然之情。正如钱锺书先生所言:"就'八家'而论,他(曾巩)的诗远比苏洵、苏辙父子的诗好。"③《曾巩集》中表现这种情怀的诗作还有许多,如《金山寺》一诗即是如此。

> 尘外岧峣鹫岭宫,架虚排险出青红。林光巧转沧波上,海色遥涵白日东。夜静神龙听咒食,秋深苍鹘起掠风。连荆控蜀长江水,尽在回廊顾盼中。④

此诗开篇以险取胜,由宋之问"鹫岭郁岧峣"⑤中化出,"岧峣""排险"勾勒出一幅险峻之势。随之以"巧转"换成一番动人景致。"神龙""苍鹘"两句又一转,为前所述之险势涂上一层瑰奇的色彩,诗尾处进一步由此瑰奇振起壮阔的波澜——"尽在回廊顾盼中"。从中即可见杜甫顿挫之意,又于壮怀中透出一份超逸。其"回廊顾盼"四字将此情体现得尤为灵动飘逸。此情要比王安石"日暮临归去,徘徊欲损神",或是梅尧臣"老僧忘岁月,石上看江云"舒展得多。⑥

---

① 北京大学古文献研究所编:《全宋诗》第一六册,卷九二四,北京大学出版社,1991年,第10840页。此诗又收于《景印文渊阁四库全书》本之郭祥正《青山续集》,但这实为孔平仲所作,参见孔凡礼点校的《郭祥正集》,序言第5页。
② 〔宋〕苏辙著,陈宏夫、高秀芳点校:《苏辙集》卷五《和孔教授武仲济南四咏》之二《北渚亭》,中华书局,1990年,第88页。
③ 《宋诗选注》,第39页。
④ 《曾巩集》卷第七,第118页。
⑤ 《全唐诗》卷五三,第653页。
⑥ 分别见:〔宋〕王安石撰,〔宋〕李壁注:《王荆文公诗李壁注》,上海古籍出版社,1993年,第1101页;《梅尧臣集编年校注》卷十一,第191页。

此外，曾巩在此类诗作中又进而生发出一份闲适之意。如《环波亭》：

水心还有拂云堆，日日应须把酒杯。杨柳巧含烟景合，芙蓉争带露华开。城头山色相围出，檐底波声四面来。谁信瀛洲未归去，两州俱得小蓬莱。①

该诗清新悠扬，其中的景物描写也清悦可人，一句"两州俱得小蓬莱"将作者悠然自得之情展露无遗。不仅如此，在曾巩一些作品中这种悠然自得之情还体现出一种"趣"味。如《早起赴行香》一诗：

枕前听尽小梅花，起见中庭月未斜。微破宿云犹度雁，欲深烟柳已藏鸦。井辘声急推寒玉，笼烛光繁秉绛纱。行到市桥人语密，马头依约对朝霞。②

诗中描写的是新春夜晚的情景，对景象的描写很少。然而景中人不须用眼去看，仅从空气中饱含的春意就能感受到春的来临。作者感受最深的是此"意"，他想要传递的也是此"意"。然而在感春的诗歌中，对春景的描绘容易操作，但专注于"意"的表现则难以琢磨。曾巩正是避开司空见惯的题材，借夜色将繁花绿草全都抹去，直接从此"春意"上入手，对于春天作了另一番描摹。开篇的"小梅花"虽是曲名，但一语双关暗点出特定的时节。诗中所描写的景色都透着一个特点："微小"。宿云是"微破"，无边的夜色中远远传来的是些微的辘轳声，秉着绛纱的烛光隐隐地在夜风中闪烁。这些都是夜晚中常见的情景，然而作者着意将之聚拢于笔端，从中正可感受到静静夜色中隐隐侵来的缕缕春意。篇末忽然转入对人语喧哗、天光放明的描写，虽没有一句抒情，但正是从这闹与静、明与暗的强烈对比中将作者的焕然神采尽情展露了出来。

---

① 《曾巩集》卷第七，第104页。
② 《曾巩集》卷第七，第102页。

同时更富有深意的是，作者又于神采焕发之际将积蓄已久的春意倾泻了出来。诗歌对于夜景的刻画，对于市民生活的描写，以及对于焕然春情的表露无不充满了生活情趣，而这种情趣又表现了作者对于生活的一份甜美感受。曾巩在齐州时所作的大量诗作，如《西湖二首》《西湖纳凉》《芍药厅》《水香亭》《静化堂》等，都流露出这种思想情感。

除了闲适之意外，这种超然之情还体现于对幽情清性的喜好。其早期在齐州所作的《凝香斋》，就已展露了这种风格。

> 每觉西斋景最幽，不知官是古诸侯。一尊风月身无事，千里耕桑岁有秋。云水醒心鸣好鸟，玉沙清耳漱寒流。沉烟细细临黄卷，疑在香炉最上头。①

此诗音韵舒缓，气度平和。首句点出一"幽"字，笼括了全部诗情。之后"云水"与"玉沙"的描述将此幽情涤荡得分外清莹。末尾袅袅香烟萦绕之下，此情被熏染得格外浓醇。其中"疑"字的运用甚妙，诗思由此飘然飞入一派似幻似真的境界。此手法与上文所分析的《游麻姑山》一诗正相同，于篇末将终处再拓开一笔，这种于尽处求不尽意的构思方式也正体现了梅尧臣所说的"含不尽之意，见于言外"②的创作意图。曾巩的这种幽然之情，在与僧人的交往中得到了更为充分的发挥，其在《升山灵岩寺》中就有言：

> 修竹长松十里阴，任敦烧药洞门深。独窥金版惊人语，能到青霞出世心。鸡犬亦随云外去，蓬瀛何必海中寻。丹楼碧阁唐朝寺，钟呗香花满旧林。③

---

① 《曾巩集》卷第七，第106页。
② 《欧阳修全集》卷一百二十八，第1952页。
③ 《曾巩集》卷第八，第128页。

此诗在长松、烧药的环境中展开,在钟呗、香花中结束,悠然自得之意尽显无遗。其他如《僧正倚大师庵居》"风散异香禅榻静,鸟窥清呗法筵开",《元沙院》"我亦有心从自得,琉璃瓶水照秋毫",《寿圣院昌山主静轩》"幽栖鸟得林中乐,燕坐人存世外心"等诗[1]都表现了这种思想情感。在诗人们大量创作的以寺院生活为题材的诗歌中,常常会将清幽之情导向一种凄苦的情感,其中尤以贾岛为代表,如其所作《题青龙寺镜公房》"孤灯冈舍掩,残磬雪风吹。树老因寒折,泉深出井迟";《宿慈恩寺郁公房》"竹阴移冷月,荷气带禅关";《题竹谷上人院》"欲别尘中苦,愿师贻一言"等等。[2]而曾巩此类诗歌则毫无凄苦之音,其在《升山灵岩寺》诗中以"丹楼碧阁唐朝寺,钟呗香花满旧林"煞尾,诗篇充满了心境涤荡之后的喜悦;《大乘寺》中虽然描绘了"楼台势出尘埃外,钟磬声来缥缈间"的一番出世之景,但通篇所抒发的是一家人的游山之乐,以"暂携妻子一开颜"为诗篇画上了一个句号。其他如《僧正倚大师庵居》"因过旧国枌榆地,松麈高谈喜暂陪",《圣泉寺》"笑问并儿一举鞭,亦逢佳景暂留连"都体现了这种欢愉之情。另一方面,曾巩在这种幽情中同样体现了他一以贯之的旷怀。如上述《凝香斋》诗颔联"一尊风月身无事,千里耕桑岁有秋",在"一"与"千"的对比中,境象颇为旷远。[3]

曾巩的七言律诗不论是表现旷达、闲适还是幽然之情,最终都归结于对清境的向往。其诗歌中有着大量以"清"修饰的字眼,如"眼清""清问""清赏""清光""清燕""清香""清呗""清冥""清材""清集"

---

[1] 分别见:《曾巩集》卷第八,第125页、128—129页、136页。
[2] 分别见:《全唐诗》卷五七二,第6641页;卷五七三,第6667页;卷五七三,第6670页。
[3] 分别见:《全唐诗》卷八,第125、127、128页。

等等。①这一切正如他所说的"解把飞花蒙日月,不知天地有清霜"②,"清霜"之志抒发于诗章中,就体现了这种对于清境的偏爱。故而他的诗歌在内容上描写的多是"烟云秀发春前地,草木清含雪后天"这样清新秀美的景色。在诗歌内容上他讲究"清谈"③,对于佳构的赞美他也以"白雪"④相誉。在《和张伯常自郢中将及敝境先寄长句》中又赞誉张伯常有"白雪才"⑤。曾巩在这里借用了谢道韫的典故以誉其诗歌创作才能。⑥在"梨颗玉腹含雨重,菊房金粉傍寒开"这样清新景致的环衬之下,这"白雪才"也体现了对其人品的赞誉,好比《送关彦远赴河北》中所说的"清材"。这样两方面的"白雪才",也恰是曾巩自身的追求目标。从这种对清境的追求中也反照出曾巩对于"非清"之境的厌恶。如其在《静化堂》所言"世路人情方扰扰,一游须抵万黄金",以及《次道子中书问归期》"一枝数粒身安稳,不羡云鹏九万飞",《郡楼》"忘机相得更沙鸥"⑦,俱是如此。

  曾巩此类情感的抒发常以酒相伴,如《北渚亭雨中》"耕桑千里正无事,况有樽酒聊开颜";《鹊山》"一峰孤起势崔嵬,秀色挼蓝入酒杯";《阅武堂下新渠》"不忧待月干诗笔,已欲看华泛酒杯";《北池小会》

---

① 分别见:《曾巩集》卷第六,第84页《南轩竹》、第86页《简翁都官》、第96页《酬王微之汴中见赠》;卷第七,第102页《西湖二首》之二;卷第八,第123页《和郑微之》、第125页《以白山茶寄吴仲庶见贶佳篇依韵和酬》、第125页《僧正倚大师庵居》、第127页《圣泉寺》、第137页《送关彦远赴河北》、第138页《上巳日瑞圣园锡燕呈诸同舍》。
② 《曾巩集》卷第七《咏柳》,第109页。
③ 分别见:《曾巩集》卷第八,第120页《高邮逢人约襄阳之游》、第121页《康定军使高秘丞自襄阳司农寺勾业寺丞自光化相继迁拜签判程殿丞受代还朝预有惜别之意辄书长句奉呈》、第139页《寄题饶君茂才葆光庵》。
④ 如《曾巩集》卷第六,第90页《送韩玉汝使两浙》、第97页《和邵资政》;卷第八,第122页《赠张伯常之郢见过因话荆楚故事仍贶佳什》。
⑤ 《曾巩集》卷第八,第123页。
⑥ 〔唐〕房玄龄等撰:《晋书》卷九六《列女·王凝之妻谢氏》,中华书局,1995年,第2519页。
⑦ 分别见:《曾巩集》卷第七,第105、107、116页。

"笑语从容酒慢巡,笙歌随赏北池春";《环波亭》"水心还有拂云堆,日日应须把酒杯"等等①,几乎到了无酒不成诗的地步。上文在对古体诗豪纵诗风的阐述中也曾论述到曾巩喜以酒相助,前者是助长其豪情,后者则是孕育其幽性,其饮酒意也更深入一层。此处的酒并非只是泛泛而饮,正如苏轼在《和陶饮酒二十首》之九中所言:"醉中有归路,了了初不迷"。②曾巩在律诗中言及陶渊明时也几乎总是与酒相连,如《羁游》"自古幸容元亮醉,凡今谁喜子云书";《游天章寺》"最宜灵运登山屐,不负渊明漉酒巾";《静化堂》"客来但饮平阳酒,衙退常携靖节琴"。③其实,他于这种醉中体现着格外的醒。曾巩在《雪后》一诗中曾写道:

雪景鲜妍犹弄色,柳条葱蒨已抽萌。风光苒苒流双毂,人事悠悠寄一枰。射羿未应今独有,嘲雄何必史能评?且将画诺供谈笑,更选名园载酒行。④

诗歌开篇优美的景色与其后所抒发的悠悠情愁形成了反差。曾巩的老师欧阳修在《亳州谢上表》中曾言:"造谤于下者,初若含沙之射影,但期阴以中人;宣言于廷者,遂肆鸣枭之恶音,孰不闻而掩耳?赖圣神之在上,廓日月之至明,悉究诬诳,遂投逸贼。再念臣性实甚愚,而疏于接物,事多轻信者,盖以至诚。如彼匪人,失于泛爱。平居握手,惟期道义之交;延誉当朝,常丐齿牙之论。而未干荐祢之墨,已弯射羿之弓。"⑤此是指因"濮议"中御史中丞彭思永、殿中侍御史蒋之奇诬告欧阳修"帷薄不修"之事⑥。对此,欧阳修感叹道:"知士其难,世必以臣为戒。"

---

① 分别见:《曾巩集》卷第七,第112、114、106、113、104页。
② 《苏轼诗集》卷三十五,第1886页。
③ 分别见:《曾巩集》卷第六,第83、91页,卷第七,105页。
④ 《曾巩集》卷第七,第103页。
⑤ 《欧阳修全集》卷九十三,第1386—1387页。
⑥ 参见〔宋〕司马光撰,邓广铭、张希清点校:《涑水记闻》卷第十六,中华书局,1989年,第318—319页。

而曾巩也累遭"见嫉之积毁""摈排忌疾""深忌积毁"①，在《谢解启》中他曾痛陈道："素志慕乎古人，故时情之所背；虚名闻于当世，故众忌之所排。"②而这些又都源于曾巩自少时就已立下的高远之志。他在《赠黎安二生序》中就说："夫世之迂阔，孰有甚于予乎？知信乎古而不知合乎世，知志乎道而不知同乎俗，此余所以困于今而不自知也。世之迂阔，孰有甚于予乎？"③由此而引发的种种非难又颇同于世人对坚守儒道的扬雄的积毁。故而曾巩在《答王深父论扬雄书》中曾对此做了详细的论述。从中正可见曾巩在此诗中所言"人事悠悠"是何其沉重。但诗篇收束时的"且将画诺供谈笑，更选名园载酒行"却又将这悠悠人事化解得何其轻盈。由此我们便能更加理解曾巩在《岘山亭置酒》中所言"恨独醒"、《西亭》中所说"恶独醒"的含意。④醒与恨醒，醉与非醉之际正体现了曾巩欲有所为而又所为不得，欲要不为而往往又不得不为的重重矛盾。他只能在山水、花鸟之间去充分享受有所不为的醉意。这种醉意并不是逃脱，而体现了一种心灵的固守，从沉沉醉意中我们越发能感受到曾巩意志的坚定与操守的坚贞。他在《送韩廷评》中曾言"骐骝要试风沙远，竹柏须忘霰雪侵"⑤。由此可见，这雪景鲜妍、柳条葱蒨之际的载酒清歌与"一饮不辞三百杯"有着同样的一种气韵潜贯其中。他在《齐州杂诗序》中曾就其闲情之作写道："虽病不饮酒，而闲为小诗，以娱情写物，亦拙者之适也。"⑥此闲情乃"拙者之适"，于此正体现出曾巩闲中并非等闲的真正心境。由此我们就能更加理解曾巩七言律诗中所抒发的旷然、闲适、清幽之情并非仅仅是为旷然而旷然、为闲适而闲适、为清幽而清幽，

---

① 分别见：《曾巩集》卷第三十四，第 491 页《乞出知颍州状》、第 495 页《辞中书舍人状》、第 502 页《拟辞免修五朝国史状》。
② 《曾巩集》卷第三十六，第 507 页。
③ 《曾巩集》卷第十三，第 217 页。
④ 分别见：《曾巩集》卷第八、卷第六，第 124、83 页。
⑤ 《曾巩集》卷第七，第 114 页。
⑥ 《曾巩集》卷第十三，第 215 页。

也能深刻体味到何以在清幽之景中反映衬旷怀。这种看似不和谐的反差正来源于此。如《凤池寺》一诗：

> 经年闻说凤池山，蜡屐方偷半日闲。笑语客随朱阁上，醉醒身在白云间。溪桥野水清犹急，海岸轻寒去却还。为郡天涯亦潇洒，莫嗟流落鬓毛斑。①

诗歌于寻幽中展开，其悠扬舒缓的韵律颇有李商隐《奉寄安国大师兼简子蒙》中"岩光分蜡屐，涧响入铜瓶"②之意味。随后又紧接以笑语直上、醉向白云之意。两相对照，于张弛之际境象豁然开阔。之后再将心绪收缩于溪桥野水之中，然而一"急"一"寒"正显出幽中不幽的心境。果然结尾处归于"流落鬓毛斑"，而这既不是杜甫的"伤弓流落羽，行断不堪闻"，也不是刘禹锡的"遄回过荆楚，流落感凉温"，③诗中并不显凄凉意，反而由此更转出一种旷怀。曾巩身后，苏轼于元符三年（1100），从儋耳北归时所作《六月二十日夜渡海》中的"九死南荒吾不恨，兹游奇绝冠平生"④，与此"潇洒"意正多有相通处。

曾巩的七言律诗在谋篇布局上的成就，突出体现在其善于以大跨度的跳跃造成诗篇内在的张力效果，上下层之间在诗意上转换迅速，诗歌的层次感鲜明，如其所作《集贤殿春燕呈诸同舍》：

> 御炉风细麝烟浮，法乐声和酒味柔。冠剑九重霄汉路，莺花三月帝王州。垂廊四合盘龙幕，当殿双高彩凤楼。归去人人夸雨露，总含欢意跃骅骝。⑤

---

① 《曾巩集》卷第八，第128页。
② 〔唐〕李商隐撰，刘学锴、余恕诚集解：《李商隐诗歌集解》，中华书局，1998年，第636页。
③ 分别见：《杜诗镜铨》卷二十，第1017页；《全唐诗》卷三六二，第4087页。
④ 《苏轼诗集》卷四十三，第2367页。
⑤ 《曾巩集》卷第八，第138页。

诗篇描述的是极为平常的宴集情景，这样一个应景之作本无多少新意可呈。然而曾巩却从中转化出另一番面貌。起首两句与春宴场景相应，声韵平和妥帖，若就此叙述下去便落入老套。但曾巩笔锋一转，陡然以"冠剑""霄汉"振起，紧随其后又以"杂花生树，群莺乱飞"①之景将视野荡开。接着又收缩回来，描摹宴饮之地的景象。"当殿双高彩凤楼"一句再将视野向高处延伸。开篇是在诗意上柔与壮的对比，此处则是在视觉效果上宽与纵的对照。这样的转折变换使诗篇呈现出较强的动感，与结尾处的"总含欢意跃骅骝"遥相呼应，共同使整首诗歌充满欢快喜悦之情。又如《华不注山》一诗：

> 虎牙千仞立巉巉，峻拔遥临济水南。翠岭嫩岚晴可掇，金舆陈迹久谁探。高标特起青云近，壮士三周战气酣。丑父遗忠无处问，空余一掬野泉甘。②

起首即以"虎牙千仞立巉巉，峻拔遥临济水南"营造出华不注山咄咄逼人之气势。正如《水经注》中所言："华不注山，单椒秀泽，不连丘陵以自高，虎牙桀立，孤峰特拔以刺天。"③然而紧接而来的却是"翠岭嫩岚晴可掇"这样柔美清幽的景致，其中以"嫩"描摹山岚使景色显得尤为温润。随后，曾巩又由此中跳出，猛然间以"高标特起青云近，壮士三周战气酣"振起，以"丑父遗忠无处问，空余一掬野泉甘"作结，叙述斩截有力，气足意完。如此表现既显出谋篇腾挪之巧，又因意象上的反差张力使所抒诗情遒劲深邃。其中，"嫩岚"一句由杜牧"嫩岚滋

---

① 《文选》第四十三卷《与陈伯之书》，第1947页。
② 《曾巩集》卷第七，第115页。
③ 《水经注疏》卷八，第746页。

翠葆，清渭照红妆"以及许彬的"净收残霭尽，浮动嫩岚轻"脱胎而来。①许彬的"嫩岚"也有"孤城""峻云"相衬，但无论是表现手法还是诗篇造意都逊曾一筹。而杜牧长篇古体对于"孤烟知客恨，遥起泰陵傍"的抒发，在立意上与曾巩有相通处，曾巩律体的韵味悠长与杜牧古体的苍劲正有异曲同工之妙。而此首七言律诗谋篇上的特色，在与李白同样描写华不注山的《古风五十九首》之二十相比照中，可以更为明显地体现出来。②曾巩另一首《鹊山亭》诗在谋篇布局上与之也有相同之处。开篇以"大亭孤起压城颠，屋角峨峨插紫烟"造势，随后则接以"泺水飞绡来野岸，鹊山浮黛入晴天"，将此强势又陡然销歇去。作者这样构意是为达到一种举重若轻的效果，这与结尾处"太守自吟还自笑，归时乘月尚留连"共同营造出作者独特的情怀追求。其他如《早起赴行香》等，在诗歌布局上也有这个特点，对所述诗情起到了一个很好的环衬作用。另外，曾巩七言律诗诗歌的这一特点，在古体诗的创作中也有体现，如我们上文所分析的《游金山寺》一诗就是如此，这正体现出曾巩诗歌的内在一致性。同时我们又注意到，在相同之中也有着由于不同体裁所造成的差异。由于七言律诗固定的语句、独特的音韵，使得这种腾挪之巧表现得更为集中紧凑、韵味悠长，因而其效果也更为显著。在中国诗歌发展史上，杜甫的七言律诗创作一向以极富顿挫之妙而著称诗坛。曾巩七言律诗上的这种大跨度的对比效应，也正是对此学习借鉴之后所展现出来的一番新面貌。

由于七言律诗的独特诗体格律，使得曾巩在创作中非常注重用字、造句之巧。如《南轩竹》"新笋巧穿苔石去，碎阴微破粉墙生"，对于嫩竹茁壮成长之势的描写，以及对光阴的细微刻画可谓入木三分。其他像《鹊山亭》"屋角峨峨插紫烟"之"插"，《早起赴行香》"微破宿

---

① 分别见：《全唐诗》卷五二一，第5950页；《全唐诗》卷六七八，第7767页。
② 《李白集校注》卷二，第131页。

云犹度雁"之"破",《鹊山》"秀色挼蓝入酒杯"之"挼"等字眼都画龙点睛般发挥着传神造意的重要作用。另外,在造句上也同样如此。如《金线泉》"云依美藻争成缕,月照寒漪巧上弦",《西湖纳凉》"鱼戏一篙新浪满,鸟啼千步绿阴成",《水香亭》"群玉过林抽翠竹,双虹垂岸跨平桥",《喜雪二首》之一"已塞茅蹊人起晚,更迷沙渚鸟飞迟",都于语句的巧妙搭配中展现出一番迷人的境象。

在七言律诗的格律上,曾巩也做了一些变调的尝试。如《送英州苏秘丞》"出游应数拥双旌",《北渚亭雨中》"况有樽酒聊开颜"等三平调的运用。三平调是古体诗的标准格式,近体诗中应当尽量避免,但杜甫的诗就喜用此体,如《卜居》首联对句"主人为卜林塘幽",《章梓州橘亭饯成都窦少尹得凉字》首联对句"玉杯锦席高云凉"等即是如此。① 另外,在语音上,曾巩在《和张伯常自郢中将及敝境先寄长句》的颈联出句"梨颗玉腹含雨重"中,"玉腹"双声叠韵,以造成一种"拗"的效果。曾巩对于这种"拗"的尝试,不仅体现在字音上,在诗歌的格律上,他也做了积极的探索。如前文所提到的《苦雨》一诗,此诗虽被归入古体诗类,但仔细分析,则与古体又有不尽相同之处。

此诗并不符合标准的七言律诗格式,平仄不谐,中两联又不完全对仗。但其用韵格式在杜甫的律诗中都能找到,如首联末尾"仄平平"对"平仄平"即与杜甫"强戏为吴体"的诗歌——《愁》②,首联相同。虽然杜诗中没有一首平仄与此完全相同,但拗体本身就是在追求一种变化,从这些杜诗拗调的运用中也正能体现出一种"拗律"的韵味。王嗣奭评杜甫《愁》诗道:"公胸中有抑郁不平之气,每以拗体发之。"③ 曾巩运用此体进行创作,也正是如此,诗歌由此拗调伴奏使所抒之情显得格外苍遒雄浑。

---

① 分别见:《杜诗镜铨》卷七,第312页;卷十,第459页。
② 《杜诗镜铨》卷十五,第739页。
③ 《杜诗镜铨》卷十五,第739页。

在曾巩诗集中有《谒李白墓》一首，诗中写道：

世间遗草三千首，林下荒坟二百年。信矣辉光争日月，依然精爽动山川。曾无近属持门户，空有乡人拂几筵。顾我自惭才力薄，欲将何物吊前贤？①

曾巩在另一首《和张伯常岘山亭晚起元韵》中又言：

挥手红尘意浩然，夙兴招客与扳联。烟云秀发春前地，草木清含雪后天。已卜耕桑临富水，暂抛鱼鸟去伊川。更追羊杜经行乐，况有风骚是谪仙。②

诗集中也有追忆歌咏杜甫的作品，如《寄王乐道》：

荆州南走困尘埃，应喜文章意自开。明世正逢多事日，要涂须用出伦材。不回霜雪天应惜，未得风云众忍摧。若向沙头吊杜甫，近诗悬望自书来。③

另一首《鹊山亭》为：

大亭孤起压城颠，屋角峨峨插紫烟。泺水飞绡来野岸，鹊山浮黛入晴天。少陵骚雅今谁和？东海风流世谩传。太守自吟还自笑，归时乘月尚留连。④

从这两组诗歌中可以看出，它们都表现了对前代两位杰出诗人的景仰。其中《谒李白墓》与《寄王乐道》构意相同，都通过凭吊先灵表述

---

① 《曾巩集》卷第六，第89页。
② 《曾巩集》卷第八，第123—124页。
③ 《曾巩集》卷第七，第112页。
④ 《曾巩集》卷第七，第104页。

了对其追慕之思。但正是从这相同的追慕之思中又体现了对所慕内容取向上的差异性。同样是凭吊，《谒李白墓》与《寄王乐道》满怀愤郁之情完全不同。这种不同在与《和张伯常岘山亭晚起元韵》的比照中表现得更为明显。而将情感取向相似的《鹊山亭》与《谒李白墓》《和张伯常岘山亭晚起元韵》对比又可发现，《鹊山亭》中的超然之情更具有一种内在的深厚意蕴。曾巩在《寄题饶君茂才葆光庵》中曾说"应有风骚归健笔"，这健笔因有此内蕴灌注就使得"健"中多了一层清润的色彩，而不是一味的粗豪。方回在《瀛奎律髓》中曾评道："子固诗一扫'昆体'，所谓饾饤刻画咸无之。平实清健，自为一家。"①"清健"很好地概括了曾巩七言律诗的创作特点。苏辙在《和孔教授武仲济南四咏》中也有一首描写鹊山亭的诗："筑台临水巧安排，万象轩昂发瘗埋。南岭崩腾来不尽，北山断续意尤佳。平时战伐皆荒草，永日登临慰病怀。更欲留诗题素壁，坐中谁与少陵偕。"②与之相比可以明显看出曾巩此诗的风格特点。

在诗歌创作中，这种内蕴往往会导向沉重的诗风，而我们看到，曾巩并不愿让诗歌有如此重负，因而其诗作中像杜甫诗歌那样深入表现时代内容的诗篇较少。这是因为在曾巩的文艺思想中诗歌的功能作用已相应发生了转换。他是以诗歌将不得不为之情予以排解，而将有所不为之乐充分体味。与之相应，诗歌的社会性相对缩小，而带有更多的个性化色彩。我们只要将之与曾巩文章的创作稍加对比就能明显地看到这一点。曾巩留给后人的传统印象几乎都是从文章中得来，而曾巩的诗歌则展现了另一番心灵世界。这种差异并非是指两者截然不同，而是指在内在一致性中所呈现出来的一些局部上的独特性。正是由这丰富多彩的局部相异性才组成了一个真实完整的个体。这些局部性虽有时似乎微不足道，

---

① 〔元〕方回选评，李庆甲集评校点：《瀛奎律髓汇评》卷之十六，上海古籍出版社，1986年，第620页。
② 《苏辙集》卷五《和孔教授武仲济南四咏》之三《鹊山亭》，第88页。

但它们却最为鲜活生动,是全面了解一个人不可缺少的一个方面。比如像上文所分析的,曾巩七言律诗中所展现的超旷洒然的情怀在其文中就很少能看到。有时甚至还有着文中根本没有的轻柔风格。如《西园席上》"下榻笑谈红旆偃,引觞醉醒玉钗随",《钱塘上元夜祥符寺陪咨臣郎中丈燕席》"金地夜寒消美酒,玉人春困倚东风"。①当曾巩另一首描写上元夜景的诗歌《上元》颈联对句"人近朱阑送目劳"之"近",《瀛奎律髓》将之录为"倚"时,何焯在《义门读书记》中还专为此论道:"近、律髓作倚。子固亦为是语耶。"②可见一种观念长久以来已俨然成为定式之后,极难再愿意对此重新做一番审视。

除了数量众多的七言律诗外,曾巩五十九首七绝中表现的主题与七言律诗有相应之处,如《次维得禽字韵》"看花弄水非无事,犹胜纷纷别用心"对于闲适之真性情的描写,《蹇磻翁寄新茶二首》之二中"分得余甘慰憔悴,碾尝终夜骨毛清"对于清境的喜好,《百花台》"烟波与客同樽酒,风月全家上采舟。莫问台前花远近,试看何似武陵游"对于超旷心境的展露等。其中不乏佳作,如《西楼》一诗:"海浪如云去却回,北风吹起数声雷。朱楼四面钩疏箔,卧看千山急雨来。"前紧后松的结构体现的正是与七言律诗相同的谋篇方式。诗中与闲情形成强烈对比的隐隐风雷、滔滔海浪正形象生动地呈现了曾巩闲中非闲的深刻含意。又如《鹤林寺》:"昔人春尽强登山,只肯逢僧半日闲。何似一尊乘兴去,醉中骑马月中还。"③寥寥数语即将诗中人物之精神气韵生动刻画出来。但曾巩大部分七绝的创作呈现出题材雷同、含意浅淡的弱处。从诗集中我们可以看到,他的七言绝句组诗特别多。五十九首七言绝句中组诗就占了十九首,几乎占到了三分之一的数量。而七言绝句的这一

---

① 分别见:《曾巩集》卷第六,第92、96页。
② 《义门读书记》卷第四十卷,第735页。
③ 分别见:《曾巩集》卷第七、卷第八,第110、131、107、132、137页。

弱处，在这些组诗中体现得尤为明显。如《会稽绝句三首》《离齐州后五首》等。对于这种浅淡也不可一概否定，在有些诗作中明显可见曾巩是有意追求这种风格。如《出郊》：

> 葛叶催耕二月时，斜桥曲岸马行迟。家家卖酒清明近，红白花开一两枝。①

又如《城南二首》之一：

> 雨过横塘水满堤，乱山高下路东西。一番桃李花开尽，惟有青青草色齐。②

诗歌清新可人，颇具民歌风味，其用语力求浅近如话，像"红白花开""青青草色"等——这与曾巩在古体中所追求的风格相同，如《代书寄赵宏》中"东溪最好水已渌，桃李万株红白照"③。从中也体现出曾巩于律诗创作中试图谋求一种突破与创新。但可以看出，这种创新是初步的，好的作品不多，有不少作品因欲为平实反而导向了平庸。

五言律诗由于语句的缩短，而宜于表达沉稳凝重的意蕴，曾巩此类作品的创作也多是借此来抒发沉郁的思想情感。如《秋日感事示介甫》：

> 秋日气已盛，阴虫朝暮声。烟云断溪树，风雨入山城。沙碛有遗虏，旌旗多远行。生民苦未息，吾党耻论兵。④

该诗短促的音节与通篇的肃霜之气以及篇末的哀民生多艰之情浑然为一。再如《送李莘太博》《寄王荆公介甫》《送王补之归南城》等诗

---

① 《曾巩集》卷第八，第131页。
② 《曾巩集》卷第八，第131页。
③ 《曾巩集》卷第三，第36页。
④ 《曾巩集》卷第六，第85—86页。

都是如此。五言律诗的这一特点也正适应于挽词所要表述的意境，故而在曾巩十六首五言律诗中，挽词就占了九首，超过了二分之一。曾巩也曾用七言律诗的形式创作过两首挽词，通过对这两种不同体裁挽词的比照，恰好可以从一个独特的角度观察曾巩这两类诗歌的不同风格。曾巩用五言律诗所作的挽词中，除了为仁宗、英宗皇帝所作的格外庄重的挽词外，还有为同僚而作的《丁元珍挽词二首》，其中第二首为：

从军王粲笔，记礼后苍篇。谩有残书在，能令好事传。鹏来悲四月，鹤去遂千年。试想长桥路，昏昏陇隧烟。①

而用七言律诗所作的《刁景纯挽歌词二章》之一则为：

史观郎闱得谢归，桓桓筋力未全衰。园林笑傲笙歌拥，山水追寻几杖随。尺牍百封虚有意，文章十帙更传谁？馀花自出藏春坞，一点青灯照穗帷。②

可以看出，这两首挽词的诗题上就已显现了风格差异，七言律诗的挽词多了一"歌"字，而这一字正道出了曾巩对七言律诗的一种创作追求。前一首挽词，韵度沉稳，气韵哀婉，诗篇收束处"昏昏"一句道出了浓重的悲思。而后一首挽词则正像其诗题所言，诗篇由首至尾流畅无碍，有着"歌"的特点，若不看诗题实难以辨出这是一首挽词。刁约，字景纯，《南唐书》卷六《刁彦能传》中说："孙约，亦名士。久在三馆，晚筑室润州，号'藏春坞'，王安石、苏轼皆尊爱之。"③苏轼有《赠张刁二老》诗一首："两邦山水未凄凉，二老风流总健强。共成一百七十岁，各饮三万六千觞。

---

① 《曾巩集》卷第六，第 90 页。
② 《曾巩集》卷第八，第 126 页。
③ 〔宋〕陆游撰：《南唐书》卷六，《四部丛刊》续编本。

藏春坞里莺花闹，仁寿桥边日月长。惟有诗人被磨折，金钗零落不成行。"①此诗将其与风流倜傥的张先合并在一起歌咏，风趣幽默地刻画了刁景纯的"名士"风范。而曾巩这首挽词也正是基于此，以"歌"的形式将刁景纯的这一特点淋漓尽致地描摹了出来。诗篇于哀情中描摹其风流，于风流之描摹中抒发哀思，将风流与哀婉结合得十分熨帖，了无痕迹，正是此诗的一大特点。因此要比苏轼所作的《哭刁景纯》②更有特色。由于丁和刁两人不同的性格特征以及与曾巩本人不同的关系从而产生的不同的抒情内容，曾巩分别以不同的体裁作了恰当的表述。从这种不同中，也反映出曾巩对这两种诗歌体裁的不同理解。曾巩另外六首五言排律大多是这种风格的，如《送郑州邵资政》《送任达度支监嵩山崇福宫》《送赵资政》《寄致仕欧阳少师》等。在《送郑州邵资政》中，他称赞邵资政"许国风猷壮"，而曾巩的五言排律风格也恰好体现了这一"猷壮"的特点。何焯在《义门读书记》中对《送任达度支监嵩山崇福宫》评价道："长篇诗稳切有气，后山辈正不能到。"③"有气"可以说不仅指五言排律，也是曾巩所有诗歌的一个共同特点，而五言律诗则以它特有的方式将之表现了出来。曾巩五言排律的创作风格虽然大多如此，但他善于创变的思想特点又再次体现在《寄郓州邵资政》的创作中。其诗为：

> 铅笔雠书客，朱轓守土臣。素餐方侧席，黄发已侵巾。喜有山围郭，仍怜水满津。清华闲耳目，潇洒长精神。秀色秋来重，寒声雨后新。宿云当户牖，流月过松筠。北囿分殊境，西湖断俗尘。渚花红四出，沙鸟翠相亲。芡老舍④珠实，鱼惊跃锦鳞。飞梁凌霄渺，虚榭压潋沦。岭对横修竹，洲分抱白苹。静宜人

---

① 《苏轼诗集》卷十一，第568页。
② 《苏轼诗集》卷十五，第772页。
③ 《义门读书记》第四十卷，第729页。
④ "舍"应为"含"。

事拙，闲觉道腴真。器小难周物，官微幸庇身。簿书偷暇日，杖屦想幽人。沂险飞游艇，探奇漾钓缗。形麋甘鹤怨，心泰得鸥驯。督府恩容久，芳笺讯问频。门庭严卫戟，尊俎从华绅。却起烟霞兴，还思水石邻。自嗤田父乐，那可荐鸿钧？①

此诗破五言律诗之沉稳凝重，反出以清淡闲适之意，诗歌几乎通篇都是对山水花鸟的描摹，犹如一幅山水长卷，随诗笔之游走而缓缓展开于眉睫之前。诗歌由自述起，接以"喜有山围郭"数句总括景致，随后宿云、流月、北圃、西湖依次展开——于此我们又看到了曾巩在古体诗歌中常使用的赋的铺排手法。随后，其又以议论作一提顿，并随即转到对于自己心境的抒发。诗篇音韵舒缓，笔带清风，内容与形式达到了和谐与统一。在这里，曾巩又利用了五言音短的特点造成一种舒缓的诗风。由此所体现出来的多变性正是曾巩在诗歌创作上的一贯追求。

曾巩律诗风格的形成，在很大程度上正是由于他对诗歌功能的特定理解所促成的。但就另一方面而言，这种理解又限定了曾巩律诗创作内容的拓展，使得其律诗的表现内容在总体上有些单调。虽然在古体诗中这种个性化的特点也有体现，但从古、近体的比较中可以看出，曾巩更倾向于用近体，尤其是七言律诗娱情遣性，如他在齐州"闲为小诗，以娱情写物"②的大部分都是律诗，而孙觌在《鸿庆居士集》卷十二《与曾端伯书》所列举的"皆卓然有济世之用"的诗，都是古体诗。这种倾向制约了曾巩律诗在创作形式、手段上更进一步的发展，与他的古体相比确是显出"小"的一面。

---

① 《曾巩集》卷第六，第96—97页。
② 《曾巩集》卷第十三《齐州杂诗序》，第215页。

第三节 宋调

如上所言，曾巩的诗歌创作在广泛学习借鉴的同时着意于新风格的探索。在这中间也有着许多后人所谓"宋调"的尝试，现就此方面集中阐述如下：

首先，就诗歌题材而言，在宋以前，诗歌中出现苍蝇这类不洁之物的只有几十首，且都是以丑恶阴暗的寓意出现。如曹植《赠白马王彪》"苍蝇间白黑"、陆机《塘上行》"不惜微躯退，但惧苍蝇前"、鲍照《拟乐府白头吟》"点白信苍蝇"、李白《鞠歌行》"楚国青蝇何太多"、杜甫《寄峡州刘伯华使君四十韵》"江湖多白鸟，天地有青蝇"、高适《钱宋八充彭中丞判官之岭南》"慎勿信苍蝇"、白居易《反鲍明远〈白头吟〉》"蝇不点清冰"，[1] 这一切都源自《诗经·青蝇》所产生的深刻影响。郑玄就曾言："蝇之为虫，污白使黑，污黑使白，喻佞人变乱善恶也。"[2]《毛诗正义》对此诗首句"营营青蝇，止于樊"也解释道："此虫污白使黑，污黑使白，乃变乱白黑，不可近之"[3]。由此正可看到某一题材内在的意象限定性。宋代梅尧臣诗中以蚊蝇入题的多达十六首，并且有专以"蝇"为题的诗歌，这是宋朝以前的诗歌创作中所没有的。梅尧臣对于蚊蝇的细致描写也是前人所不及的，如《次韵和永叔石枕与笛竹簟》中所言："蝇如远鸡耳初感，蚊若隐雷空际鸣"。后人每以此为梅尧臣创立宋调的一个佐证。然梅尧臣所作此类诗歌并没有在立意上有所突破，仍未脱

---

[1] 分别见：《文选》卷二十四，第1124页；《玉台新咏笺注》卷三，第106页；《玉台新咏笺注》卷四，第141页；《李白集校注》卷四，第295页；《杜诗镜铨》卷十六，第811—812页；《全唐诗》卷二一四，第2239页；〔唐〕白居易著，顾学颉校点：《白居易集》卷第二，中华书局，1979年，第50页。
[2]《十三经注疏》整理委员会整理，李学勤主编：《十三经注疏·毛诗正义》卷第十四，北京大学出版社，1999年，第876页。
[3]《十三经注疏·毛诗正义》卷第十四，第876页。

离此类诗题传承已久的限定性，蚊蝇依然是丑恶事物的形象化身，体现出人们的厌恶心理。如在《端午前保之太傅遗水墨扇及酒》中，他沿袭了传统的"青蝇"形象，"便持菖蒲饮，不畏青蝇及"。其《蝇》诗中所言"自有坚冰在，能令畏不难"也是从白居易"蝇不点清冰"转用而来。梅诗用意的变化，只是沿着丑化的方向作了更进一步的发展，如《夏虫》中所说"当看厕中蛆，去作盘上蝇"①。诗风的怪异程度比之卢仝有过之而无不及，使得宋诗的创新走向了过激的一面。与之相比，曾巩所作此类诗歌则转出另一层新意。其所作《寄子进弟》将此物安置于对子进弟依依思念之中，开篇以"忆子去家日，南风始吹衣。今来日未几，蝇蚊已群飞"②起兴，他并没有着意刻画蝇蚊的丑恶面，将此诗歌史上传咏已久的污物放置此中也并没有败了兴致，而是与南风共同烘托出一种夏日的景象。以此作铺垫，文后随即展开了"思子兼昼夜，何啻如渴饥"的描述。曾巩对此类题材的传统意象并非不知，他在《苦热》中就说道："冰雪气已夺，蚊蝇势相矜"③，而《寄子进弟》从此定式中跳脱出来，正可见出其中着意求新的宋人面貌。

其次，在诗歌表现功能的拓展上，曾巩也做出了自己的贡献。曾巩对乐府歌行的种种尝试就是为了在这方面有所创新与突破。曾巩以初唐歌行为媒介，上窥汉赋铺张扬厉的表现手法，希望以此来拓展诗歌的表现功能。有时他在诗中直接引用汉赋的词语，如《咏雪》"飞檐辚辚驾长浪"之"飞檐辚辚"就是张衡《西京赋》中的语句④。而更主要的是将汉赋铺张扬厉之精神灌注到诗歌创作中来。在《山水屏》一诗中，曾巩对山水屏"经

---

① 分别见：《梅尧臣集编年校注》卷二十六《蝇》，第867页，卷二十九《次韵和永叔石枕与笛竹簟》，第1106页；卷二十三《端午前保之太傅遗水墨扇及酒》，第671页；卷二十四《夏虫》，第731页。
② 《曾巩集》卷第二，第15页。
③ 《曾巩集》卷第四，第63页。
④ 《文选》第二卷，第58页。

营顷刻内，千里在一幅"的景色作了详尽的描述。由回环之山势写到霜雪、烟雾、泉源、轻舟，由此又引出游子，并从画中人的视角对所见之山川物色作一总括，最后再转到看画之人而跳出画外，以"鲜明极万状，指似才一粟"①收束。这一大段的描述，在整体上从"千里"到"一粟"，由极小中见极大，又从极大处收归于极小。在局部上对于山色风景的描述，层层推进有条不紊。整个描述布局合理，层次分明。这种不厌其烦的详尽描述方式正是汉赋铺陈特性在诗中的运用。被赋体扩展了的白描手法在山水风景的描写中起到了很好的效果。这种白描铺陈手法很容易导致创作者以散语入诗，这样也就为以议论说理为诗扫清了道路，宋诗以文为诗的特点也由此充分展现了出来，而这也正是曾巩尝试追求的一个目标。《读书》一诗对读书生活的大段叙述，在借鉴了杜甫诗歌创作手法的同时也正是以赋的铺陈将之作了极大的扩展。《地动》一开篇便就地动缘由论述道："吾闻元气判为二，升降相辅非相伤。今者无端越疆畔，阴气焰焰侵于阳。阳收刚明避其势，阴负捷胜尤倡伴。地乘是气亢于下，震荡裂拆乖其常。"②如此写来，不论其在立意上的动因如何，就诗歌本身而言，可谓翻出了一种新意，他是将作文的思路运用到了诗歌创作中来。曾巩为文总喜探本溯源，以求论断的确定无疑。在此诗中，曾巩也是探其本源来以为其后所言确立基础。彭期在《曾文定公集》中就此评论道："每遇一事必有来历、有断制，公作诗作文皆如此。"将此思路辅助于铺陈的手法，便产生了以议论为诗的效果。这一新的创作手法在《谢章伯益惠砚》一诗中也有所运用，诗中就小小一方砚台遥思广议，生发出一大段议论，何焯评之为"太迂远"③。其实这"迂远"的背后正隐含着曾巩对诗歌表现多样性的努力探索。《曾巩集》中还有《雪咏》诗一首，

---

① 《曾巩集》卷第四，第49页。
② 《曾巩集》卷第四，第47页。
③ 《义门读书记》第四十卷，第719页。

此诗较集中地体现了曾巩在这方面的探索与尝试。全诗长达五百字，诗歌以"雪花好洁白，不待咏说知"开篇，散体化的风格脱口即出。诗中对于大雪覆盖之下诸般景物的描写极尽其所能地运用了赋的铺陈方式。先由屋角到瓦沟、坳洼、茅茨、树木、冈山、阶除、池台，中间以一局部总述稍做停顿之后，又接着做进一步的描述，由里巷到长街、荒城、沙水、扁舟、鸟雀，将景色层层涂抹。其中又以"或稀若有待，或密似相萦。或弱久宛转，或狂自轩腾"，于整饬中求变调。对景物长篇白描之后，进而由贫寒苦读之士与锦帽貂裘的对比中生发出一番议论，以"所处殊处所，苦乐固异情"这一总结性的论述收束笔锋，回归于雪景，最后以民胞物与之情作结。诗中"万物去覆冒，颜色皆复常。融为大田水，其流日滂滂"，何焯评之为"极似韩"[①]。"柔茵坐中堂，谁问公与卿。世事泊无意，烛换犹飞觥"四句也正是"朱门酒肉臭，路有冻死骨"之意。而"永怀衡门士，辛苦守六经。山藜不充腹，笔砚久已冰""愿彼守经士，幸可继糗粮。忧民既非职，空致新诗章"与杜甫《茅屋为秋风所破歌》中"安得广厦千万间，大庇天下寒士俱欢颜"[②]的主旨多有相通处，这也是贯串整个诗篇的精神所在。整首诗在形式上除了融合了赋的铺陈、杜甫《北征》等长诗的表现手法，还蕴含着乐府歌行的风味。诗中所说的"四座且勿歌，听我白雪诗"这种表述方式是乐府古诗中常用的样式。鲍照《堂上歌行》中就有"四座且莫（一作勿）喧，听我堂上歌"[③]。更早的，陆机在《挽歌》中也有相近的表述："闱中且勿喧，听我《薤露》诗"[④]。而这又都源自民歌，《上声歌》中就有"四座暂寂静，听我歌《上声》"[⑤]之说。曾巩并没有运用被唐代诗人改造过的更为流利的"白雪歌"

---

① 《义门读书记》第四十卷，第720页。
② 《杜诗镜铨》卷八，第364—365页。
③ 《乐府诗集》第六十五卷《杂曲歌词五》，第943页。
④ 《乐府诗集》第二十七卷，第399页。
⑤ 《乐府诗集》第四十五卷，第655页。

诗歌形式，而是选用了更为古老的乐府古诗歌行体，是因为乐府民歌的风味使诗歌的遣词造句要比唐诗浅白得多，这正是曾巩所求，他试图将赋、歌行与杜甫、韩愈尤其是杜甫的诗歌创作手法相互融合，以此来塑造一种平易浅显近于散文的诗歌风格。由此体现了曾巩在诗歌创作中求变求新的思想，而这也与宋诗的发展方向相一致。全诗形式上的成就要大于思想内容的塑造，形式与内容还存在着脱节，可以看出早期探索的不成熟性。

在宋朝祝穆所撰写的《古今事文类聚·后集》卷三十四《鳞虫部》中，录入了曾巩所作《金陵初食河豚戏书》一诗，此诗《曾巩集》未收入，而《全宋诗》曾巩卷也只录入了前八句，现将整首诗歌录之如下：

> 食肉遗马肝，未为不知味。食鱼必河豚，此理果何谓。非鳞亦非介，芒刺皮如蝟。观形固可憎，况复论肠胃。祸心中包藏，有挟无忌畏。戕人甚刀锯，岂数墨宫剕。乘时辄朋来，戢戢类蠡蜚。投身网罟中，孕育殊未既。土人重烹鲜，肯吝百金费。芦芽橄榄实，调芼杂姜桂。甘肥比西子，王鲔安足贵。亲朋相过从，以此代饔飧。口腹适须臾，遇毒死犹讳。我本生江湖，束带仕梁魏。每嫌羊肉膻，颇类汉都尉。一麾味南烹，饱食聊自慰。此鱼旧传闻，珍异等猩猂。试分一杯羹，下筯才仿佛。仅能免颠眩，累日气怫愲。虚名果浮实，腾口谩如沸。古人供燕飨，何有兹品汇。解鼋招祸变，羞鳖取怨诽。蝘蜓误蔡谟，垂死但余气。韩柳食虾蟆，宁忘钓泾渭。不如御常珍，刍豢胜罾罻。曲肱亦足乐，采撷有蒿蔚。百年天地间，妄意事经纬。堂堂七尺躯，岂免薪土衣。苟为乖所养，有累均豹毅。爱身诚有待，语道吾则未。①

---

① 〔宋〕祝穆：《古今事文类聚·后集》卷三四，《景印文渊阁四库全书》本。

这一首诗显然是由梅尧臣的《范饶州坐中客语食河豚鱼》引申而来。为便于对照，现将梅诗转录如下：

> 春洲生荻芽，春岸飞杨花。河豚当是时，贵不数鱼虾。其状已可怪，其毒亦莫加，忿腹若封豕，怒目犹吴蛙。庖煎苟失所，入喉为镆铘。若此丧躯体，何须资齿牙。持问南方人，党护复矜夸，皆言美无度，谁谓死如麻。我语不能屈，自思空咄嗟。退之来潮阳，始惮餐笼蛇。子厚居柳州，而甘食虾蟆，二物虽可憎，性命无舛差。斯味曾不比，中藏祸无涯，甚美恶亦称，此言诚可嘉。①

欧阳修《六一诗话》中曾对此诗评道："圣俞平生苦于吟咏，以闲远古淡为意，故其构思极艰。此诗作于樽俎之间，笔力雄赡，顷刻而成，遂为绝唱。"②然而两诗相比可见，曾巩之诗构思之"艰"要远高于梅尧臣。该诗一开篇即是曾巩诗文阐述事理时的一贯做法，对所述之事深入发掘，由远及近依次叙述。"食肉遗马肝，未为不知味"引述了《史记》卷一二一《儒林列传·辕固生传》中景帝所言"食肉不食马肝，不为不知味"③，由此而转述到对食河豚之事的论述。先是对河豚的恶状进行了详细的描述，与梅尧臣相比有过之而无不及。其内暗藏祸心，其外喜好邀朋携党戢戢而动，且善于混淆众听，掩人耳目。接着以亲身经历证明其美只是"虚名"。然后再以历史上的正反事理证明不可因慕虚名而喜好这表里不一之物。最后以曲肱而乐表明自己"爱身诚有待"的志向，同时又对世道之不公提出了深婉的批评。此诗在正反对照中对奸佞小人的刻画入木三分。而梅尧臣所作，对恶物的刻画不如曾巩所作细致、形

---

① 《梅尧臣集编年校注》卷八，第117页。
② 《欧阳修全集》卷一百二十八，第1950页。
③ 〔汉〕司马迁撰，〔宋〕裴骃集解，〔唐〕司马贞索隐，张守节正义：《史记》卷一二一，中华书局，1959年，第3123页。

象,由此对抒情主人公形象的塑造也不如曾巩所作深刻;作品的思想深度也不及曾巩所作,曾巩在篇尾的大段抒写,梅诗仅以两句"我语不能屈,自思空咄嗟"一笔带过。再以对"韩柳食虾蟆"的态度为例,梅诗是"二物虽可憎,性命无舛差",可见他是从食物可食性上立论,这样就使得对恶物批判无力,也淡化了主题思想。而曾巩所作则是将之与褒姒亡周相提并论,在对其持否定态度的同时,也加深了此诗的思想深刻性。而这种否定也正如《荔枝四首》之三中对于他所尊敬的杜甫也有所辨正一样,都体现了曾巩勇于自为、敢于怀疑的精神。梅尧臣所作开篇以"春洲生荻芽,春岸飞杨花"这样抒情性的描述发端,便给整首诗歌定下了一个平缓的基调。诗篇以平声韵脚相伴,更加衬托出了这种风格。而曾巩之诗通篇俱是论说,且以仄声韵脚为辅,并夹杂"猩狒""怫愲"这样逼仄的字眼,宋诗的风格在此诗中便显得更加突出。将之与《雪咏》一诗相比,可以清楚地看到曾巩在诗歌创作上的这种转变。

严羽曾言宋人"以文字为诗,以才学为诗,以议论为诗"①,综观曾巩的诗歌创作,可见他更侧重于以"文字""议论"为诗,而不喜"以才学为诗"。这种不喜并非是因其无"才"而不能,曾巩深明"寡闻则无约,寡见则无卓"②的道理,他在《南轩记》中曾就其所学而言:"然而六艺百家史氏之籍,笺疏之书,与夫论美刺非、感微托远、山镵冢刻、浮夸诡异之文章,下至兵权、历法、星官、乐工、山农、野圃、方言、地记、佛老所传,吾悉得于此"③,由此可见其博学多能。诗中也偶有逞才之处,如《和赵宫保别杭州》"纼鼓留公岂是催"的"纼鼓",《送关彦远赴河北》"诗作士林夸刻烛"的"刻烛"即是如此。④曾巩的这种取舍是他的诗歌

---

① 语见《沧浪诗话校释》。关于"以文字为诗,以才学为诗,以议论为诗"的含意,可参见程千帆先生所编选之《宋诗精选》的前言部分。
② 语见《曾巩集》卷第二十九《自福州召判太常寺上殿札子》,第438页。
③ 《曾巩集》卷第一十七,第285页。
④ 分别见:《曾巩集》卷第八,第135、137页。

观念所使然，《冷斋夜话》卷一记载："曾子固曰：'诗当使人一览语尽而意有余。'"①用典生僻容易造成晦涩的弊病，这自然为曾巩所不取。

第四节　综论

从以上对曾巩的诗歌创作的分析可以看出，无论是古体还是律体，当时诗歌的功能与唐诗相比已经发生了变化，随着社会性的消退，个性化的特点醒目地呈现了出来。诗人开始更注重自我的展露，诗歌成为他们自我关爱的重要手段。我们将曾巩之诗与文相对照，就可以明显地看到这一点。郑献甫在《补学轩文集》甲集卷三《答友人论文书》中所说的"诗不必有用，而文则不可无用"②，就其表现功能而言正道出了曾巩诗文的内在差异。内敛是宋诗的共同倾向，曾巩的诗歌于内敛中又体现出一种外扬的特点。他在诗歌中充分表现自我，而这种自我正是包含着"一鹗"个性的自我。由此，不论是古体还是近体在总体上他都力图表现一种壮阔洒然的情怀。但这种内敛也造成了他视野的狭小，使得他的一些诗歌内容苍白、形式单调。如何积极地加以扬弃，曾巩作了努力探索。而这种探索中所体现出来的精神，便是他在文章的创作以及治政的思考中一以贯之的精神，即不断地求新创变。同时，这种创新也正体现出宋诗发展的一种新的方向，不论是律体的清健风格还是在古体中更多地融入宋调都是如此。这种创新有成功之处，也有草创的粗糙之处，尤其是与元祐时期宋诗走向成熟后相比就越发明显。但无论成功与否，对于后来者的诗歌创作都有可资借鉴处。

由此，所谓曾巩"不能作诗"之论可得冰释。虽非宋朝诗歌创作第一流人物，但亦绝非"不能作诗"者。当平心以论，方得肯綮。

---

① 《苕溪渔隐丛话》卷三五，第235页。
② 〔清〕郑献甫：《补学轩文集》，清咸丰十一年刊本。

附论一

曾巩诗集考[①]

1.《薛老亭晚归》(《曾巩集》第731页;《全宋诗》卷四六二,第5612页)

此诗辑自郭柏苍《乌石山志》卷二。实为蔡襄所作,载于《蔡襄集》卷五,题为《饮薛老亭晚归》。其中,"千里川原彩错明"之"错",《蔡襄集》作"画";"归时休得燃官烛"之"得",《蔡襄集》作"更";"在处林灯夹道迎"之"林",《蔡襄集》作"纱"。[②]

2.《将行陪贰车观灯》(《全宋诗》卷四六二,第5611页)

此诗辑自《宋诗纪事》卷二十,名为《将行陪贰车观灯》。《宋诗纪事》引自《古今合璧事类备安·后集》,但正如点校者在诗后注中所说,《景印文渊阁四库全书》本《古今合璧事类备要》并无此诗。此诗实为晁补之所作。《四部丛刊》初编本《鸡肋集》卷二十二录有此诗,诗题、正文全同。另外,《香祖笔记》卷十二、《宋诗钞》卷三十四都录有此诗,均归于晁补之名下。[③]《全宋诗》卷一一四〇,第12881页,

---

① 本附论就《全宋诗》《全宋文》《全宋词》所收录曾巩诗、文之真伪及完整情况予以考论。
② 〔宋〕蔡襄著,〔明〕徐𤊹等编,吴以宁点校:《蔡襄集》卷五,上海古籍出版社,1996年,第87页。
③ 分别见:〔清〕王士禛撰,湛之点校:《香祖笔记》,上海古籍出版社,1982年,第243页;〔清〕吴之振编:《宋诗钞》,《景印文渊阁四库全书》本。

晁补之名下也录有此诗。

3.《赴齐州》(《全宋诗》卷四六二,第5611页)

此诗辑自《宋诗纪事》卷二十。《宋诗纪事》录自《古今合璧事类备安·后集》,但正如点校者所注,今《景印文渊阁四库全书》本无此诗。此诗实为晁补之所作。《鸡肋集》卷二十二中录有此诗,题为《赴齐州道中》,正文全同。《全宋诗》卷一一四〇,第12884页,晁补之名下也录有此诗(诗名为《赴齐道中》)。

4.《千丈岩瀑布》(《全宋诗》卷四六二,第5611页)

此诗辑自清黄宗羲《四明山志》卷一。元代袁桷撰《延祐四明志》中就已载有此诗,"请从岩下举头看"之"从"作"君",其余全同,题为《曾少卿〈题飞雪亭〉》。① 宋朝魏了翁所著《鹤山先生大全文集》卷四有诗题为《大理曾少卿(焕)欲见余近作录数篇寄之以诗为谢且云连日疮疡作读余文而愈因次其韵》,卷十又有一诗题为《曾少卿(焕)约饮即席赋》。②《南宋馆阁续录》卷八《官职二·秘书郎》"开熙以后五十人"中载有曾焕一人,言"字文卿,吉州吉水县人,绍熙元年余复榜进士出身,治诗赋。七年九月除,八年正月为著作佐郎"③。《江西通志》卷五十《选举·宋二》所记"绍熙元年庚戌余复榜"中有"曾焕,吉水人"。《全宋诗》卷二七七五,曾焕名下载有此诗,即录自袁桷撰《延祐四明志》卷一七,言其字文卿,又字少卿。少卿也是官职名,宋九寺副长官都称少卿,而曾巩从未任过此职。由上述分析可知,此诗

---

① 〔元〕袁桷撰:《延祐四明志》卷十七《释道考·奉化州寺·雪窦山资圣禅寺》,中华书局,1990年,第6384—6385页。
② 〔宋〕魏了翁撰:《鹤山集》,《四部丛刊》初编本。
③ 〔宋〕陈骙、佚名撰,张富祥点校:《南宋馆阁录续录》,中华书局,1998年,第297页。

当为曾焕所作。

5.《诗一首》(《全宋诗》卷四六二,第5612页,未全)

此诗辑自明朝彭大翼所著《山堂肆考》卷二二四。全诗见前文。

6."荷花落日红酣。"(《全宋诗》卷四六二,第5612页)

此残句辑自元阴劲弦《韵府群玉》卷八。此实为王安石《题西太一宫壁二首》之一中的一句。全诗为:"柳叶鸣蜩绿暗,荷花落日红酣。三十六陂春水,白头想见江南。"

7."兴亡两丘土。"(《全宋诗》卷四六二,第5612页)

此残句辑自元朝阴劲弦《韵府群玉》卷十。此诗实未残缺,全载于宋阮阅《诗话总龟·前集》卷二十一《咏物门》,其言:

> 曾子宣夫人魏氏作《虞美人草行》云:"鸿门玉斗纷如雪,十万降兵夜流血。咸阳春殿三月红,霸业已随烟烬灭。刚强必死仁义王,阴陵失道非天亡。英雄本学万人敌,何用屑屑悲红妆。三军散尽旌旗倒,玉帐佳人坐中老。香魂夜逐剑光飞,青血化为原上草。芳菲寂寞寄寒枝,旧曲闻来似敛眉。哀怨徘徊愁不语,恰如初听楚歌时。滔滔逝水流今古,汉楚兴亡两丘土。当时遗事久成空,慷慨樽前为谁舞。"①

这之后宋人胡仔编撰的《苕溪渔隐丛话·前集》卷六十、祝穆等编写的《古今事文类聚》卷三十二、陈景沂所著《全芳备祖·后集》卷十一《卉部》、明朝李蓘著录的《宋艺圃集》卷十二、清人厉鹗所编《宋诗纪事》

---

① 〔宋〕阮阅编,周本淳校点:《诗话总龟》,人民文学出版社,1987年,第234页。

卷四十二等都录有全诗。① 除文字稍有出入以外，主要是在作者归属问题上存在很大分歧，有魏夫人、曾慥、曾巩、许彦国多种说法。除阮阅外，惠洪也将之归于魏夫人名下。胡仔在《苕溪渔隐丛话·前集》卷六十"虞美人草行"条中就此论道："《冷斋夜话》云：曾子宣夫人魏氏，作《虞美人草行》云……苕溪渔隐曰：此诗乃许彦国表民作。表民，合肥人。余昔随侍先君守合肥，借得渠家集，集中有此诗。又合肥老儒郭金美，乃表民席下旧诸生，云：亲见渠作此诗，今曾端伯编诗选，亦列此诗于表民诗中，遂与余所见闻暗合。览者可以无疑，亦知冷斋之妄也。"② 宋人赵与虤所著《娱书堂诗话》也载："表民《虞美人草行》'玉帐佳人坐中老'二句之工在一'老'字耳。"许彦国在当时虽"工为诗"③，但不甚有名。晁公武《郡斋读书志》卷十九载有"许表民诗十卷"，并言："皇朝许彦国，字表民，青社人。周邦彦称其宽平优游，中极物情，惜乎流落不偶，故世人知之者或寡也。"④ 身后不久，诗作即多已散佚。《宋史》卷二百八《艺文志·七》记载其诗仅有三卷。今《全宋诗》卷一〇九三只录有其所作诗十二首、残篇五首。从这不多的存诗中可看出，许彦国很喜欢创作歌行体诗歌，如《紫骝马》《东门行》《采莲行》《临高台》《长夜吟》。而且，据《竹庄诗话》卷十八《杂编八》转引《夷坚庚志》所言，他还曾作有近千言的《燕蓟余民思汉歌》。《杂编八》录有其作《项籍庙二首》，其一云："曾被秦人笑沐猴，锦衣东去更何求。可怜了了重

---

① 分别见：〔宋〕胡仔纂集，廖德明校点：《苕溪渔隐丛话·前集》，人民文学出版社，1962年，第413页；《古今事文类聚》卷三二，《景印文渊阁四库全书》本；〔宋〕陈景沂辑：《全芳备祖·后集》，农业出版社，1982年，第1054页；〔明〕李蓘编：《宋艺圃集》，《景印文渊阁四库全书》本；〔清〕厉鹗辑撰：《宋诗纪事》，上海古籍出版社，1983年，第1073—1074页。
② 《苕溪渔隐丛话·前集》卷六十，第314页。
③ 〔宋〕何汶撰，常振国、绛云点校：《竹庄诗话》卷十八《杂编八》引《夷坚庚志》云："许彦国，字表民，青州人，进士高第，工为诗"，中华书局，1984年，第355页。
④ 〔宋〕晁公武撰，孙猛校证：《郡斋读书志校证》，上海古籍出版社，1990年，第1044页。

瞳子，不见山河绕雍州。"其二云："千古兴亡莫浪愁，汉家功业亦荒丘。空余原上虞姬草，舞尽春风未肯休。"①两诗所表露之意蕴与《虞美人草行》有相通处，尤其是第二首直接点出了"虞姬草"。而魏夫人史书未载其能诗，《全宋诗》卷七八二仅录有其残诗两句。其以女子能词而闻名于世，《全宋词》录有其词十四首，全是其悠闲生活的写照。②就此气质而言，实难写出《虞美人草行》这样富有深意的诗歌。究其致误原因，一方面可能是出于笔误，另一方面也可能是有意作伪。魏夫人为曾布妻，曾布官运显达，哲宗时拜同知枢密院事，徽宗继位又拜为尚书右仆射。而惠洪喜游走于公卿权势之门，将"世人知之者或寡"的许彦国所作归于魏夫人名下，其中不乏阿谀之处。《郡斋读书志》卷十九"洪觉范筠溪集十卷"条中言其"多夸诞，人莫之信"。郭绍虞先生在《冷斋夜话》中也说："又以求名过急，不免有假托伪造之迹。"③

曾慥之说源自《古今事文类聚·后集》《全芳备祖·后集》。如胡仔所言，此诗非曾慥所作，乃其所编《诗选》中收录之诗，两书致误之因或许是将诗之收集者与作者相混所致。④《韵府群玉》又将此诗辑入曾巩名下。今《曾巩集》卷第八录有《彭城道中》一诗，同样是就楚汉之事引发感怀，其诗为："百步洪声潦退初，白沙新岸凑舟车。一时屠钓英雄尽，千载河山战伐余。楚汉旧歌流俚耳，韩彭遗壁冠荒墟。可怜马上纵横略，只在圯桥一卷书。"⑤诗歌立意与这首《虞美人草行》相差甚远。另外，查检曾巩所作全部一百九十四首古体诗可知，曾巩极少创作歌行体诗歌，集中只有《明妃曲二首》《雪咏》等寥寥数首而已。《宋艺圃集》

---

① 《竹庄诗话》，第 356 页。
② 唐圭璋编：《全宋词》第一册，中华书局，1965 年，第 267—270 页。
③ 郭绍虞著：《宋诗话考》，中华书局，1979 年，第 14 页。
④ 《景印文渊阁四库全书》本《全芳备祖·后集》将此诗归于曾巩所作，然农业出版社影印日本官内省图书馆所藏宋本则于此诗下属名"曾性"，此当为"曾慥"省笔所致。是书此类文例甚多，如第 563 页将"刘禹锡"刻为"刘尚锡"。
⑤ 《曾巩集》卷第八，第 120 页。

卷十二《虞美人草》诗题下李蓘曾就此补正道:"尝见诸选以此为曾子固诗，后检子固全集无此篇。苕溪渔隐曰：此诗许表民作。而或以为曾子宣夫人魏氏作，大非也。"再由本文诸多例证可知，《韵府群玉》编者收诗颇为率意，误收之事屡有发生。故而此诗当非曾巩所作。

8."吟笑还孤永。"（《全宋诗》卷四六二，第5612页）

此残句辑自元朝阴劲弦所著《韵府群玉》卷十二。实为唐朝孟郊所著《石淙十首》之九中的一句。

9."旷然青霞抱，永矣白云适。"（《全宋诗》卷四六二，第5612页）

此残句辑自元朝阴劲弦所著《韵府群玉》卷十九。实为唐朝孟郊所著《游韦七洞庭别业》中两句。

10.《全宋诗》卷四六二，第5613页有"存目"一项，录残诗，诗题为《虞美人草》，首句为"鸿门玉斗纷如雪"，出处为《诗渊》第四册，第2413页。并作说明曰："本诗《冷斋夜话》作曾布妻魏夫人诗，宋胡仔《苕溪渔隐丛话》前集卷六考为许彦国作，并见魏夫人、许彦国诗。"由上文论述可知，此"鸿门玉斗纷如雪"与第5612页所录残句"兴亡两丘土"实为一诗。

第二章

曾布文学创作论

曾布由于身前深陷新旧党争的旋涡,身后更因其不同政见被《宋史》秉笔者打入《奸臣传》,故其文集的散佚情况最为严重。《宋史·艺文志》所载《曾布集》三十卷今已不存。《全宋诗》第十三册收有曾布完整诗作九题十首,另有残诗若干。《全宋文》卷一八三四至一八三六共收录其所作七十八篇,其中九则《题名》过于简略可忽略不计,另外尚辑得佚文两篇,如此《全宋文》共收录其文七十一篇。《全宋词》收录其所作《江南好》及《水调歌头》两阕。

第一节 散文创作研究

曾布三为翰林学士,徽宗建中靖国元年更拜右仆射,其制诰表奏之类颇有佳篇。元祐九年(1094)四月,曾布自高阳徙知江宁,经过京城时被哲宗召见,任其为翰林学士。这一年哲宗亲政,尽反元祐之法,"国论遂变,自是士大夫争陈绍述而元祐之人皆相继得罪"①。四月十二日(癸丑),因曾布之请,哲宗将此年年号改为"绍圣"。二十五日(壬戌)章惇被任命为左仆射兼门下侍郎,其任命制词即出自曾布之手。该制文句式流畅且富于变化,全篇相邻对句之间极少出现相同句式,或者短句接以长句,或者单对与组对相邻,如"眷求真宰,秉我国成。是用起尔燕闲之中,位诸公辅之上","矧封疆无以惩外侮,田里无以安常生。四方之休戚,壅于上闻;群臣之忠邪,惩于公议"。组对除了四六组合之外,还有四八以及五四组合交替使用。整章长句之后必然接以短句,如起首两个四字句之后,紧接以两个九字句,再续以两个四字句,句式长短交错,波澜起伏,抑扬有致,读之如水银泻地,朗朗上口,具有很强的律动感。而这正体现了曾布重新回归朝廷可以大展宏图的喜悦心情。制文需要着重强调的内容往往以长句叙述,如称赞章惇"才之所施,则酬酢万变而无穷;学之所造,则贯通百家而不惑","虽风波并起于畏途,而金石不渝乎素履";指责元祐政局"方政令出于帝帷,权柄归于廊庙",描述当时内政外交的困境"矧封疆无以惩外侮,田里无以安常生"。②行文至末尾更以"於戏"强调宰相责任之巨,也再一次称赞章惇之能。如此制文确是形式与内容相得益彰的优秀作品。其他如《贺册皇后表一》《贺皇太子进封表》等亦然。

元符三年(1100)七月,曾布作《哲宗谥册》③,此类文章因其内容的特殊性,创作者很难措意腾挪,往往归于固定格式之中。曾布此文则多有变化。开篇虽也有骈对,但其间杂用散句。如"曰帝与王,生有丕称,没存显号,拟议形容"之后接以"盖有不可废者已",消解骈文对仗格式。

---

① 〔宋〕李埴著:《皇宋十朝纲要》,《宋史资料萃编》第一辑,文海出版社,1967年,第295页。
② 《全宋文》第〇八四册,第245页。
③ 《全宋文》第〇八四册,第247页。

另外又用不对称句式，如"而犹沉潜用晦，十年不言，庙堂宗工，左右携仆，朝夕陪侍"，并将之与散句组合在一起，这之后紧接以"莫能窥其仿佛"。在对哲宗早期情况用骈散相间的方式叙述完之后，开始转入对其亲政之后政绩事功的描述。此时则用五十五句整齐划一的四言句式，形成威严猛烈、雷厉风行的气势，以形容哲宗改革之决心、威力之巨大、收效之显著。如其文中所描写的"威声所加，雷迅电击""赫然一怒，收揽群策""殊邻远俗，莫不震慑"等。随后又换用另一种长对，有时竟长达六句，如"孟祀于原庙，则致恭进退，不惮陟降之勤；祼将于太室，则挥泪歔欷，有动人之色。"这种长对很好地抒发了作者对哲宗的思念爱戴之情。接下来盛赞其德业，又转入严整的四字句，显得庄重肃穆。正因其内容之严肃，此种册文多以四字为主，而曾布先以散语，后再以长对，调整节奏使其不至过于单调，也配合了文章内容的表达。

  因对象不同，曾布的制文也相应采用了不同的体式。如作于熙宁六年（1073）的《文彦博司徒判河南制》[①]，全篇一反《除章惇尚书左仆射兼门下侍郎制》的行文风格，基本是以四言句组成。文彦博此时已至古稀之龄，且历仕三朝，为相多年，制文通过单调节奏所体现出的古朴庄重之感正与这位三朝国老的身份相符。同时，这种凝重迟缓的节奏也与文彦博"器资宏伟，智谟靖深"的为人特点相呼应。其弟曾肇在元符三年（1100）五月所作《故降授太子少保致仕潞国公文彦博追复河东节度管内观察处置等使太师开府仪同三司太原尹潞国公制》也是用严整的四言句撰写全篇。曾布的另一篇《除范纯仁观文殿大学士知颍昌府制》，句式富于变化，体式与除章惇制文相仿，参差错落之中体现了范纯仁"有砥名厉行之志，有面折廷争之风"的性格特点。

  这些制诰表奏文都体现了曾氏家族在文学创作中善于叙事的特点。

---

① 《全宋文》第〇八四册，第243页。

而这一特点更为明显地体现在曾布于熙宁四年（1071）七月所作《条奏役法疏》这篇长文之中。①

熙宁三年九月，曾布同判司农寺，即奏改助役为免役。②然而此法的推行受到了极大阻力。熙宁四年三月，文彦博即以为"祖宗法制具在，不须更张以失人心"。五月，御史杨绘、刘挚又接连上言论免役法之不当。③在此重压之下，为了使新法能够顺利推行，曾布于是上此奏疏，对指责逐一批驳。文章称："臣观言者之言，皆臣所未喻"。之后分十一条反驳，每一条先叙述免役法在某一方面的长处，然后再列举御史对这方面的指责，一正一反形成鲜明对比，在事实面前，御史的诸种指责不攻自破。每条以"此臣所未喻也"，最后一条以"此臣尤所未喻也"结尾，既显示事实是如此明了，又表明御史所言是如此违背事实。前半部分罗列事实，语调平稳。在对事实进行充分的陈述之后，后半部分则借御史对赵子几的无端责难以及对开封府的偏袒，强烈指责御史混淆是非，居心叵测。对于赵子几事，曾布感叹道："乃欲舍蕃而治子几，此尤可怪也。"至于后者，则指责开封府"可以受其辞诉，而不可以争执乎"，最终谴责御史"诞谩欺罔，曾不畏忌，况于是非晻昧难明之际哉"！语气与前半部形成强烈反差，仿佛是久压之后的猛烈爆发。文章最后与御史两两对举，犹如短兵相接展开正面交锋："御史有言责者也，臣有官守者也。御史之所论，臣之官守也；御史以言责言，臣以官守言，此臣之区区所以事陛下之义，不敢不尽也。"正因有前半部分大量事实作为基础，故而此时对御史的谴责显得尤为理直气壮，也使人深为信服。曾布此文的作用是显著的，他深深打动了神宗，随即罢黜了御史杨绘与刘挚，

---

① 《全宋文》第〇八四册，第257页。
② 〔宋〕李焘撰，上海师范大学古籍整理研究所、华东师范大学古籍研究所点校：《续资治通鉴长编》卷二百一十五，中华书局，1979年，第5237页。
③ 《续资治通鉴长编》卷二百二十一，第5370页；卷二百二十三，第5421页。

对免役法的推行起到了重要作用。

这篇文章较为突出地展示了曾布散文的风格特点，疏文前半部分叙事说理条理清晰、层次分明。"此臣所未喻也"的反复论辩中务求纤毫毕尽、锱铢不遗。这种善于叙事论说的特点是曾氏三兄弟之所长。文章后半部则情感强烈、气势逼人。如前文所述，曾巩的文章也以气势磅礴胜。后文对曾布诗歌创作的分析也可看出，曾布的诗歌作品在气势上要比曾肇更近于曾巩。但曾布和曾巩两人文章的这种气势又有不同之处。曾巩因其积蕴深厚、学养精深，故其气势体现在文章内在义理的浑厚浩瀚，其立论高瞻远瞩，论说深入透彻、鞭辟入里，颇具纵横捭阖之能事，而其行文则从容不迫，无张扬恣肆之状。曾布文章气势则多为外露之状，词气强烈以至咄咄逼人，这似与其性格有关。《东都事略》载其与蔡京廷对时，即与蔡京"忿然争辩，久之，声色稍厉"①，使徽宗大为不快，他也因此被罢相出知润州。其性格颇似其祖曾致尧，反对变法者也多指责其"刻薄"②，故其为文也如其祖"词多激讦"③，《条奏役法疏》的末尾与御史的两两对举正体现了这一特点。另外在文章的表现手法上不如曾巩丰富，缺乏曾巩文章舒卷自如的灵动性。

第二节　诗歌创作研究

曾布诗歌今世残存不多，通过这沧海一蠡，亦可透过历史的层层云烟管窥其诗歌创作之一斑。其中《灵泉寺》可为其代表作，诗言：

　　一掬寒泉照眼明，冰霜凛凛坐中清。生刍想见当时客，华

---

① 《东都事略》，第1475页。
② 《宋史》，第13051页。
③ 《东都事略》，第716页。

屋空留后世名。晓日净涵金碧影,秋风暗动佩环声。他年卜筑南山下,白首何人共濯缨。①

诗题名为《灵泉寺》,开篇就由泉入手,由泉水之清冽顺势带出品质高洁的游者,随即勾起他对故人的怀念,继而又因故旧的离世又对尘世浮名虚誉生发出华屋丘山的感慨。颔联描写寺院清幽的景致,从中也感悟出一种真意,进一步衬托出世事如露如电的虚幻,由此归结到山林隐逸,但并没有描写出世之高远情致,而是转入知音难觅的哀叹。这首诗虽是描写灵泉寺,实际是借枝生花,抒发对故人的思念之情。在抒情的同时展露了自己的心境,而由此心境的无人知晓,更衬托出对故友的追思。诗歌清净幽美,音节自然流畅。尤其是颈联很富有视觉、声觉效果,可谓全诗的画龙点睛之笔,既如"僧敲月下门"般于有见无,以实显虚,对清静景作了恰当描摹,又对全篇思想感情的抒发起到了促发、映衬的作用。

另一《表海亭》颇为壮阔,为曾布留存于今之上佳之作:

表海风流旧所闻,青冥飞观一番新。山河十二名空在,簪履三千迹已陈。极目烟岚九霄近,满川楼阁万家春。由来兴废南柯梦,且喜登临属后人。②

《东皋杂录》记载此诗"取太公表东海之义"。诗歌兴象开阔,气韵雄浑,与曾巩《遣兴》风格相近,且所抒情怀也极为相似,表现的都是历经尘世沧桑变幻,看透繁华之后归于超脱与高远的情怀。也许是曾布身处政治斗争之中心,饱历诸般险恶,故而他不多的存世之作中,就有数首诗歌表现人事沧桑变幻之感受,这一点又颇似其弟曾肇。但如下

---

① 《全宋诗》第一三册,卷七八二,第 9066 页。
② 《全宋诗》第一三册,卷七八二,第 9065—9066 页。

文所述，曾肇稍趋于内敛，即使欲作豪放意也低缓半分。曾布则借曾巩之阔大以抒心中之不快，诗风趋于雄浑。曾巩诗歌景象阔大，但像《遣兴》这样的诗歌不是他的主导风格，他更多的是如《甘露寺多景楼》那样表现一种洒然超逸之情。从中可见曾布、曾肇在向其兄学习中是各取所需，最终形成了自己的不同风格。

曾布现存诗歌较少，但多少也能看出其诗歌创作成就要低于曾巩与曾肇。如其中有《二月》这样的平庸之作。再就《表海亭》而言，虽然后面写得颇有声色，但开篇两句却起得平弱。

绍圣元年（1094），曾布与曾肇易地任职时，曾布曾从江宁府寄诗与尚在瀛州任上的曾肇，诗为：

> 楼台丹碧照天涯，塞北江南未足夸。十里烟波新种柳，万株桃李未开花。一麾同下西清路，两镇高迎上将牙。回首林塘莫留恋，风光还属阿连家。①

曾肇也随即予以赠和：

> 文物河间信可嘉，风流江左亦堪夸。水南水北千竿竹，山后山前二月花。久愧迂儒怀郡绂，聊须隽老驻军牙。两州耆旧无多怪，鲁卫从来是一家。②

曾布此作虽也写得流利舒畅，但与其弟相比要稍欠几分。曾肇开篇两句将两地最主要的特点简明扼要地描写了出来，河间以文物胜，而江南则以风流长。曾布所作则概括模糊，不得要领。同样，颔联两句曾肇也比曾布所作更为准确洗练，亦更富有情韵。曾布结句颇有情韵，但曾肇的和诗以"鲁卫从来是一家"作结，新颖别致，透着几分戏谑的可爱，

---

① 《全宋诗》第一三册，卷七八二，第 9066 页。
② 《全宋诗》第一八册，卷一〇三九，第 11884 页。

由此亦将整首诗歌调动得情趣盎然。

  从这些残存诗作中可以看出，曾布的诗歌风格近于曾巩，境界开阔处与其兄相仿，但其积蕴、胸襟多有不如，故诗作难有曾巩作品的超逸之情。与曾肇相较，其细致描摹处有所不如，但其性格要比曾肇更为舒张，故诗歌境界要更为阔大。如上述诗中"千里"与"万株"相对，在气势上就要远超曾肇"水南""山后"之语。最为特质处，曾布残存不多的诗歌中，亦不乏古调风韵。如《盱江》，又如"海边憔悴多情客"，与其《水调歌头》大曲多有消息相通之处。其性，偏长于叙事，不惯于摇曳抒情。故而其最擅长宋人罕作之大曲，而短篇之作乃其所乏。短章甚难以叙事，最便于抒情。由此，曾布似难以得心应手，往往多是泛泛之言，如《和陈倩游曾公岩韵》《真仙岩》。甚至有不堪卒读之劣作，如《和刘谊留题融州老君岩》。

第三节　《水调歌头》大曲研究

  王国维在《唐宋大曲考》中说："大曲之名自沈约至于两宋皆以遍数多者为大曲，虽渊源不同，其义固未尝有异也。"[①] 对此论述后世多有补充[②]，然此论言简意赅较为明了。大曲雅俗均作，十部皆存。因其遍数之多、曲式之大，定名大曲。就其结构而言，历来白居易、沈括、王灼三家论说较为详细。白居易《霓裳羽衣歌》注中分之为："法曲之初"——"众乐不齐，唯金石丝竹次第发声"；"散序"——"散序六遍无拍，故不舞也"；

[①] 王国维著：《王国维遗书》第十五册，上海古籍书店，1983年。
[②] 后世论述主要有：杨荫浏：《中国古代音乐史稿》第九章《繁盛的燕乐和衰微的雅乐·燕乐歌舞音乐中的大曲和法曲》，人民音乐出版社，1981年，第220—224页；张世彬《中国音乐史论述稿》第五章《唐宋大曲至元杂剧的演变》，友联出版社，1975年，第213页。

"中序"——"中序始有拍,亦名拍序";"终"——"《霓裳曲》十二遍而终","凡曲将毕,皆声拍促速,唯《霓裳》之末,长引一声也"。①转至有宋,沈括、王灼论述更为翔实。《梦溪笔谈》卷五言:"所谓大遍者,有序、引、歌、㴇、哨、催、撷、衮、破、行、中腔、踏歌之类。"②王灼《碧鸡漫志》卷三载:"凡大曲有散序、靸、排遍、撷、正撷、入破、虚催、实催、衮、遍、歇指、杀衮,始成一曲,此谓大遍。"③相较而言,王灼所论较为明确,验之曾布《水调歌头》、董颖《道宫薄媚》、史浩《采莲》,亦以后者为优。概而言之,大曲结构可如白居易所言分为三段,其名称后世或多有异同,如杨荫浏先生以为"散序""中序""破",刘永济先生以为"散序""排遍""入破",但都不出此三段范围。

天水一朝,大曲渐为式微。王灼曾感言:"后世就大曲制词者,类从简省,而管弦家又不肯从首至尾吹弹,甚者学不能尽。"④由上述大曲结构可知,其曲式之繁杂甚难驾驭,即使后世多有简省,较之他曲亦是费力劳神,故赵宋之世少有人贸然探骊。⑤然大曲作为一种艺术样式,其体式庞大,作者于其中多费心力,且源远流长自有专能,故亦当有所究心,如此始能对其发展脉络有一较为完整的描述。曾布所作于天水一朝可谓得其先声,于后继者亦有导夫来路之效,故此作颇为重要。然至今于此论述尚少,现分如下三层,逐一探步,试以述略。因宋曲上承李唐余风流韵,唐宋关联密切,故首论欲对此大曲之本源作一浅析,试作《水

---

① 〔唐〕白居易著,朱金城笺校:《白居易集笺校》卷二十一,上海古籍出版社,1988年,第1411页。《中国古代音乐史稿》第222页、《中国音乐史论述稿》第214页引"《霓裳曲》十二遍而终"分别为"霓裳破凡十二遍而终""霓裳破凡十二遍而曲终"。
② 中央民族学院艺术系文艺理论组:《〈梦溪笔谈〉音乐部分注释》,人民音乐出版社,1979年,第30页。
③ 〔宋〕王灼:《碧鸡漫志》,中国戏曲研究院编:《中国古典戏曲论著集成一》,中国戏剧出版社,1959年,第131页。
④ 《碧鸡漫志》,《中国古典戏曲论著集成一》,第131页。
⑤ 参见刘永济辑录:《宋代歌舞剧曲录要》,古典文学出版社,1957年。

调述略》。此曲中排遍第七位置甚为重要，而其所用曲调又特意标明"撷花十八"，虽仅数字，但词意隐微，欲探其真意，故试作《筑毬花十八述略》及附论之《筑毬渊源述略》。有此铺垫之后，始专力于本曲之研讨，试作《水调歌头大曲述略》。

一、水调述略

（一）水调

《水调》有曲与调、大曲与小曲之歧义。曲与调的差异多为人所重，宋代王灼曾言："予数见唐人说'水调'，各有不同，予因疑'水调'非曲名，乃俗呼音调之异名。"① 清代毛先舒在《填词名解》卷三中也强调："《水调》者一部乐之名也，《水调歌》者一曲之名也。"② 其实，曲、调虽有差别，但两者也可合二为一。《水调歌》即是以《水调》所作之歌曲，两者相依而存。大、小曲之差异少为人论及，但与曲、调之间的差异相比，这两者之间的差异更大。大曲以歌舞相伴，成套连排，如《乐府诗集》第七十九卷所载《水调歌》；而小曲一方面是指大曲之摘遍，③ 如《水调歌头》，另一方面乃是指民歌小调，如白居易《看采菱》："菱池如镜净无波，白点花稀青角多。时唱一声新水调，漫人道是采菱歌。"④ 以及秦观《采莲》："数声水调红娇晚，棹转舟回笑人远。"⑤ 虽然小曲

---

① 《碧鸡漫志》卷四引，第 136 页。
② 〔清〕毛先舒撰：《填词名解》卷三，《四库全书存目丛书》第 425 册，据北京大学图书馆藏清康熙十八年刻词学全书本影印，齐鲁书社，1997 年，第 182 页。
③ 可参见：〔唐〕崔令钦撰，任半塘笺订：《教坊记笺订》，中华书局，1962 年，第 148 页；丘琼荪撰：《燕乐探微》，上海古籍出版社，1989 年，第 100 页。
④ 《白居易集笺校》卷二十八，第 1956 页。
⑤ 《全宋诗》第一八册，卷一〇六八，第 12152 页。

亦可由大曲中的某一段旋律演化而来，但其曲式尤其是民歌小曲则与大曲相差甚远。

述及《水调》之渊源，《隋唐嘉话》和《乐苑》中的论说最为代表：

> 《隋唐嘉话》：炀帝凿汴河，自制《水调歌》。①

> 《乐苑》曰："《水调》，商调曲也。"旧说《水调河传》隋炀帝幸江都时所制。曲成奏之，声韵怨切。王令言闻而谓其弟子曰："但有去声而无回韵，帝不返矣。"后竟如其言。②

两相对照可知，"水调河传"即是《水调歌》，并非两曲，乃《水调》中《河传》，如同《水调·银汉曲》《水调·凌波神曲》一样。③但以上两书并非是"水调""河传"的最早记载。明方以智《通雅》卷二十九《乐曲》载：

> 《建初录》曰："列于殿廷者名鼓吹，列于行驾者名骑吹，水行谓之云吹。"又曰："其鼓吹陆则楼车，水则楼船。在庭则以簨虡为楼。《朱鹭》《临高台》诸篇鼓吹也。《务成》《黄雀》则骑吹也。《水调》《河传》则云吹也。今楼船所吹名曰《河

---

① 《碧鸡漫志》卷四引，第136页，亦见《类说》卷五十四引，北京图书馆古籍出版编辑组：《北京图书馆古籍珍本丛刊》第62册，据明天启六年岳钟秀刻本影印，书目文献出版社，1998年，第910页。
② 见《乐府诗集》第七十九卷《近代曲辞一·水调二首》题下注引，第1114页。吉联杭辑注《古乐书佚文辑注·乐苑》题下注曰："见于宋《崇文总目》著录，五卷，不著撰人。""《乐苑》所记已及中唐以后的人和事，当属晚唐著作。"(人民音乐出版社，1990年，第88页)另，郑樵《通志》卷六四《艺文略二·乐书》中亦载《乐苑》五卷，署名陈游。中华书局1979年版《乐府诗集》第1114页断句为《水调》，商调曲也。"《古乐书佚文辑注·乐苑》第90页亦依此辑录。然"后竟如其言"之下原文为："按：唐曲凡十一叠，前五叠为歌，后六叠为入破，其歌第五叠五言调声最为怨切"等，此按语当是郭茂倩所论，若其论从"旧说"开始，则"按"字应加于"旧说"前。再参照《碧鸡漫志》所引北宋张君房《脞说》，其记载已至王令言谓其弟子之论，整段文字大致相同，《脞说》当是引述《乐苑》所言。
③ 《碧鸡漫志》卷四，第137、140页。

调》，即《水调》也，总谓之鼓吹。"①

班固《西都赋》曾记载："于是后宫乘辇辂，登龙舟，张凤盖，建华旗，袪黼帷，镜清流，靡微风，澹淡浮。櫂女讴，鼓吹震，声激越，謍厉天。鸟群翔，鱼窥渊。"②《三辅黄图》卷四亦言："池中有龙首船，常令宫女泛舟池中，张凤盖，建华旗，作棹歌，杂以鼓吹。""棹歌"下注曰："棹歌，棹发歌也。又曰棹歌讴，舟人歌也。"③这里所描绘的当是汉代吹乐的演奏情景。《水调》《河传》都是鼓吹曲之一，而鼓吹乃"鸣笳以和箫声，非八音也"④，多有胡乐影响。不过与《大食》《伊州》等调相比，《水调》的胡乐成分相对较弱，而多有中国特色。其调名如《建初录》所言也可称为《河调》，都是由河水而得名，确如丘琼荪所说"显然为中国调名"，而非林谦三所推测为"梵语的意译"。⑤《水调》《河传》两调同属于《云吹曲》，《水调》又名为《河调》，可见两者关系之密切。后世《水调》衍为调名，《河传》则依旧是曲名。但《河传》仍然多出于《水调》，正是由此所致。

《水调》虽远承鼓吹曲，但在隋代作了很大改进，可谓新声。唐代吴融《水调》就曾言"可道新声是亡国"。当时的《水调歌》今已不得见，

---

① 〔明〕方以智：《通雅》，中国书店，1990年，第351页上，据康熙姚文燮浮山此藏轩本影印。按：此段引文，更早见于杨慎《词品》卷一（人民文学出版社，1960年，第58页）。但两相比较可知，《通雅》引文为优。《宋书》卷十九《乐志一》亦引述《建初录》曰："《务成》《黄爵》《玄云》《远期》皆骑吹曲，非鼓吹曲。"（丘琼荪校释：《历代乐志律志校释》第二分册，人民音乐出版社，1999年，第166页）可知，《建初录》远早于《隋唐嘉话》。另外，《通雅》所引《建初录》原文，亦可由此断至"总谓之鼓吹"。故本文作如是断句。
② 《文选》第一卷，第5页。
③ 何清谷校注，陕西省古籍整理办公室编：《三辅黄图校注》，三秦出版社，1995年，第240页。
④ 出自《乐府诗集》第一十六卷《鼓吹曲辞（一）》所引刘瓛《定军礼》，第223页。
⑤ 《燕乐探微》，第259页；林谦三：《隋唐燕乐调研究》，商务印书馆，1936年，第70页。

大致可从北宋江都尉王琪所作"水调隋宫曲,当年亦九成"中大致推知其有九叠。①就《水调》对后代的影响而言,隋代的这种改进起了决定性作用。就此意义而言,可说后世之《水调》始于隋。后人论及"水调",往往与扬州、炀帝相联,而且其词情多有怨声,当是隋时"声韵怨切"之音一脉承传。唐代王昌龄孤舟微月中听流人《水调》以至"断弦收与泪痕深"。宋代苏辙《扬州五咏·九曲池》写道:"隋家水调继哀音。"②元代张翥《春从天上来》感叹:"扬州旧时月色,叹水调如今,离唱谁工。"直至清代仍然是"至今水调怨扬州"③。明代杨慎曾将《水调·河传》的创作归于"隋开汴河时,词人所制劳歌"④。此论缺乏史籍依据,故毛先舒疑其"未知所据"⑤。但《水调》调音哀婉,且作于开凿汴河时期,杨慎此种玄想也颇有几分情理,故沈雄在《古今词话·词辨》上卷《河传》亦承其说。⑥

唐代承传隋声的作品可见于《乐府诗集》第七十九卷所载《水调》,郭茂倩言:"凡十一叠,前五叠为歌,后六叠为入破,其歌第五叠五言调声最为怨切。"但唐代对此调已多有翻新改换处,而成《新水调》。郭茂倩即言:"唐又有《新水调》,亦商调曲也。"⑦这就是白居易《看采菱》中所言"时唱一声新水调"。唐代无名氏所作《水调歌》之二也说:"笛倚新翻水调歌。"⑧这种《新水调》一方面将怨切之音适时做了相应调整——

---

① 〔宋〕吴曾:《能改斋漫录》卷十一,上海古籍出版社,1979年,第306页。
② 《苏辙集》卷九《扬州五咏》之一《九曲池》,第172页。
③ 〔清〕王士禛撰,李毓芙、牟通、李茂肃整理:《渔洋精华录集释》卷二《绝句》,上海古籍出版社,1999年,第286页。
④ 《词品》卷一,第45页。
⑤ 《填词名解》卷三,第182页。
⑥ 〔清〕沈雄编撰,江尚质增辑:《古今词话》,上海书店,1987年,据康熙二十八年宝翰楼刻本影印。
⑦ 《乐府诗集》第七十九卷,第1115页。
⑧ 曾昭岷、曹济平、王兆鹏、刘尊明编著:《全唐五代词》,中华书局,1999年,第1092页。

因大唐气象远非隋时可比，开凿汴河所产生的曲调已难以适应新时代的需要，故而开始在调性上趋于欢快。另一方面，其胡乐成分开始加重。《通典》记载："自周、隋以来，管弦杂曲将数百曲，多用西凉乐，鼓舞曲多用龟兹乐。"《水调》也难免受此社会风气的影响。《宋史·乐志六》有载："《新水调》者，华声而用胡乐之节奏。"正由于这两方面的改进，使得《水调》在唐代广为传唱，以至有"《六幺》《水调》家家唱"之语。

唐代《水调》的演奏乐器，据王昌龄《听流人水调子》中"分付鸣筝与客心"，可知有筝。冯延已《采桑子》中"水调何人吹笛声"，可知还有笛。元代王伯成《天宝遗事诸宫调·杨妃》描述当时演奏情景："习《水调》玉笛齐奏。"①其宫调为南吕商，商音以悠长为其特色。②《隋书·音乐志》载："二曰'鸡识'，华言长声，即商（南吕）声也。"

宋代水调承唐朝余韵，依然"悠扬声美"③，但也随时代之发展而演变为宋代的"新水调"。《宋史》卷一四二《乐志九五》所载十八调四十大曲其九《双调》中就有"新水调"。宋水调的变化，首先是在宫调上，由唐时的南吕商变成了《双调》，《双调》又称中吕商。④南吕商（歇指调）在《乐府杂录》"入声商七调"中属于第六运，双调属于第四运，这与《新唐书》卷二十二俗乐二十八调中"七商"的次序相同。《新唐书》在此段后言："皆从浊至清，迭更其声，下则益浊，上则益清。"⑤可见唐、宋水调在音质上的清浊差异。参照西方音乐，此种变化也就是由 La 调降

---

① 凌景埏、谢伯阳校注：《诸宫调两种》，齐鲁书社，1988年，第165页。
② 《碧鸡漫志》卷四，第136页。
③ 赵长卿：《临江仙》（夜久笙箫吹彻），《全宋词》第三册，第1811页。
④ 〔宋〕王溥撰：《唐会要》卷三三"诸乐"，中华书局，1955年，第617页。
⑤ 《燕乐探微》，第244—246页。

而为 Fa 调。①

其次，与此调性的变化相应，在词情的表达上，唐宋也有很大的差异。唐时的《新水调》转哀怨为清扬，由凝重趋欢快，虽颇合时好，但泛滥之余则流于轻艳。明代王骥德《曲律》卷四《杂论》中就说："唐之《霓裳》《水调》，即日趋冶艳。"② 宋人则力除此弊，多于此体中抒发慷慨悲愤之情。这种情调与隋曲有某种相似之处，可以说是一次对流弊予以溯本清源的补救。但这种补救又并非是对隋曲简单的重复，而是哀而不伤，悲而能愤，更添有一种壮怀，这都是隋曲所无。《憩园词话·卷一》钟瑞注云："又如《满江红》《水调歌头》之类，调本雄壮。"③ 从早期刘潜"落日塞垣路，风劲戛貂裘"、尹洙"敛翼下霄汉，雅意在沧浪"、苏舜钦"丈夫志，当景盛，耻疏闲"，再到令天下"余词尽废"的苏轼"我欲乘风归去，又恐琼楼玉宇，高处不胜寒"，均是如此。④ 不论是豪言还是细语，或有隐忧，或抒快意，全词多为慷慨壮情所裹挟，延至南宋亦是如此。唯北宋偏于昂扬，南宋趋向悲愤。《白雨斋词话·卷一》评辛弃疾《水调歌头》就说："一种悲愤慷慨郁结于中。"但一意豪言壮语，就易陷于板滞而成粗豪。清孙麟趾于《词迳》中就说："作词须择调，如《满江红》《沁园春》《水调歌头》《西江月》等调，必不可染指，以其音调粗率板滞，必不细腻活脱也。"蒋兆兰《词说》中也言："调如《贺新郎》《沁园春》

---

① 陈万鼐：《中国古代音乐研究》第五章《中国历代歌唱文学（五）》之《中国古乐曲宫调相关问题一览表》，台北文史哲出版社，1990年，第253页。此种降调现象为宋代一惯律，如在唐代般涉调属于太簇羽（Re）、中吕调为仲吕羽（Fa）、高平调为南吕羽（La）、仙吕调为无射羽（降Si）（参见《中国古代音乐史稿》第261页《唐燕乐二十八调表》），到了宋代则分别降为黄钟羽（Do）、夹钟羽（降Mi）、林钟羽（Sol）、夷则羽（降La）（参见《碧鸡漫志》卷三，第133页）。
② 〔明〕王骥德撰：《曲律》卷四《杂论》三十九下，《中国古典戏曲论著集成四》，中国戏剧出版社，1959年，第157页。
③ 唐圭璋编：《词话丛编》第三册，中华书局，1986年，第2860页。
④ 分别见：《全宋词》第一册，第113、118、168、280页；《苕溪渔隐丛话·后集》卷三九《长短句》，第321页。

《满江红》《水调歌头》等曲，皆不易填，意谓其易涉粗豪也。"①

宋初就已确立的这种风格，在唐代实已渐露端倪。《乐府诗集》第七十九卷所载《水调》大曲词气便颇为雄壮。但此种风格远非主流，"家家唱"的《水调》多是"莲步轻移，蛾眉扫绿。水调习歌，霓裳按舞"②等"冶艳"风格。而这类创作在宋代则较为少见，故而就其主流以及此种风格的确立而言，无疑唐宋发生了一个大的转换。

（二）水调歌头

关于《水调歌头》之命名向有两解，互不相容。一方面以王国维、任中敏（号二北）为代表。王国维在《唐宋大曲考》中说：

> 排遍又谓之歌头，《水调歌头》即《新水调》之排遍也。③

任中敏在《词学研究法》中也认为：

> 今曾词有排遍七遍，可见"歌头"二字乃指排遍七遍之全体而言，非指排遍第一之一遍而言也。④

而另一方面，以阴法鲁、刘永济先生为代表。阴法鲁言：

> 《乐府诗集》卷七九载《水调歌》"第一"至"第五"，"入破第一"至"第六彻"共十一遍。郭茂倩云："按唐曲凡十一叠。前五叠为'歌'，后六叠为'入破'。"前五叠在入破之前而名之为"歌"，则"歌"必指大曲第二大段中之排遍而言。

---

① 分别见：《词话丛编》第 2553、第 4638 页。
② 《诸宫调两种》，第 174 页。
③ 《王国维遗书》第十五册，第 30 页。
④ 任二北：《词学研究法》，商务印书馆，1935 年，第 48 页。

然后知排遍之第一遍所以名为"歌头"者，实由于此故。①

刘永济言：

> 曹勋法曲歌头在排遍第一前，证以张氏所谓"至歌头始拍"，是歌头乃排遍第一前一遍之名。②

以上双方的论证都有欠妥之处。就前论而言，曹勋《道情》明确标示出歌头位置，前论难以对此做出圆满解释。就后一论而言，曾布大曲确实也以七个排遍为歌头。另外，《乐府诗集》已明确记载《水调歌》一歌到底，何以仅前五叠可歌？其实两者本无矛盾之处，由《乐府诗集》所载《水调歌》及南宋董颖《道宫薄媚》可知，大曲有全部可歌者，就整个大曲而言，处于起始部位的排遍可称为歌头，有曾布《水调歌头》为证。而就大曲之排遍而言，第一遍可称为歌头。有《道情》等为证。头是指起始位置，歌则可兼指大曲与排遍，故歌头本有二意，《水调歌头》既可指整个排遍，也可是《水调》排遍的第一遍。张炎于《词源》中所说"至歌头始拍"，亦可释为，就整个大曲而言，从排遍始有节拍，故而是以排遍为歌头。然就宋代的情况而言，以后一种方式创作者实多。这一方面是由于"后世就大曲制词者，类从简省"③。如柳永《法曲献仙音》（追想秦楼心事）、贺铸《石州引》（薄雨初寒）、周邦彦《氐州第一》（波落寒汀）、袁去华《剑器近》（夜来雨）等都是截取一段而已。④另外，在宋代苏轼较早以排遍第一作《水调歌头》，此词一出即"都下传唱""余

---

① 阴法鲁：《唐宋大曲之来源及其组织》，《国立北京大学五十周年纪念论文集·文学院第十种》，北京大学出版部，1948年，第36页。
② 《宋代歌舞剧曲录要》，第22页。
③ 《碧鸡漫志》卷三，第131页。
④ 分别见：《全宋词》，第24、540、606、1498页。

词尽废"①，后之拟作层出不穷，影响至为深远。再者，大曲音乐至入破后繁复多变，于此段配歌词实为不易。与之相比，排遍曲调舒缓，配乐歌唱颇为便利。随着宋代音乐的不断发展与丰富，此种难易对比就愈发显著。故人们多于排遍中创作而少有染指于入破。由此歌头也就多归排遍之第一遍所有，而以整个排遍为歌头之例日少。宋代歌曲中虽专有名"曲破"者，但已多是"有声无词",②而且与大曲、鼓子词相较传世者甚少。③

二、筑毬花十八述略

在中国古代音乐文学史上有关花十八较为详细的论述，最早见于王灼《碧鸡漫志》卷三：

> 欧阳永叔云："贪看六幺花十八。"此曲内一叠，名花十八，前后十八拍，又四花拍，共二十二拍。乐家者流所谓花拍，盖非其正也。曲节抑扬可喜，舞亦随之，而舞筑毬。六幺至花十八，益奇。④

宋代除了欧阳修，他人在述及花十八时，亦往往将之与《六幺》曲相提并论。如赵鼎臣《歌》，"最爱六幺花十八，索人起舞眼频招"；道川《下火文》，"芳草渡头，处处六幺花十八"；张枢《宫词十首》之八，"奏罢六幺花十八，水晶帘底赐金钱"；以及吴文英的《梦行云》

---

① 分别见:《古今事文类聚·前集》卷一一"东坡爱君",《苕溪渔隐丛话·后集》卷三九《长短句》。
② 王国维撰，马美信疏证:《宋元戏曲史疏证》，复旦大学出版社，2004年，第59页。
③ 《宋代歌舞剧曲录要》，第27页。
④ 《碧鸡漫志》卷三，第133页。

等都是如此。① 可见，花十八当为《六幺》曲中的一段旋律。张邦基解释王珪《寄程公辟》诗句"舞急锦腰迎十八"时即曰："乐府《六幺曲》有花十八。"②

由曾布所作《水调歌头》大曲排遍第七撷花十八可知，花十八在大曲中的位置是与"撷"相结合。③ "撷"位于大曲排遍之后，入破以前，此位置很特殊，刘永济先生曾对此阐述道：

> 撷者，排遍之末一遍名，此遍之拍前后十八拍又四花拍，如今之赠板。因此遍毕即入破，故于相近一遍，增多拍数，使其音节渐繁，方不见其变太突。然则撷亦形容拍多音繁，声调撷动的意思。④

此论甚是。《乐书》卷一八五《杂乐·女乐下》言大曲"至入破，则羯鼓、震鼓、大鼓与丝竹合作，句拍益急"⑤。而撷花十八恰恰处于缓急过渡之间，起着承前启后的作用。其本身的音乐性质也由这位置所决定，既非过于舒缓，又非过于激烈，颇为适中，故王灼称其"曲节抑扬可喜"。

王灼又言演奏花十八时有舞蹈相伴，而刘永济先生则据陈旸《杂乐·女乐下》所说"大曲前缓叠不舞"，认为撷时没有舞蹈。⑥ 但大量文献证明，六幺曲演至撷花十八时都有舞。如：

---

① 分别见：《全宋诗》第二二册，卷一三一二，第14921页；〔宋〕龚明之：《中吴纪闻》，〔清〕鲍廷博辑：《知不足斋丛书》第10册，中华书局，1999年，第696页；《全宋诗》第六七册，卷三五二五，第42132页；《全宋词》第四册，第2933页，题下注曰"即六幺花十八"。
② 〔宋〕张邦基撰，孔凡礼点校：《墨庄漫录》；〔宋〕范公偁撰，孔凡礼点校：《过庭录》；〔宋〕张天啸撰，孔凡礼点校：《可书》，中华书局，2002年，第109页。
③ 〔宋〕王明清：《投辖录·玉照新志》卷二，上海书店，1990年，据"钱塘丁氏所藏鲍渌饮校本"影印。
④ 《宋代歌舞剧曲录要》，第19页。
⑤ 〔宋〕陈旸撰：《乐书》，《景印文渊阁四库全书》本。
⑥ 《宋代歌舞剧曲录要》，第19页。

舞急锦腰迎十八，酒酣玉盏照东西。
舞奏未终花十八，酒行先困玉东西。
春风一曲花十八，拼得百醉玉东西。
露叶烟丛见红药，犹似舞余和汗啼。
舞腰轻怯绛裙长，羞按筑毬花十八。
最爱六幺花十八，索人起舞眼频招。
管弦声按宫商发，细转柳腰花十八。
何当载酒歌，对舞花十八。①

  从中又可看出，六幺花十八曲并非可以随意伴舞，而多是选择特定的筑毬舞，两者之间存在着密切的关联性。这当与此曲的音乐性质以及筑毬运动的特点有关。

  中国的球类运动主要有杖击与身体触击两类。筑毬运动属于后者，源于战国的蹴鞠，经过中晚唐的变革之后，直到宋代方得以最终确立。此时触毬技艺日益复杂，触毬部位已由脚发展到肩、背、膝等处。踢、蹴、蹋等词已难以涵盖这些部位的动作，故而出现了"筑"字。②《事林广记》辛集卷上所载当时的"毬门社规"中对此有明确的区分："毬头用脚踢

---

① 分别见：王珪《寄公辟》（《全宋诗》第九册，卷四九三，第5975页）；苏颂《某奉使过北都奉陪司徒侍中潞国公雅集堂宴会开怀纵谈形于善谑因道魏收有逋峭难为之语人多不知逋峭何谓宋元宪公云事见木经盖梁上小柱名取有折势之义耳文人多用近语而未及此辄借斯语抒为短章以纪一席之事缮写献呈》（《全宋诗》第十册，卷五三一，第6418页）；黄庭坚《绝句》（〔宋〕任渊、史容、史季温注，黄宝华点校：《山谷诗集注》卷一〇七，上海古籍出版社，2003年，第1219页）；贺铸《木兰花》（《全宋词》，第539页）；赵鼎臣《歌》（《全宋诗》第二二册，卷一三一二，第14921页）；戴复古《题申季山所藏李伯时画村田乐图》（《全宋诗》第五四册，卷二八一九，第33469页）；陈起《适安和》（《江湖小集》卷二八《陈起芸居乙稿》，《景印文渊阁四库全书》本）。
② 《说文》释"筑"为"捣"，其意与单纯用脚踢、蹴不同。见：〔清〕许慎撰，〔清〕段玉裁注：《说文解字注》，上海古籍出版社，1981年，第398页。

起与骁色,骁色挟住至毬头右手顿在毬头膝上,用膝筑起,一筑过。"①用脚是"踢",用膝则为"筑"。筑毬运动讲究技术性、艺术性,着重突出了它偏于灵巧的特点。而杖击运动则与之相反,追求速度与力度,场面激烈而奔放,故常有"碎首折臂者",甚至"时至伤毙"。②这与对筑毬者的要求"性格柔耐,容仪温雅,逊让为先,不失规矩"③,相差甚远。

这些球类运动常与音乐相伴,早在东汉,河南南阳和陕西绥德出土的两块蹴鞠画像石中就出现了随建鼓蹴鞠的画面。④汉末魏晋时期产生杖击球类运动之后,其策马杖击之时也常有音乐相伴。唐代的《羯鼓录》中载有打毬乐,与打毬的紧张激烈相应,放在牙床上的羯鼓,其声亦是"焦杀鸣烈",与建鼓有着明显区别。⑤由于蹴鞠运动的发展要滞后于杖击运动,故而直到唐代中前期,伴奏乐与汉代相比变化不是很大,仍然多是单调的鼓乐伴奏。韦应物《寒食后北楼作》即言:"遥闻击鼓声,蹴鞠军中乐。"⑥中晚唐至宋代毬质得到了很大改善,蹴鞠技艺日益提高,必然要求伴奏音乐趋于复杂丰富。而之所以选择六幺花十八作为伴奏乐,则与此曲的音乐特性密切相关。

《六幺》即《绿腰》,又名《乐世》《录要》,⑦乃唐代大曲,《教

---

① 〔宋〕陈元靓:《事林广记》,中华书局,1999年,第196页下。
② 分别见:〔后晋〕刘昫等撰:《旧唐书》卷十七,中华书局,1975年,第520页;〔宋〕王谠撰,周勋初校证:《唐语林校证》卷五,中华书局,1987年,第473页。
③ 《戏毬场科范》"初学蹴鞠法"条,见《中国体育史参考资料》第一辑,人民体育出版社,1957年,第78页。关于此书写作年代,范生推断作于元明之间,但其中"保存着唐宋以来的资料"。此书当是宋元蹴鞠资料汇编,如其"白打场户"中所记内容,与《事林广记》辛集上(第197页)所载几乎全同。
④ 分别见:邵文良:《中国古代体育文物图集》,人民体育出版社,1986年,第111页;李域铮:《陕西古代石刻艺术》,三秦出版社,1995年,第16页。
⑤ 〔唐〕南卓撰、〔清〕钱熙祚校:《羯鼓录》,古典文学出版社,1957年,第3、13页。
⑥ 《韦应物集校注》卷七,第431页。
⑦ 《碧鸡漫志》卷三,第132页。

坊记笺订》《乐府杂录》均有著录。① 如白居易所说，《六幺》曲的音乐特性是"管急弦繁拍渐稠，绿腰宛转曲终头"②。这与筑毬运动的缓急适度的运动特点相符。就舞曲而言它属于软舞，相对于健舞，它更讲究舞蹈的灵活与柔美，故而对于腰肢的柔韧性有较高要求。《乐府杂录·舞工》记载："开成末，有乐人崇胡子能软舞，其腰支不异女郎也。"③李群玉《长沙九日登东楼观舞二首》描写南国佳人绿腰舞的动人风姿是"翩如兰苕翠，婉若游龙举"，"低回莲被浪，凌乱雪萦风"。④ 这与"矫如群帝骖龙翔""来如雷霆收震怒"⑤的健舞形成了鲜明对比。传世名画南唐《韩熙载夜宴图》中为我们呈现了一段王屋山舞《绿腰》的场景，杨柳细腰，长袖轻曳，颇为传神。⑥ 正如白居易所言"绿腰宛转"，也颇似宋代戴复古所说的"管弦声按宫商发，细转柳腰花十八"。而在《六幺》大曲中，正如上文所言，撷花十八的音乐节奏缓急协调最为适中，其"拍多音繁"的特点正好适应于筑毬运动中眼花缭乱的身姿。故而，此段旋律最适合与筑毬相伴。

　　六幺花十八的采用源自蹴毬运动发生变革的中晚唐时期，但大量文献资料表明，六幺花十八直到宋代才开始被广泛使用，并最终确立了它与筑毬相伴的密切联系。筑毬时奏此乐为戏，如陆佃所说"花十八中看蹋鞠"⑦；演奏此乐时亦是以筑毬舞相随，即王灼所言："舞亦随之，而舞筑毬。"而此时，也正是中国蹴毬运动发展的顶峰。另外就其音乐本

---

① 分别见：《教坊记笺订》，第17页；〔唐〕段安节撰：《乐府杂录·琵琶》，《中国古典戏曲论著集成一》，第51页。
② 《白居易集笺校》卷三十五，第2452页。
③ 《乐府杂录》，第49页。此语《类说》卷之十六引自《乐府杂录》，而中华书局1960年版《太平御览》卷五七四引自《明皇杂录》，辨析可见点校者按语。
④ 〔唐〕李群玉撰：《李群玉诗集》，《四部丛刊》初编本。
⑤ 《杜诗镜铨》卷十八，第883页。
⑥ 《中国音乐文物大系》总编辑部：《中国音乐文物大系·北京卷》，大象出版社，1999年，第234—235页。
⑦ 陆佃：《用田倅韵答孙勉教授二首》其一，见《全宋诗》第一六册，卷九〇六，第10667页。

身而言，与唐代相比，宋代于继承中也有翻新。白居易《乐世》描述演奏《六幺》曲的情景是"管急丝繁拍渐稠"，从上文对花十八的阐述中可以看出，这正是花十八的音乐特点。演奏中用到了"管"与"丝"两类乐器。宋代亦是如此，南宋戴复古于《题申季山所藏李伯时画村田乐图》中就说："管弦声按宫商发，细转柳腰花十八。"从王建《宫词》"琵琶先抹六幺头"以及白居易《琵琶引》"初为霓裳后绿腰"可知，此"丝"类乐器为琵琶，这当是演奏花十八曲的重要乐器。① 到了宋代，惠洪所著《临川康乐亭碾茶观女优拨琵琶坐客索诗》中也详细描绘了女优以琵琶演奏花十八的动人情景："须臾急变花十八，玉盘蔌蔌珠玑撒。"② 演奏六幺花十八的另一类管乐器主要是指笛。北宋张公庠《宫词》之二十四言："万人同向青霄望，鼓笛声中度彩毬。"③《东京梦华录》卷九"宰执亲王宗室百官入内上寿"条中也记载，当左右军筑毬时，"乐部哨笛杖鼓断送"④。这与元至顺本《事林广记》所载《筑毬图》相同。⑤ 奏乐三男子中，最左侧者正吹横笛，这当是沿袭唐代而来。除了上述乐器，从南唐《韩熙载夜宴图》中可以推知，唐代演奏花十八时还应用到了拍板与大鼓。由《筑毬图》中可知，宋以后在袭用这些乐器的同时又有所改进，同样是用到了拍板与鼓，但将大鼓改成了架子扁鼓。另外，范成大《酒边二绝》其二言："新样筑毬花十八，丁宁小玉慢吹箫。"⑥《辽史》卷五十四《乐志》"皇帝生辰乐次"中有言："酒六行，筝独弹筑毬"⑦。可知，宋代还用到了箫与筝。由此可以看到，六幺花十八随着蹴毬运动的进步得到了不断发展。

蹴毬运动发展到宋代，其技艺之复杂多变已远超前代，并最终出现

---

① 分别见：《全唐诗》卷三〇二，第3441页；《白居易集》卷第十二，第241页。
② 《全宋诗》第二三册，卷一三二九，第15092页。
③ 《全宋诗》第九册，卷五一五，第6257页。
④ 〔宋〕孟元老撰，伊永文笺注：《东京梦华录笺注》卷九，中华书局，2006年，第834页。
⑤ 吴钊先生在《追寻逝去的音乐踪迹——图说中国音乐史》中将其注为《蹴毬图》。
⑥ 《全宋诗》第四一册，卷二二五五，第25871页。
⑦ 〔元〕脱脱等撰：《辽史》卷五十四，中华书局，1974年，第892页。

了筑毬运动。《蹴鞠图谱》中所载花样繁多的物色、名色、解数、立场方法等都非前世可比，诚所谓"一身俱是蹴鞠，旋转纵横，无施不可"①。与此同时，它又促进伴毬乐不断巧出新意。此时，花十八的"花"，除了王灼所言"花拍"之外，也含有形容筑毬以及其音乐本身灵巧多姿、花样繁簇之意。从此种意义上而言，虽同样是六幺花十八，但它已是宋代的新变声，成为"新样筑毬花十八"。

　　六幺花十八的这种新变吸引了曾布的注意，将之创造性地运用于叙述冯燕事的《水调歌头》大曲的创作中。《宋史·乐志十七》所载十八调四十大曲中，《六幺》的移调现象颇为突出，可用于中吕调、南吕调、仙吕调。另外《碧鸡漫志》卷三记载有六调，除此三调之外，又增加了黄钟羽（般涉调），以及据《琵琶录》所引未能确指的康昆仑新翻羽调、段善本枫香调，《六幺》可算是《乐志》所载大曲中用调最多的大曲。这六调除了枫香调之外，均可知是羽调。而曾布却在属于商调的《水调歌头》大曲第七排遍中也使用了此曲，这可以说是曾布的一个创新，也由此带来了花十八曲的另一种新变。据《建初录》记载，《水调》属于汉代的云吹曲，如丘琼荪所言"显然为中国调名"，其中胡乐成分较少，清乐成分较多，故而被白居易称为"调少情多"。曾布吸收六幺花十八用于《水调歌头》最后一遍的演唱，一方面是由于《六幺》的用调广泛性，使得这种由羽到商的转换较为便利，另一方面就是要利用花十八的音乐特点丰富《水调》的音乐节奏，使此曲的演奏更为动人、传神。由上文所引文献中可以看到，《六幺》曲中此段"玉盘蔌蔌珠玑撒"的花十八非常动人，吸引了众多文人对此歌咏描摹。再之，通过其"管急丝繁"的节奏将全篇所酝酿的情绪推向顶点，高度赞扬冯燕的义烈精神，给整首作品做了一个精彩的收束。

---

① 《蹴鞠图谱》"一人场户"条，见《中国体育史参考资料》第一辑，第84页。

三、水调歌头大曲述略

（一）

大曲结构如上文所引，沈约、王灼多有论述。现摘取大曲中的三字句为快节奏之代表，将现存宋代较为完整且与曾布所作性质相近的大曲做一比较，由此实例可以对宋大曲结构有一个更为真切的认识。

表一：宋大曲三字句统计表

作者	曲名	句数与连续次数	散序	中序										破						
				排遍第一	排遍第二	排遍第三	排遍第四	排遍第五	排遍第六	排遍第七	排遍第八	排遍第九	排遍第十	入破第一	虚催第二	前衮第三	实催第四	中衮第五	歇拍第六	煞衮第七
曾布	水调歌头	三字句数		2	4	0	1	6	3	6										
		三字句连续三次及以上情况									三三									
史浩	采莲	三字句数										3	4	4	8	5	7	4	1	
		三字句连续三次及以上情况												三		三		三		三
董颖	道宫薄媚	三字句数									4	2	4	10	2	14	6	10	7	4
		三字句连续三次及以上情况												三	九三	三		五		三三
曹勋	法曲道情	三字句数	3	4	1	2	1	2						6		6		6	4	1
		三字句连续三次及以上情况																		

说明：1.大曲段落安排参照刘永济《宋代歌舞剧曲录要》总序第23—25页，杨荫浏《中国古代音乐史稿》，第221页。2.断句以《全宋词》为主要依据，并参照《宋代歌舞剧

曲录要》、《御定词谱》(四库全书本)。3.《道宫薄媚》第十撷"名称西子岁方笄",《全宋词》作"名称西子,岁方笄",现从《宋代歌舞剧曲录要》不点断,第二虚催"飞云驶香车故国难回睇",《全宋词》"飞云驶,香车故国难回睇",今依《宋代歌舞剧曲录要》"飞云驶香车,故国难回睇"。曹勋《法曲道情》遍第一"情志鄙凡尘",《全宋词》"情志,鄙凡尘",今从《录要》不点断。《道情》入破后情况较特殊,依次是入破第一、入破第二、入破第三、入破第四、第五煞。第一、第五明确,第四当为煞之前歇拍,第二、第三姑且置于前衮、中衮位置。4.大写数字如"五",表示该段大曲中三字句连续出现一次,该三字句串由五个三字句组成。5.加粗的排遍第八、第九、第十,表示对于《水调歌头》,此三个略去,排遍第七后即是入破。对于《采莲》第九、第十只表示是入破前的两排遍。

  由上表可知,其中所列大曲无一首是完整形态,形式上比之唐代多有残缺。沈括《梦溪笔谈》曾记载:"今之大曲皆是裁用,悉非大遍。"这种简省由来已久,《旧唐书》卷二十八《音乐志一》:"仪凤二年(679)十一月六日,太常少卿韦万石奏曰:'立部伎内《破阵乐》五十二遍,修入雅乐只有两遍,名曰《七德》。立部伎内《庆善乐》七遍修入雅乐只有一遍,名曰《九功》。'"后以至《六幺》《降黄龙》这些大曲已"鲜有闻"[①]。然简省并非都是坏事,从另一方面讲,它也体现了音乐的进步。

  《蔡宽夫诗话》中曾说:"近世乐家多为新声,其音谱转移,类以新奇相胜,故古曲多不存。顷见一教坊老工言:惟大曲不敢增损,往往犹是唐本,而弦索家守之尤严。"此语似与上述情况相悖,其实它是从另一个角度说明了这一点。"新声"在日益压迫着大曲的生存空间,而大曲自身又是故步自封、抱残守缺,越固守就要越衰落,终于只能在吉光片羽中残留旧日的音响。

  另外,就大曲的音节变化而言,入破前的三字句明显少于入破后,中序排遍的节奏明显要舒缓于后者,这与陈旸所说"至入破,则羯鼓、震鼓、大鼓与丝竹合作,句拍益急"正相吻合。而通过对此表的分析,我们还能看到更细的变化。排遍虽然节奏相对舒缓,但它也是缓中有快,逐渐加快节奏为入破做准备,此点在曾布大曲中体现得最为明显。伴随着大

---

① 〔宋〕张炎撰:《词源》,商务印书馆,1937年,第21页。

曲的不断延续，三字句也在不断增加，至入破前达到最高值，并且出现了两次三字句连排情况。从后附表二中还可以看到，随着遍数递增，每一排遍的字数也在有规律的递减，这与三字句的增加、节奏的加快相一致，体现出由初遍的慢调舒展，到末遍的快速跃动的曲式变化特点。入破后更是"句拍益急"，但它又并非一味快速下去，而是快中有缓，虚催与前衮交替，实催与中衮相协，使音乐张弛有度，和谐动听。在中衮达到高峰后顺转直下，趋向尾声。先由歇拍过渡，再最终煞衮收束，一遍大曲的演奏至此方为终止。这种布置颇似现代戏剧中慢板——原板——摇板——紧板——散板这样层递式结构。① 阴法鲁先生曾据白居易《霓裳羽衣歌》注"凡曲将毕，皆声拍促速"，及《大日本史·礼乐志》所录《破阵乐》注"凡乐以序、颜、急为具"而认为"急在破之后，盖即曲尾之煞衮""煞衮之声拍必然促速"。② 然由上表可知，这与宋大曲的实际情况并不相符。其煞衮前有歇拍（歇指），乃即将歇止而拍声缓之意。白居易在此注中接着又说："唯《霓裳》之末，长引一声也。"③ 而这在宋代已成为常情，如《望瀛》："曲终亦长引声。"④《词源》卷下《拍眼》中也说："如大曲《降黄龙》《花十六》，当用十六拍。前衮、中衮六字一拍，要停声待拍，取气轻巧。煞衮则三字一拍，盖其曲将终也。至曲尾数句，使声字悠扬，有不忍绝响之意，以余音绕梁为佳。"⑤

现再将曾布此曲与宋代其他《水调歌头》词创作作一对比，列表如下。

---

① 可参见连波撰写的《论结构布局》（中国音乐协会上海分会、中国戏剧家协会上海分会编：《论戏曲音乐》，中国戏剧出版社，1983年，第16页）。
② 《唐宋大曲之来源及其组织》，《国立北京大学生十周年纪念论文集·文学院第十种》，第35页。
③ 《白居易集笺校》卷二十一，第1411页。
④ 〔南宋〕葛立方撰：《韵语阳秋》卷十五，上海古籍出版社，1984年，据上海图书馆藏宋刻本影印。
⑤ 《词源》，第26页。

表二：《全宋词》中《水调歌头》统计表

代表作者	词 名		字数	句数	韵数	首数
曾布	水调歌头	排遍第一	100	19	12	1
		排遍第二	97	19	7	
		排遍第三	94	17	7	
		排遍第四	82	16	10	
		排遍第五	93	18	6	
		排遍第六	85	18	4	
		排遍第七	78	16	7	
华岳	水调歌头		106	20	8	1
王之道	同上		97	20	8	3
无名氏	同上		97	19	8	1
李流谦	同上		96	19	8	3
黄格	同上		95	20	8	1
贺铸	同上		95	19	12	15
杨无咎	同上		95	19	9	1
苏轼	同上		95	19	8	679
魏了翁	同上		95	19	7	4
无名氏	同上		95	18	8	1
甄良友	同上		94	20	8	1
王炎	同上		94	19	8	8
夏元鼎	同上		93	19	8	12
贺铸	台城游		95	19	18	1
张榘	凯歌		95	19	8	1

说明：各项数据的统计以《全宋词》为准，共有《水调歌头》744首，《台城游》1首，《凯歌》1首，残词13首，残词未列入。另《全宋词》中有11首《花犯》，似为《花犯念奴》或《花犯念奴娇》，清江顺诒辑、宗山参订的《词学集成》卷二"同调异名考"中以为"花犯念奴，即水调歌头"。(《词话丛编》第3236页）然此11首《花犯》句式与《水调歌头》差异甚大，故不记入其内。

由上表可知，《水调歌头》的创作绝大多数都是九十五字，且句数与韵数无大差异。在宋代，这已成为一种标准定式，其他字数的变体极少有人涉及。① 这种影响广泛而深远，不仅词的创作如此，就连戏曲也是这样。如宋末的《张协状元》、元代高明的《琵琶记》、明代的《南西

---

① 变体词数最多的是九十三字的《水调歌头》，但此情况较为特殊，仅夏元鼎一人就创作了十首。

厢记》，不论是唱曲还是念白，《水调》都不脱此窠臼。① 另外，《武林旧事》卷十上"官本杂剧段数"中所载"桶（橘）担新水""双哮新水""烧花新水"，以及《辍耕录》卷二十五"和曲院本"刊载的"烧花新水"，这些一应当都是由其演化而来。②

将标准定式与水调大曲比较，可见其与排遍第一有诸多相似处，它当是从此演化而来。而通过此种演化，水调大曲中也唯有这一遍延续了下来。阴法鲁曾就此而言："字数与韵脚位置虽稍有不同，而其骨干则并无二致。"③ 就整个排遍而言，排遍第一的字数最多，相应韵脚也最繁，"水调声长"的特点也于此中最能体现出来。这或许是标准式何以要从此遍中演化的原因所在。广而言之，大曲第一遍多有字数较多的特点。项安世在《荆江渔父竹枝词九首》之一中就说："第一歌头缓缓催。"④ 此近似于话本，第一回要先入得胜头回，以烘托氛围，渐入情调，大曲在演说故事时，第一遍也需有此作用。第一遍前本有散序可做此铺垫，但随着大曲的简省、精练，散序自是首当其冲，并入第一遍中，其曲调的延长也在所难免。虽同是第一遍，水调与此又稍有不同，曲调延长，并不等于调声悠扬。如《道情》，散序穿插了两个语气词"噫嘻""希夷"，造成音节的顿挫感。第一遍三十二句中，三、四字句多达二十一句，这些都与水调形成完全不同的音乐、情感、风格。

和与第一遍相比，标准式要更为精练与流畅。标准式在节奏上的特

---

① 分别见：钱南扬撰《永乐大典戏文三种校注》，中华书局，1979年，第1、96、118页；黄竹三、冯俊杰主编，刘孝严校审：《六十种曲评注》，第5册，吉林人民出版社，2001年，第444页，此戏又将此调发展为《顺水调歌》。
② 分别见：〔宋〕周密撰：《武林旧事》，见《知不足斋丛书》第6册，第237页；〔元〕陶宗仪撰：《辍耕录》，见《丛书集成新编》第八册，新文丰出版公司（台北），1985年，第630页，《津逮秘书》本。
③ 《唐宋大曲之来源及其组织》，《国立北京大学五十周年纪念论文集·文学院第十种》，第40页。
④ 《全宋诗》第四四册，卷二三七四，第27335页。

点是更为鲜明、清晰，富有跳跃性。如标准式的下片接连出现三个三字句之后，会紧接一个七字句，而大曲则是三个四字句后接一个六字句，节奏的张力显然不如前者。另外，第一遍中有五个四字句，而标准式则将之压缩到一个，由此节省下的字则被组成了长句。全篇五言以上的句子（包括五言）共有十五个，而比之尚多五字的排遍第一只有十三个。从这两项可以看出，标准式在加强节奏感的同时，更丰富了水调的抒情性，这当是其深受人们喜爱、广为流传的一个原因。所以此标准式水调虽由大曲脱胎而来，但其音乐"骨干"已被抽换。

（二）

汪辟疆先生在《唐人小说》中言："其见诸歌咏者，则有司空图《冯燕歌》，至宋曾布又演其事，为《水调大曲》。皆本沈下贤《传》而衍为长篇者也。"[1] 此曲确是演绎冯燕故事，但将这两篇作品比照可知，它又并非是"本沈下贤《传》而衍为长编"。现将《冯燕歌》[2] 依曾布《水调歌头》大曲顺次编排如下：

> 魏中义士有冯燕，游侠幽并最少年。避仇偶作滑台客，嘶风跃马来翩翩。此时恰遇莺花月，堤上轩车昼不绝。两面高楼语笑声，指点行人情暗结。

排遍第一

> 魏豪有冯燕，年少客幽并。击毬斗鸡为戏，游侠久知名。因避仇、来东郡。元戎留属中军。直气凌貔虎，须臾叱咤风云。凛凛坐中生。偶乘佳兴。轻裘锦带，东风跃马，往来寻访幽胜。

---

[1] 汪辟疆校录：《唐人小说》，上海古籍出版社，1978年，第166页。
[2] 《全唐诗》卷六三四，第7282页。

游冶出东城。堤上莺花撩乱,香车宝马纵横。草软平沙稳。高楼两岸春风,语笑隔帘声。

掷果潘郎谁不慕,朱门别见红妆露。故故推门掩不开,似教欧轧传言语。冯生敲镫袖笼鞭,半拂垂杨半惹烟。树间春鸟知人意,的的心期暗与传。

排遍第二

袖笼鞭敲镫。无语独闲行。绿杨下、人初静。烟澹夕阳明。窈窕佳人,独立瑶阶,掷果潘郎,瞥见红颜横波盼,不胜娇软倚银屏。曳红裳,频推朱户,半开还掩,似欲倚、咿哑声里,细说深情。因遣林间青鸟,为言彼此心期,的的深相许,窃香解佩,绸缪相顾不胜情。

传道张婴偏嗜酒,从此香闺为我有。梁间客燕正相欺,屋上鸣鸠空自斗。婴归醉卧非仇汝,岂知负过人怀惧。燕依户扇欲潜逃,巾在枕傍指令取。

排遍第三

说良人滑将张婴。从来嗜酒、还家镇长酩酊狂酲。屋上鸣鸠空斗,梁间客燕相惊。谁与花为主,兰房从此,朝云夕雨两牵萦。似游丝飘荡,随风无定。奈何岁华荏苒,欢计苦难凭。唯见新恩缱绻,连枝并翼,香闺日日为郎,谁知松萝托蔓,一比一毫轻。

谁言狼戾心能忍,待我情深情不隐。回身本谓取巾难,倒柄方知授霜刃。冯君抚剑即迟疑，自顾平生心不欺。尔能负彼必相负，假手他人复在谁？窗间红艳犹可掬，熟视花钿情不足。唯将大义断胸襟，粉颈初回如切玉。

排遍第四

一夕还家醉，开户起相迎。为郎引裾相庇，低首略潜形。情深无隐。欲郎乘间起佳兵。授青萍。茫然抚叹，不忍欺心。尔能负心于彼，于我必无情。熟视花钿不足，刚肠终不能平。假手迎天意，一挥霜刃。窗间粉颈断瑶琼。

凤皇钗碎各分飞，怨魄娇魂何处追。凌波如唤游金谷，羞彼揶揄泪满衣。新人藏匿旧人起，白昼喧呼骇邻里。诬执张婴不自明，贵免生前遭考捶。

排遍第五

凤皇钗、宝玉凋零。惨然怅，娇魂怨，饮泣吞声。还被凌波呼唤，相将金谷同游，想见逢迎处，揶揄羞面，妆脸泪盈盈。醉眠人、醒来晨起，血凝蝼首，但惊喧，白邻里、骇我卒难明。思败幽囚推究，覆盆无计哀鸣。丹笔终诬服，圜门驱拥，衔冤垂首欲临刑。

官将赴市拥红尘，掉臂人来擗看人。传声莫遣有冤滥，盗杀婴家即我身。初闻僚吏翻疑叹，呵叱风狂词不变。缧囚解缚犹自疑，疑是梦中方脱免。未死劝君莫浪言，临危不顾始知难。已为不平能割爱，更将身命救深冤。

排遍第六　带花遍

向红尘里，有喧呼攘臂，转声辟众，莫遣人冤滥、杀张室，忍偷生。僚吏惊呼呵叱，狂辞不变如初，投身属吏，慷慨吐丹诚。仿佛缧绁，自疑梦中，闻者皆惊叹，为不平。割爱无心，泣对虞姬，手戮倾城宠，翻然起死，不教仇怨负冤声。

白马贤侯贾相公，长悬金帛慕才雄。拜章请赎冯燕罪，千古三河激义风。黄河东注无时歇，注尽波澜名不灭。为感词人沈下贤，长歌更与分明说。此君精爽知犹在，长与人间留炯诫。铸作金燕香作堆，焚香酹酒听歌来。

排遍第七　撷花十八

义城元靖贤相国，喜慕英雄士，赐金缯。闻斯事，频叹赏，封章归印。请赎冯燕罪，日边紫泥封诏，阃境赦深刑。万古三河风义在，青简上、众知名。河东注，任流水滔滔，水涸名难泯。至今乐府歌咏。流入管弦声。

由此穿插比照可以看出，曾布此曲不论是主要骨架还是细处描写都是依据《冯燕歌》加以演绎的。如排遍第一的幽并、高楼、语笑，排遍第二的鞭镫、潘郎、咿哑、青鸟，排遍第三的鸣鸠、客燕，排遍第四的负心、花钿、粉颈，排遍第五的凤凰、金谷、羞面，排遍第六的红尘、梦中，排遍第七的金缯、三河，这些都是传奇所无，亦非曾布匠心所具，《冯燕歌》已启之于前。由此可见，它并非依照《冯燕传》而衍为长编，也不仅是"多本于司空《歌》"，而是直接由其改编而来。①

---

① 钱锺书：《管锥编》，中华书局，1986年，第705—706页。

但曾布此曲亦并非原样照搬，其改进处在于他充分发挥大曲尤其是水调大曲的抒情性，做了大量的渲染、烘托，这是诗受体裁所限弱于大曲的地方。如第一遍对于冯燕气度的形容"直气凌貔虎，须臾叱咤风云。凛凛坐中生"以及对春游情景的描摹"堤上莺花撩乱，香车宝马纵横。草软平沙稳。高楼两岸春风，语笑隔帘声"等等。这些描写都要优于《冯燕歌》。

此大曲第三遍的描写最为精彩，其着力处在于下片对此女子可怜境地的刻画。传奇中对于此女子的描摹只是"翳袖而望，色甚冶"，隐含两人相好实为此女子色诱。阅之终卷，给人杀不足惜的印象。《冯燕歌》开始于女主人公形象描写中注入"情"的因素，至第四遍"谁言狼戾心能忍，待我情深情不隐"，由"情"又进而生"怨"，并以凌波、金谷加以形容。然而这些都是两人相遇之后的情感刻画，而相遇之前，仍然延续了传奇"色冶"思路，传奇尚且只是"翳袖而望"，而歌则更进一步言其"指点行人情暗结"，这就将两人暗合之因归咎于女子的挑逗。如此则造成诗歌在对女主人公的描写上陷入前后矛盾的境地。诗作者既同情于女子，言其多有冤情，但又不愿减轻其罪责，故而言其情、其怨只能点到即止。大曲在第一遍中只以"高楼两岸春风，语笑隔帘声"将之一笔带过，接着第二遍述说两人"的的深相许"。第三遍开场即重笔刻画张婴的粗鲁无情。对于张婴，传奇中并无此番描写。他"累殴妻"是在闻知其妻不忠之后所为。至诗歌中，始有"传道张婴偏嗜酒"之语，而大曲则渲染为"从来嗜酒，还家镇长酩酊狂醒"，此一"狂"字用笔浓重，为下半片的叙述做了很好的烘托。"似游丝飘荡，随风无定"，表现其孤零无助的身影、寂寞无依的情感。而在长醉狂醒的比照之下，这"游丝"越发显得轻微渺小，其生命也越发显得单薄脆弱。于"岁华荏苒"之下，她感到诸多无奈，"欢计苦难凭"中蕴含着她内心的种种不甘。于是就有了之后的"新恩缱绻，连枝并翼"。这本是喜事，但末两句话锋一转"谁知松萝托蔓，一比一毫轻"，力透纸背，此番依托竟然越发靠不住，其游丝越发成为无根物，俨然就要为狂风摧折，预示着一场暴风骤雨即将来临。大曲对两情相好的原因作了如此叙述，非常重要的一点是，它展示了男女相悦的合理性。大曲于此处暗中将事件的触发点作了抽换，传奇、诗歌都归结于女子的色诱，而大曲则是着笔于其丈夫张婴的粗鲁无情。这一转换所带来的合理性有着两方面的作用，一方面体现在女主人公身上，使其形象得到了改善。整个事件中，女主人公的行为显得合情而不合法，因合情则其颇有理，她最终是因不合法的"不足"而被杀，这就使得她的死多了几分于法难违的无奈。这就使得她在传奇、诗歌中所负之恶大为减轻。经过这一番渲染与铺排，读者不禁因其不幸感到哀伤，为其命运感到担忧。这就完全改变了传奇对女主人公的价值评判，也对诗歌的思想主旨作了更进一步的升华。对于女子内心情感的描写，既丰富了女主人公的形象，也刻画了冯燕的内心，使得他在动刀杀妇的瞬间可以让读者感受到其刀有千钧之重。另一方面，更为重要的是，也使冯燕形象进一步完善。传奇、诗歌都缺乏两人相好的合理性解释，故而无论后文如何鼓吹冯燕的义气，也都留着一个不光彩的尾巴。而大曲则通过第三遍的铺陈最终将此抹去了许多，这使得冯燕的行为得到进一步提升。传奇与诗歌在杀妇环节中，冯燕的义举只是通过杀一"色冶"不义之女子而彰显。大曲经过对情感与合理性的描绘，使得此环节中所体现的义行内涵更为深厚。在这方面的义得到加强之后，随之而来，又使得之后的法场救人的义举更为鲜明。传奇、诗歌中前一义举因相好合理性的缺乏显得不够充分，主要是依靠后一义行歌颂主人公。大曲则前后两"义"交相辉映，层叠递进，于末篇抬升至最高峰，随即以美名天下传戛然收束，整个篇章方得完备。

由上述分析可知，曾布第三遍的铺排看似并非于惊心动魄处着笔，实则有通贯全局的效用。

此大曲在改编《冯燕歌》时颇能充分利用大曲独特的句式、段落结构来叙述事件。整首七个排遍，每遍字数逐渐减少，三字句逐渐增加，由此曲式逐渐加快。而这种节奏的渐进与情节的发展密切配合。前两遍交代事件缘由，相当于序曲与过渡段，故而字数最多。第三遍抒女子幽怨之情，情绪低缓，与之相应字数仅次于前两遍，而且没有一个三字句。第四、五遍开始渐入高潮。第四遍字数缩减到八十二字。与杀妇场景相比，作者更关注于抒写女子被杀后的冤诉，故而第五遍猛然用六个三字句来强烈抒情。第六遍叙述张婴事，与前一遍相比，情节相对舒缓，故节奏也慢下来，为结尾蓄势待发。至结尾第七遍掀起大高潮，短短七十八字，六个三字句，再加之三个三字句两次连排出现，这一切都是为了对整个故事的核心——冯燕的义烈作充分的渲染。如同第一、二遍组成一个开场段落，第六带花遍与第七撷花十八也构成了一个终场段落。《碧鸡漫志》和《乐府诗集》分别记载水调歌第五遍（入破前一遍）调声最为"愁苦""怨切"①，怨以至切正是情绪激烈的反应，从曾布大曲中可以看到正是如此。他正充分利用了大曲的这一特点，用筑毬花十八新调对冯燕的义行作了热烈宣扬。

此曲在注意情节的跌宕起伏的同时，也很注意曲式上的快慢缓急。排遍作为大曲的一个组成部分，它在总体上趋于促节快板，但从表一中可以看到它同样也注意自身的缓急变化。短短七遍中序，出现了两个节奏点（第三遍、第六遍），经过三次渐次增高，于最后达到高潮。这一点在与《道情》的对照中可以更为清晰地看到。张炎《词源·音谱》中说大曲演奏"其诀亦在歌者称停紧慢，调停音节，方为绝唱"②。大曲

---

① 《乐府诗集》第七十九卷《水调二首》题下注第1114页，《中国古典戏曲集成一》，第136页。
② 《词源》，第25页。

这种快慢相间、缓急相协的曲式正符合这一演奏要诀。

北宋中叶，曾布就以七个排遍演说一段首尾完整的故事，这在宋代可谓得其先声。同时代的赵令畤也作有《商调·蝶恋花》以演绎《莺莺传》，但此曲韵散相协，故事的叙述仍然是由他摘录的《莺莺传》来完成。而曲则是就该段所述之情做一二渲染，且其曲式简单，以近于小令的《蝶恋花》反复演唱。① 而曾布此作与之有很大的差异，全以复杂多变的大曲来叙述，由此充分展现了大曲的叙事、抒情能力。

（三）

曾布选择水调来演绎冯燕事，主要有以下几方面原因：第一，在于水调的音乐性。冯延己《抛球乐》曾言"水调声长醉里听"，赵长卿《惜香乐府》卷七《临江仙》也言"水调悠扬声美"。第一遍对莺花、软草的形容，第三遍对游丝、萝蔓的描摹，第五遍对冤魂泪盈的刻画，其动人处多得力于水调的悠扬。另外，如前文《水调述略》中所提到的，宋初就已确立的水调慷慨激昂的情绪特性，也是促使曾布做出此种选择的原因。

第二，水调以及排遍所包含的思想特性，也是促使曾布做此选择的一个重要原因。中国自古就有将音乐与思想、精神相结合的传统。《左传·襄公二十九年》季札观乐即已启其端，《礼记·乐记》更有详述于其后。商声对应的精神特质是"使人方正而好义"②，曾布选择商声水调颂扬冯燕的义烈，两者颇为相宜。

第三，就大曲本身不同的组成部分而言，也蕴含有别样意味。王巩曾言："仁宗尝语张文定、宋景文曰：'自排遍以前，音声不相侵

---

① 〔宋〕赵令畤撰，孔凡礼点校：《侯鲭录》卷五，中华书局，2002年，第135—143页。
② 《史记》卷二四，第1237页。

乱，乐之正也；自破之后，始侵乱矣，至此郑卫也。'"①"破"字本身亦使人多所忌讳。胡震亨于《唐音癸签》释"破"时记载道："起于天宝间有此名，卒兆安史乱，家国破，五行志以为非祥兆，然竟不可革云。"曲破虽然音声更为诱人，但不可避免地对水调的清雅之音多少有所消解。故而胡震亨又言："如《水调歌》凡十一叠，第六叠为入破，当是曲半调入急促，破其悠长者为繁碎，故名破耳。"②而排遍最能体现"清而近雅"的特点，这与冯燕的义节正相吻合。因此，曾布以《水调歌头》大曲七个排遍来宣扬冯燕之义烈，使其内容与形式相得益彰。

第四，曾布选择用大曲对冯燕一事加以演绎，与其所处时局亦有关联。元朝所修《宋史》将曾布列入《奸臣传》，指责其为新党，毁误国事。曾布虽于任职司农寺期间多有作为，但并非一味唯新政是从。熙宁七年八月，曾布因指责市易掊克百姓弹劾吕嘉问，而惹怒了王安石与吕惠卿，以至置狱举劾，最终曾布落职以本官出知饶州。③后辗转潭、广、桂、秦、庆等地，终是远离汴京，难得重用。哲宗继位，旧党得势，曾布更遭打击。元祐元年（1086）闰二月十六日御使中丞刘挚上疏弹劾曾布是"民贼""盗臣"，六日后即被出知太原府。④《冯燕传》的作者沈亚之，史载大和初年曾佐柏耆擒杀叛将李同捷，然"诸将嫉者功，比奏攒诋，文宗不获已，贬者循州司户参军，亚之南康尉"⑤。南康远在江西，张祜曾寄诗相慰："莫怪南康远，相思不可裁。"⑥在有关沈亚之不多的史料中，记载的

---

① 〔北宋〕王巩：《随手杂录》，《知不足斋丛书》第2册，第310页。
② 〔明〕胡震亨著：《唐音癸签》卷十五，上海古籍出版社，1981年，第172—173页。
③ 参见《续资治通鉴长编》卷二百五十五，第6237页。
④ 《续资治通鉴长编》卷三百六十九，第8911页。
⑤ 〔宋〕欧阳修、宋祁撰：《新唐书》卷一百七十五《柏耆列传》，中华书局，1975年，第5252页。
⑥ 《全唐诗》卷五〇〇，第5798页。

也多是其不得志之事。① 这与远走幽并的曾布多有相印之处。沈亚之所传冯燕事,其最动人处就在于他的义行,杀妇、救夫都是他不愿负义所致,为此他可以不惜抛弃生命,而曾布所作的改编又使得这种重义精神得到了高度张扬。曾布在与其弟曾肇的一封书信中曾谈到自己自熙宁立朝以来,即不雷同于熙、丰,也不依附于元祐,其"自处亦有义理"②。但他却因此"义理"而屡遭排挤,可以想见曾布此时的心情颇为不快。大曲中他将《冯燕歌》"千古三河激义风"改为"万古三河风义在,青简上、众知名"。抒写至此处,曾布内心应当是有所触动的,颇有借他人杯酒浇一己之块垒意,这亦当是他演绎冯燕事的一个主要原因。我们似可通过这首大曲,对"奸臣"曾布,熙、丰变法,更进而对整个宋代的党争做出一些新的思索。

---

① 〔宋〕计有功撰:《唐诗纪事》卷五一,上海古籍出版社,1965 年,第 774 页。
② 《全宋文》第〇八四册,第 283 页。

附论二

筑毬渊源述略

上文曾论曾布《水调歌头》大曲,因其排遍第七位置甚为重要,故作《筑毬花十八述略》详为论述。然对"筑毬"阐述不多,而殊有憾意。故于此特设一附论,专言筑毬之渊源,以进一步实证上节所论之非虚。

一、由鞠到毬

(一)

筑毬源自战国时的蹴鞠,[1]《后汉书·梁冀传》引刘向《别录》言:"蹴鞠者,传言黄帝所作,或曰起战国之时。"[2]《战国策》卷八"苏秦为赵合纵说齐宣王"中就说:"临淄甚富而实,其民无不吹竽、鼓瑟、击筑、弹琴、斗鸡、走犬、六博、蹋鞠者。"[3]可见其早先当为盛行于民间的一种游戏。这种游戏后传入军中,用于军士平日之操练。《汉书·艺文志》

---

[1] 中华人民共和国体育运动委员会运动技术委员会编:《中国体育史参考资料》第一辑,人民体育出版社,1957年,第26页。
[2] 〔宋〕范晔撰,〔唐〕李善等注:《后汉书》卷三十四,中华书局,1995年,第1178页。
[3] 〔西汉〕刘向集录:《战国策》卷八,上海古籍出版社,1985年,第337页。

兵技巧十三家中载有《蹴鞠》二十五篇,①刘向《别录》也说:"蹴鞠,兵势也,所以讲武知有材也。"因其本身原是一种游戏,故即使用于军中,亦带有半娱乐性。《史记·卫将军骠骑列传》记载:"其在塞外,卒乏粮,或不能自振,而骠骑尚穿域蹋鞠。"②

关于蹴鞠形制,颜师古于《蹴鞠》二十五篇下注曰:"鞠以韦为之,实以物,蹴蹋之以为戏也。"而实以何物,则未明言。北宋人黄朝英曾见过另一版本《汉书》,其注为:"鞠以韦为之,中实以毛。"③之后南宋王应麟于《汉艺文志考证》卷八中亦引为:"师古曰:鞠以皮为之,实以毛,蹴蹋而戏也。"唐代慧琳《一切经音义》卷六十二在"小毱"的解释中引张戬《考声切韵》言:"以囊盛糠而蹋云谓之蹴鞠。"④张戬乃张文宗之子,初唐时人。⑤以上是唐宋时期关于蹴鞠内充物的一些描述,由此可对鞠内所盛之物略窥端倪。

关于"鞠"的用法,除"蹴蹋"之外,司马贞曾提到"又以杖打"⑥。其实汉代尚未出现"杖打"形制。《资治通鉴》卷七十二(魏明帝青龙元年六月)"洛阳宫鞠室灾"中,胡三省注:"鞠室者,画地为域以蹴鞠,因以名室。"⑦名之以"室",可见其运动区域并不大,难以策马杖击,而后世马上杖击之所则多命之为"鞠场"。⑧当时最常见的运动形式是在鞠室以脚蹴蹋为戏,故可称为蹴鞠、蹋鞠。

---

① 《汉书》卷三十,第1761页。
② 《史记》卷一一一,第2939页。
③ 〔宋〕黄朝英撰,吴启明点校:《靖康缃素杂记》,上海古籍出版社,1986年,第73页。
④ 《大正新修大藏经》第54册,财团法人佛包教育基金会出版部(台北),1990年,第722页。
⑤ 《旧唐书》卷八十五,第2816页。
⑥ 《史记》卷一一一,第2939页。
⑦ 〔宋〕司马光编著,〔元〕胡三省音注,标点资治通鉴小组校点:《资治通鉴》卷七十二《魏纪四》,中华书局,1956年,第2285页。
⑧ 《旧唐书》卷十七,第559页。

与蹴踘相比，蹴鞠击打力度更大，由此球速也更快。这两字的背后实则包含着古老的蹴鞠运动在球与怎样击球两方面的一次重要转变。北宋沈括很早就觉察到了"击"与"蹴"的差异，《梦溪笔谈》卷十八引《西京杂记》云："汉元帝好蹴踘，以蹴踘为劳，求相类而不劳者，遂为弹棋之戏。予观弹棋绝不类蹴踘，颇与击鞠相近，疑是传写误耳。"①沈存中以"击鞠为击木毬子，故谓与蹴鞠异"，后世常将之与蹴鞠相混，如黄朝英即以为"今人又以蹴鞠为击鞠，盖蹴、击一也"。②但他们没有注意到，此时所蹴之鞠已与汉代发生了很大变化，这里又体现了球类运动的另一次重要变革。

由蹴踘到击打这一变化的发生，与他族球类运动的影响分不开。边地民族逐草为居，日与羊马为伴，故多善马上运动。《续资治通鉴》卷七十言："辽俗君臣尚猎，而辽主尤善骑射。"③北宋沈括在《熙宁使契丹图抄》中描写辽的风俗就是"乐深山茂草，与马牛杂居，居无常处"。④十三世纪意大利教士柏朗嘉宾在他的《蒙古行纪》中如此记载蒙古族："他们的孩子刚刚长到两三岁的时候，便开始骑马而行、驾御马匹和纵马驰骋"⑤。故蒙古族擅长策马杖击的球类运动自在情理之中。《封氏闻见记》卷六记载，唐代"西蕃人好为打毬"。后至辽、金同样如此。宋史浩《鄮峰真隐漫录》卷七《乞罢萧鹧巴入内打毬札子》言："夫此辈生长遐方，击鞠之戏，固所精也。"《辽史》即记载辽圣宗"以毬马为乐"⑥。金人

---

① 〔宋〕沈括撰：《元刊梦溪笔谈》卷一，文物出版社，1975年，第13页。
② 《靖康缃素杂记》，第73页。
③ 〔清〕毕沅编著，标点续资治通鉴小组校点：《续资治通鉴》，中华书局，1957年，第1760页。
④ 贾敬颜：《五代宋金元人边疆行记十三种疏证稿》，中华书局，2004年，第128页。
⑤ 耿昇译：《柏朗嘉宾蒙古行纪》；何高济译：《鲁布鲁克东行纪》，中华书局，1985年，第44页。
⑥ 《辽史》卷八十，第1280页。

则有专门的打毬节,①《金史·礼志八》记载:"射柳击毬之戏亦辽俗也,金因尚之。"②可见毬马之乐亦常见于边地民族。

另外,就毬的外观而言,在其产生初期,它的特点正如其字偏旁所示——多毛,与偏旁从革的鞠在外部有显著区别。鞠如颜师古所言:"以韦为之。"《仪礼·聘礼》曰"君使卿韦弁",贾公彦疏:"有毛则曰皮,去毛熟治则曰韦。本是一物,有毛无毛为异。"可见鞠与毬正相反,它是"以韦为之,中实以毛"。而毬的多毛一方面是直接饰以兽皮,另一方面是以编织物缠绕所致,以后一种情况较为常见。西北民族的畜牧业非常发达,毛织物特别丰富。《荀子·王制》言:"西海则有皮革、文旄"。《新唐书·西域列传》记载东安国于开元二十二年"献波斯骏二、拂菻绣氍毹一、郁金香、石蜜等。其妻可敦献柘辟大氍毹二、绣氍毹一"③。"绣氍毹"正是编织而成的彩色毛"毬"。《一切经音义》卷六十:"氍毹,西戎胡语。《考声》云:织毛为文彩五色,或作鸟兽人物,即毛布也。《声类》:毛席也,出西戎。"④罗香林《唐代波罗毬戏考》言:"大抵毬子之制,其先以编毛结团为之,故其字从毛。"⑤

虽上文曾说,打毬运动的产生受到他族球类运动的影响,但其产生也并非完全源自异族球类,汉族古有之蹴鞠运动也对此起到了相应的推动作用。

向达《长安打毬小考》中曾以为打毬之戏源自唐太宗时传入的波斯波罗毬,并推测"毬"乃波斯 gui 字之音译。⑥稍后,罗香林《唐代波罗毬戏考》中基本同意向达的观点,亦以为毬"即 gui 之对音",隋唐之

---

① 出自《景印文渊阁四库全书》本《大金集礼》卷三十二《报朝》:"承安二年七月十三日圣旨,七月十五日是拜天打毬节,自是不朝,今后不索降奏。"
② 〔元〕脱脱等撰:《金史》卷三十五,中华书局,1975年,第826页。
③ 《新唐书》卷一百七十五《柏耆列传》,第6245页。
④ 《大正新修大藏经》第54册,第711页。
⑤ 罗香林:《唐代文化史研究》,上海文艺出版社,1992年,第141页。
⑥ 向达:《唐代长安与西域文明》,河北教育出版社,2001年,第79、81页。

际传入中国,"以前各书,似不见毬字"。① 此后,唐豪据《荆楚岁时记》所载"打毬秋千之戏"一语对此有所纠正,更将"毬"字出现时间向前推到梁代。② 其实,"毬"字的出现要远早于此。

《增壹阿含经》卷三十二中记载:"于今身命终当生拍毬地狱中"。③ 大正藏所用底本高丽海印寺本将之署为"东晋罽宾三藏瞿昙僧伽提婆译",东晋建国于公元317年,终于420年④。另有宋、元本则署为"符秦建元年三藏昙摩难提译"。⑤ 前秦苻坚建元年始于公元365年,终于385年,时间则更为精确。又后秦龟兹国三藏鸠摩罗什译《梵网经卢舍那佛说菩萨心地戒品第十》卷下载有"不得挎蒲、围棋、波罗赛戏、弹棋、六博、拍毬、掷石、投壶"⑥。后秦建国于公元384年,终于417年。又北凉天竺三藏昙无谶译《大般涅槃经》卷二十七《狮子吼菩萨品第十一之一》中有"自造结业,流转生死,犹如拍毬"⑦。北凉建国于公元397年,终于432年。由此可见,早在东晋时期,中国典籍中就已出现了"毬"字。对于"拍毬地狱",元魏婆罗门瞿昙般若流支译《正法念处经》卷十一《地狱品之七》中做了详细解释:

> 最初先入大火盆中,如是极烧,一切身分,烧已复生,受苦不断。如彼人中上上作业,如是如是上上受苦。彼地狱人如是具受焰鬘火盆,如是极烧,然后堕在金刚火地。以怖畏故,伸手努臂,既倒地已,即复建上,如毬着地,即上不停,如是速建,连上连下,伸手努臂,吼唤号哭,堕地复上。⑧

---

① 《唐代文化史研究》,第140页。
② 《中国体育史参考资料》第一辑,第26页。
③ 《大正新修大藏经》第2册,第726页。
④ 本段历史纪年均参照李崇智所编著之《中国历代年号考(修订本)》,中华书局,2004年。
⑤ 《大正新修大藏经》第2册,第723页。
⑥ 《大正新修大藏经》第24册,第1007页。
⑦ 《大正新修大藏经》第12册,第524页。
⑧ 《大正新修大藏经》第17册,第64页。

瞿昙般若流支还译有《金色王经》，署名"东魏天竺优婆塞瞿昙般若流支译"①，可知他是在东魏时期人。

在"毬"字出现以前，史籍中曾出现了三个过渡性的词语——"丸毛""毛丸"与"毱"。东汉末年应劭所作《风俗通》中记载："丸毛谓之鞠"。②西晋郭璞在《三苍解诂》中曾言："鞠，毛丸，可蹋戏。"③可见到了汉末，战国时的"鞠"就已发展成了外表带毛的"丸毛"。"毱"字产生于西晋时期。西晋沙门法炬译《阿阇世王问五逆经》中载有"命终之后，当堕地狱如拍毱"，西晋安息三藏安法钦译《阿育王传》中出现了大量的"毱"字。④"毱"字的出现，正标示着马毬与中国古老之蹴鞠运动的密切联系。这之后，东晋罽宾三藏瞿昙僧伽提婆和昙摩难提翻译的经文中，也分别出现了"毱"字，⑤而北凉昙无谶译的《大般涅槃经》中混用"毬"与"毱"，⑥可见此时正是"毬"字的酝酿时期，此字产生时间不久，两字正处于交互替代的不稳定状态。由此可知，《增壹阿含经》所用"毬"字，应当标示了该字的最早产生时间。

再就"毬"字的构造而言，它是由"求"饰以"毛"旁而成。东汉许慎《说文解字》中载有"求"字，释为"古文裘"。段玉裁注："此本古文裘字，后加衣为裘，而求专为干请之用。"⑦即求为裘之

---

① 《大正新修大藏经》第3册，第388页。
② 〔宋〕李昉等撰：《太平御览》，中华书局，1960年，第3348页。
③ 〔梁〕昭明太子撰，〔唐〕李善并五臣注：《六臣注文选》卷二十七《名都篇》引，《四部丛刊》初编本。亦见《太平御览》，第3348页。
④ 《大正新修大藏经》第14册，第776页；第50册，第102、105、109、112、116—119、122—126页等。
⑤ 《中阿含经》"犹如力士，以轻毛毱掷平户扇"，《大正新修大藏经》第1册，第557页。《阿育王息坏目因缘经》"此人乃从毱地狱来"，《大正新修大藏经》第50册，第181页。
⑥ 《大般涅槃经》卷十一《现病品第六》"弹棋、六博、拍毱、掷石、投壶"，《大正新修大藏经》第12册，第432页。
⑦ 《说文解字注》，第398页。

本字，后饰以衣旁而为裘。然在今已隶定的甲骨文中并无"求"字，而有"裘"字，载于罗振玉《殷虚书契前编》《殷虚书·后编》及胡厚宣《战后京津新获甲骨集》。① 此字与甲骨文"衣"字相似，即于衣上添加数笔"指事"，以显其毛状，如段玉裁所言"裘之制，毛在外，故象毛文"②。若就字形整体而言，与衣一样，两者都是裹于身体之上而像人形。徐灏《段注笺》释"衣"为"上为曲领，左右象袂，中象交衽"。③ 后罗振玉亦承其说："象襟衽左右掩覆之形。"④ 此字方是裘之本字，《甲骨文字典》释之为"象皮毛外露之衣，即裘之本字。"⑤ 之后，西周金文中始出现"求"，如西周中期的《智鼎》《君夫簋盖》，西周晚期的《番生簋盖》，其字形均作兽皮状。⑥ 李孝定《甲骨文字集释》释为："象兽皮一喙两耳四足一尾之形。制兽皮者恒以鼻端穿孔之正作此形也。"⑦ 其后，金文中均作此形，如春秋中晚期的《齐侯镈》、春秋晚期的《黿君钟》等。⑧ 随着"求"字的出现，与"求"结合而成的"裘"字也相继产生，如西周早期的《不寿簋》等。⑨ 对金文中的这两字，以罗振玉、高鸿缙两家解释最为精当。罗曰："裘为已制成裘时之形，求则尚为兽皮，略屈曲象其柔委之状。"高曰："古

---

① 中国科学院考古研究所编辑：《甲骨文编》，中华书局，1965年，第356页；徐中舒主编：《甲骨文字典》卷八，四川辞书出版社，1988年，第939页；刘兴隆编著：《新编甲骨文字典》，国际文化出版公司，2005年，第519页。
② 《说文解字注》，第398页。
③ 汤可敬撰：《说文解字今释》卷十五，岳麓书社，2002年，第1127页。
④ 罗继祖主编，罗振玉著：《增订殷虚书契考释》，《罗振玉学术论著集》第一集，上海古籍出版社，2010年，第227页。
⑤ 《甲骨文字典》卷八，第939页。
⑥ 中国社会科学院考古研究所编：《殷周金文集成释文》第二卷，香港中文大学中同文化研究所，2001年，第412—414页；第三卷，第318、461页。
⑦ 李孝定编述：《甲骨文字集释》卷八，中央研究院历史语言研究所，1965年，第2736页。按：李孝定对于金文"求"的解释稍有拘泥之处，将"求"又区分为死兽、活兽，张日升已指出此点。略去此处，其解说颇为允当。张说见《金文诂林》，第5249页。
⑧ 《殷周金文集成释文》第一卷，第239、28页。
⑨ 《殷周金文集成释文》第三卷，第257页。

者食肉寝皮，亦以兽皮为衣。求只象兽皮形。甲文又有裘字，则已成衣状矣。"①关于金文"裘"中所含之字，杨树达先生尚有不同观点，他以为乃是"又"字，"以又字为声类也，象形字多加声旁"。②金文"裘"中所含之字确有形似"又"者，如西周中期的《次卣》《次尊》及西周晚期的《羌伯簋》。③但从西周初期的《不寿簋》、西周中期的《裘卫盉》一直到春秋晚期的《庚壶》，金文中承续不断的是包含兽皮形"求"的"裘"字。④这种现象在之后的战国以及秦汉的简帛文字中依然大量存在，如曾侯乙、睡虎地、银雀山等地竹简无一例外均作"求"形。⑤由此可见，裘中之"又"应当是铸刻金文时，为求其便偶尔只取"求"之首部的略笔而已，并非是"加声旁"，而是指事，正如"衣"外加数笔以作"裘"毛衣状，"裘"中加兽皮形之"求"则更为明确指示其性质、由来。"裘"这一合成字，因所用是其本源意，故产生时间较早。而大部分由"求"衍生之字用的则是其引申意，产生时间相对要晚得多。如：

　　赇。王国维："兽皮而未制衣，是含求得之谊，故引申而为求匄之求。"⑥《说文》："以财物枉法相谢。"段注："法当有罪，

---

① 周法高主编，张日升、徐芷仪、林洁明编纂：《金文诂林》卷八，香港中文大学，1974年，第5246、5248页。关于前说，《金文诂林》摘引商承祚语中指为王国维言，而《甲骨文字集释》则引为罗振玉语，且注出自《增订殷虚书契考释》第42页，见《甲骨文字集释》卷八，第2733页。
② 《金文诂林》卷八，第5246、5248页。关于前说，《金文诂林》摘引商承祚语中指为王国维言，而《甲骨文字集释》则引为罗振玉语，且注出自《增订殷虚书契考释》第42页，见《甲骨文字集释》卷八，《金文诂林》，第5247页。
③ 《殷周金文集成释文》第四卷，第150、264页；第三卷，第466页。
④ 后两器见《殷周金文集成释文》第五卷，第378、472页。
⑤ 李守奎编著：《楚文字编》卷八，华东师范大学出版社，2003年，第514页；汤余惠主编：《战国文字编》卷八，福建人民出版社，2001年，第583页；骈宇骞编著：《银雀山汉简文字编》卷八，文物出版社，2001年，第289页；李正光等编：《楚汉简帛书典》，湖南美术出版社，1998年，第847页。
⑥ 《金文诂林》第5246页商承祚引自王国维语，然《甲骨文字集释》第2733页则引为罗振玉语。

而以财求免,是曰赇。"①

逑。《说文》:"敛聚也。从辵,求声。虞书曰:旁逑孱功。"段注:"尧典逑作鸠,说者亦云鸠聚。"《说文》"又曰怨匹曰逑。"段注:"逑、仇古多通用……毛传:逑,匹也。释诂:仇,匹也。孙炎曰:相求之匹。"②此即由"求匈"之意而申之。

捄。《说文》:"盛土于梩中也。"③《广雅疏证》:"拱、捄二字皆从手耳,训亦同。其从玉作球,假借字耳。"④此即由"求匈"之意而申之。

脙。《说文》:"齐人谓:臞,脙也。"段玉裁:"臞,齐人曰脙,双声之转也。"⑤"求"有皮无肉,又可引申为瘦之意,而非双声之转。

俅。《说文》:"冠饰貌。"⑥此必是多毛绒状冠饰,由求之多毛而引申。《经典释文》卷七《毛诗音义下》释"戴弁俅俅",引《说文》此字则作"絿"。而桂馥于《说文解字义证》中推测《经典释文》本来即引作"戴弁絿絿",现作"戴弁俅俅"是"为后人所乱"。⑦

絿。《说文》:"急也。从糸,求声。诗曰:不竞不絿。"段注:"絿之言纠也。"⑧由求之多毛易纠缠而引申。

梂。《说文》:"栎实。"⑨《尔雅·释木》"栎,其实梂",郝懿

---

① 《说文解字注》,第282页。
② 《说文解字注》,第73页。
③ 《说文解字注》,第607页。
④ 〔清〕郝懿行、王念孙、王先谦等著:《尔雅 广雅 方言 释名 清疏四种合刊(附索引)》,上海古籍出版社,1989年,第347页。
⑤ 《说文解字注》,第171页。
⑥ 《说文解字注》,第366页。
⑦ 〔唐〕陆德明撰:《经典释文》卷七,上海古籍出版社,1985年,第404页;〔清〕桂馥撰:《说文解字义证》,上海古籍出版社,1987年,第681页。
⑧ 《说文解字注》,第647页。
⑨ 《说文解字注》,第246页。

行《尔雅义疏》曰："今按：梂之为言犹裘溲也。《释名·释床帐》云：'裘溲犹娄数，毛相离之言也。'栎实外有裹橐，形如汇毛，状类毯子。"①"求"与"裘"结合之后，又承袭了"裘"字意，"裘"多毛且团裹于人体之上，颇似圆毯形，栎实与之相仿，故而名之为"梂"。

莱。《说文》："樕莱实，裹如裘也。"②《尔雅·释木》"椒榝丑莱"，郑樵《尔雅注》："椒樕子莱萸，亦谓之榝，此类结子成毯朵。"③ 郝懿行《尔雅义疏》："梂与莱声义同。莱之言裘也，芒刺锋攒如裘自裹，故谓之莱也。"④ 段玉裁《说文解字注》："以莱系诸莱樕矣，则以梂系诸栎也。莱于梂皆谓聚生成房。"⑤ 此字之取意同"梂"。

以上由"求"衍生诸字均未见于甲骨文及早期金文中。⑥ 至战国时期，与"求"结合的形声兼会意以及单纯的形声字方大量出现，如见于玺印的"逑"，见于金文的"逑"等。⑦ 战国陶文中尚有"逑""赇"的繁文，以辵、贝加"救"，可见"逑""赇"的出现时间均较晚。"梂"则大致出现于战国时期，见郭店楚墓竹简。⑧ 其"求"之造型仍作兽皮状。"莱"未见于秦以前，产生时间稍晚，当出现于秦汉时期，《说文解字》已加

---

① 《尔雅　广雅　方言　释名　清疏四种合刊（附索引）》，第 274 页。又见安作璋主编《郝懿行集》第 4 册，第 3583 页，该本"溲"误为"深"。"裘溲"，王先谦《释名疏证补》："毕沅曰《一切经音义》裘溲作氀毹，乃说文新附字。成蓉镜曰：即氀毹之声转。"见《尔雅　广雅　方言　释名　清疏四种合刊（附索引）》，第 1073 页。
② 《说文解字注》，第 37 页。
③ 郑樵：《尔雅注》卷下，《景印文渊阁四库全书》本。
④ 《尔雅　广雅　方言　释名　清疏四种合刊（附索引）》，第 281 页。又见《郝懿行集》第 4 册，第 3606 页。
⑤ 《说文解字注》，第 246 页。
⑥ 见《金文诂林》卷八；容庚编著，张振林、马国权摹补：《金文编》，中华书局，1985 年；张亚初编著：《殷周金文集成引得》，中华书局，2001 年。
⑦ 何琳仪：《战国古文字典》，中华书局，1998 年，第 177—179 页。中国社会科学院考古研究所编：《殷周金文集成》第一七册，中华书局，1992 年，第 467 页。
⑧ 《战国文字编》，第 359 页。

著录。"毬"的产生时间则更晚，如上文所言，出现于东晋时期。此时"求"之本源意已近淹没，本多毛之"求"又叠以"毛"旁。故"毬"非由"求"字本身所衍变而成，而是因"梂""莍"等字拆换偏旁所得。当时人们所见的用于打毬的物件与此多相类，如郝懿行所言"外有裹橐，形如汇毛，状类毬子"，由此将偏旁替换以成"毬"字。在鞠发生变化而出现"丸毛"时，将其偏旁"革"加以替换以成"鞠"字，是最为简便的造字方法。之后人们更准确地把握其外形特征，由"梂""莍"等字联想而造出更为恰当的"毬"字。"鞠"随后逐渐被"毬"替代，很少再被使用。从以上论述可知，"毬"是中国六书造字法所产生的固有汉字，并非是某一外来语的音译。

从"丸毛"到"毛丸""鞠"再到"毬"的历程，也就是古已有之的鞠类运动不断吸纳外来因素而发展变化的过程。因此可以说，打毬运动的出现是异质文化相互融合的结果。

（二）

在鞠到毬的发展过程中，最显著的变化是出现了策马杖击的马毬。曹植《名都篇》中描写道："连翩击鞠壤，巧捷惟万端。"由"作鞠室"到"击鞠壤"，正见出其运动场所的扩大以及运动方式的变化。① 吕向注曰："击鞠，今之打毬。"《乐府诗集》第三十三卷所载陆机《鞠歌行序》中引之为"连骑击壤"，则更为明确。紧接其后陆机又言："或谓蹵鞠乎？"生长于南方的陆机不知此为何物，可见此项运动并非南方所有，三吴之地则是"家以蹴鞠为学"。② 另外，陆机任官于西晋，涉猎较广，亦可见

---

① 《中国体育史参考资料》第七、八辑，第66页。〔元〕王祯撰，缪启愉译注：《东鲁王氏农书译注》，上海古籍出版社，1994年，第644页。
② 《太平御览》，第3349页。

此项运动并未普及于全国，仅局限于北方小范围内。

上文所引应劭、曹植、陆机、郭璞等人所处时代均集中于汉末至西晋这段时间，这并非偶然，正显示出此乃球类运动发生重要变化之转折期。在这近一百年时间里，人们对于"毬"类运动的各方面都在不断地进行摸索。鞠的名称在不断替换，除了踢、蹴、蹹，触球动作又增加了打、击，毬本身与打毬手段都还较为粗简。一直到东晋，典籍中才开始出现了"毬"字。虽然古籍多有散佚，但我们从球类运动的发展历史来看，此字的出现不可能太早，《增壹阿含经》所标识的时间范围是大致准确的。

盛唐时人蔡孚曾作有《打毬篇》描述汉代德阳宫旁的一次马毬运动，有学者据此以为这是在描写东汉的马球运动。① 然由其结尾"薄暮汉宫愉乐罢，还归尧室晓垂旒"，可知蔡孚此文所描述的乃本朝事，是在"汉宫"即德阳宫遗址旁的一次马毬运动。且文中所描述的马毬运动已相当成熟，如其毬与杖是"宝杖珊文七宝毬"，远非"丸毛""毛丸"可比。从这种对比中正可看出，由汉末到唐代，马毬运动在不断发展与完善。

马毬运动在魏晋以后的数百年中大行其道，直到唐朝达到高峰。与此相比，蹴鞠则相当式微。但它并未就此一蹶不振、销声匿迹，同样是在外来因素的影响下不断谋求变革。只是在马毬运动的强大声势之下，人们往往将之忽略。如上文所引，早在西晋佛经文献中就已出现的"拍毱"，随后又大量涌现出"拍毬"，这是与杖击毬不一样的一种毬类运动。它能"连上连下"，"暂时着地即便腾起"，可见其弹性相当强，而这是实心毬无法做到的。故其内部当是空心，也就是早期的气毬。西晋郭璞在《三苍解诂》中说："鞠，毛丸，可蹋戏。"此时可蹋戏的"鞠"已成了"毛丸"，也就是佛典中所说的"毱"或"毬"。慧琳《一切经音义》卷二十六就说："拍

---

① 《中国体育史参考资料》第七、八辑，第69页。〔宋〕李昉等编：《文苑英华》卷三四八，中华书局，1966年，第1792页。

鞠，今作鞠，郭璞云毛丸，气毬之类。以踢鞠，蹋戏也。"①可手拍的"气毬"与中国古有之鞠相结合并本土化后，发展出可脚踢的"毬"。其出现的时间与上文所述马毬出现的时间相仿。可知，汉末魏晋时期是中国整个球类运动发生变化的一个重要时期，既出现了可策马杖击的"毬"，也产生了可用脚蹴踢的"毬"。

虽同样都是脚踢，但毬质起了变化，其脚踢的感觉、技术均与蹴鞠、蹋鞠不同，因此产生了击毬、打毬等词。梁代宗懔所著《荆楚岁时记》中曾记载春季荆楚地区的民间风俗，其中有"打毬秋千之戏"一语。②宗懔八世祖宗承以来，世居荆州，其对于荆楚地区的风俗自是极为稔熟。③荆楚比吴越之地更近西北，易受其影响。其地紧临长江大泽，少有开阔疆场可纵马驰骋。章学诚于《湖北通志·食货考》中言："湖北地连七部，襟带江汉，号称泽国，居民多濒水，资舟楫之利。"④其士民亦缺乏西北游侠儿的豪情，故而他们吸收的是踢毬运动，而非策马杖击的马毬运动。⑤"打毬"一词更常运用于马毬运动中，这种通用性正显示出两种不同运动方式的一致之处。即虽是脚踢，但与杖击一样，在速度、力度上毬要远快于古老的鞠，故而便有了更为形象的"打"字。由此可知，后世形容用脚触毬时，虽然"蹴""打"混用，但此时的蹴鞠与早期相

---

① 《大正新修大藏经》第 54 册，第 473 页。
② 〔梁〕宗懔撰，宋全龙校注：《荆楚岁时记》，山西人民出版社，1987 年，第 180 页。〔唐〕徐坚等著：《初学记》卷四《岁时部下·寒食第五》，中华书局，1962 年，第 67 页；〔明〕陶宗仪等编：《说郛三种》卷六十九，上海古籍出版社，1988 年，第 3202 页。
③ 李裕民：《宗懔及其〈荆楚岁时记〉考述》，该文为山西人民出版社 1987 年版《荆楚岁时记》代序。
④ 〔清〕章学诚著，郭康松点校：《湖北通志检存稿·湖北通志未定稿》，湖北教育出版社，2002 年，第 34 页。
⑤ 按：寒食蹴鞠这一民俗在中国源远流长，历代诗文多有讽咏。《荆楚岁时记》隋人杜公瞻为"打毬秋千之戏"作注时，引刘向《别录》即言："寒食蹴鞠，黄帝所造。"后直到明清均承传不断。故此处的"打毬"非为杖击当是脚踢。可参见刘秉果等《蹴鞠——世界最古的足球》，第 49—55 页。

比已发生了根本变化,击、打是无法运用于战国时的蹴鞠运动中的。

二、由毬到筑毬

(一)

球类运动发展到唐代,就杖击而言,又分为徒步与马上两种。王建《宫词》言:"殿前铺设两边楼,寒食宫人步打毬。一半走来争跪拜,上棚先谢得头筹。"①步打运动在宋代也得到了发展,宋人名之"小打"。《东京梦华录》卷七"驾登宝津楼诸军呈百戏"中记载:"各执彩画毬杖,谓之小打。"②后日渐发展为捶丸,元代宁志老人写有专门著作《丸经》。③张可久《满庭芳·春情》亦言:"檐前小打,楼心蹴鞠,窗下琵琶。"④

唐代最为兴盛的是马毬运动。李唐政权定都于西北,其皇族本身即有外族血统,李世民的皇后和祖母均为鲜卑人,《宋书·索虏列传》中魏太武帝就说:"我鲜卑常马背中领上生活。"⑤皇室成员对马毬运动颇为喜好。《资治通鉴》卷二百九十《唐纪二十五》载:"上好击毬,由是风俗相尚。"⑥再加之西北自然地理条件的便利,共同促成它的兴盛繁荣。《新唐书·兵志》记载,唐太宗贞观至高宗麟德四十年间,蓄马数量高达七十万六千匹。⑦到唐玄宗时,内厩所养众多名马亦难满足他的打

---

① 《全唐诗》卷三〇二,第3444页。
② 《东京梦华录笺注》卷之七,第689页。
③ 《说郛三种》卷一百一,第4651页。
④ 〔元〕张可久著,吕薇芬、杨镰校注:《张可久集校注》,浙江古籍出版社,1995年,第165页。
⑤ 〔梁〕沈约撰:《宋书》卷九十五,中华书局,1974年,第2348页。
⑥ 《资治通鉴》卷二百九十,第6624页。
⑦ 《新唐书》卷一百七十五《柏耆列传》,第1337页。

毯需要。①狂热的马毯运动发展到中晚唐时期，又出现了驴鞠。《旧唐书·敬宗本纪》载：敬宗宝历二年六月"甲子，上御三殿，观两军、教坊、内园分朋驴鞠、角抵。戏酣，有碎首折臂者，至一更二更方罢。"②骑驴击毯开始多是妇人及狭邪子弟所为，《旧唐书·郭英乂传》言其："又颇恣狂荡，聚女人骑驴击毯，制钿驴鞍及诸服用，皆侈靡装饰。"③《太平广记》第十九卷中记载李林甫"年二十，尚未读书。在东都，好游猎、打毯、驰逐鹰狗，每于城下槐坛下骑驴击毯，略无休日。"④驴鞠虽有"碎首折臂者"，但其观赏性、激烈程度都远非策马杖击可比，这种新变中实际上正昭示着马毯运动的衰落。

到了宋代，驴鞠、骡鞠几乎完全取代了马鞠。《宋史·礼志》中详细记载了太宗时的一次打毯活动。策马杖击乃"诸王大臣"所为，而真正进行激烈运动的朝廷供奉们，则或是步击，或是乘驴骡。⑤这种情况在《东京梦华录》卷七"驾登宝津楼诸军呈百戏"中体现得尤为明显，一百多"花装男子"，"各跨雕鞍花鞯驴子，分为两队"。⑥故而宋代专门设有"打毯驴骡务"，后嫌其名不雅，改为"击鞠院"。⑦

在脚踢球方面，虽如上文所论气毯运动产生时间较早，但其后发展相对较为迟慢。此时人们的兴趣多转向日趋成熟的杖击运动所吸引，不甚用心于气毯运动。这种现象到中唐开始发生变化。经过数百年的发展，此时气毯形制趋于成熟。随着杖击高潮的过去，人们日益偏爱于此，文献中亦开始频繁出现相关记载。最早对此加以详细描述的是中唐文宗时

---

① 《唐语林校证》卷五，第 472 页。
② 《旧唐书》卷十七，第 520 页。
③ 《旧唐书》卷一百一十七，第 3397 页。
④ 〔宋〕李昉等编：《太平广记》卷十九，中华书局，1961 年，第 129 页。
⑤ 《宋史》，第 2842 页。
⑥ 《东京梦华录笺注》卷之七，第 689 页。
⑦ 〔宋〕李攸撰：《宋朝事实》，《景印文渊阁四库全书》本，卷十三《仪注三》。另见《玉海》卷一百四十五"淳熙选德殿观击毯"条。

期宏文馆学士仲无颇所作《气毬赋》。①其毬由毛皮缝制而成，毬内之气非自然形成乃是"吹嘘"而就，这一点很重要，说明此时毬的质量得到了很大提高，可以容纳更大的气压，从而具有更好的韧性与弹力。唐代归氏子弟嘲笑皮日休的诗中更详细说明气毬的外皮是"八片尖皮砌作毬"，制毬皮革需要"火中燀了水中揉"。②除此之外，唐代还出现了另一种样式的气毬，唐朝代僧人慧琳在《一切经音义》卷十六对"脬"字解释道："此即傍光水器腹中尿脬也，即今气毬是也。"③这要比缝制的气毬更有弹性，是人们不断追求高质量气毬的结果。《剧谈录》言蹴鞠"直高数丈"，《酉阳杂俎》卷五言"趯鞠高及半塔"，都可见其弹性之强。④

就时间上而言，这些记载都集中于中唐或晚唐时期。通过这些记载可知，正是在此时期，气毬在样式上有了重要改进。北宋史学家刘攽就曾言："鞠，皮为之，实以毛，蹴蹋而戏，晚唐已不同矣。"⑤这可算是

---

① 〔清〕董诰等编：《全唐文》卷七四〇，中华书局，1983年，第7655—7656页。
② 〔宋〕刘攽撰：《贡父诗话》，《丛书集成新编》第七八册，第338页。
③ 《大正新修大藏经》第54册，第406页。
④ 〔唐〕康骈：《剧谈录》，古典文学出版社，1958年，第8页；段成式：《酉阳杂俎》，《四部丛刊》初编本。
⑤ 《丛书集成新编》第七八册，第338页。按：气毬的产生，前人往往依据《初学记》所言，将之上推到唐前期。如《中国古代球类运动史料初考》第二章《中国古代的足球》之二《中国古代足球的发展》中说："实际上我国用灌气的球，早已被生于公元659年，卒于公元727年的徐坚记载在《初学记》里，在时间上可以推前到八世纪三十年代以前，七世纪六十年代以后。《初学记》具体说明了球胆是利用动物的胞做的，灌气是用口吹的。"见《中国体育史参考资料》第七、八辑，第27页。《隋唐五代社会生活史》第四章《社会风俗与精神生活》第四节《文娱活动》中说："及至唐代，蹴鞠有很大发展。鞠由过去'以革皮为之，中实以毛'的实心球，改为'以胞为里，嘘气闭而蹴之'的充气的球。"见李斌诚等著：《隋唐五代社会生活史》，中国社会科学出版社，1998年版，第468页。其标注错引自《文献通考》卷一百四十七《乐考·散乐百戏》，核《文献通考》无此文字。实则这些引述均来自《康熙字典》"毱"字下注："《初学记》鞠即毱字。今蹴鞠曰戏毱。古用毛纠结为之，今用皮，以胞为里，嘘气，闭而蹴之。或以韦为之，实以柔物，谓之毱子。鞠亦作踘。"《蹴鞠——世界最古老的足球》第2页即直言引于此书。查《初学记》并无此语，只是在卷四《岁时部下·寒食第五》"打毱"中注曰："鞠与毱同，古人蹋蹴以为戏。""鞠即毱字"以下，似为字典编撰者所加。

球类运动史上的第二次重要变革,它基本确定了气毬的形制。以后虽经千百年的发展,但其基本构造不出唐人窠臼。这些改进使毬更为灵巧,由此引起人们的浓厚兴趣,气毬开始成为人们喜爱的娱乐项目。

经过唐朝中、晚期的酝酿,到了宋代,气毬运动开始大行其道,最终取代马毬而成主流。宋代毬的形制和唐代一样,既有缝制毬也有非缝制毬。程大昌《演繁露》第九卷记载:

> 今世皮毬中不置毛,而皆砌合皮革,待其缝砌已周,则遂吹气满之。气既充满,鞠遂圆实。所谓"火中燖了水中揉"者,欲其皮宽而能受气也。详此意制,当是古时实之以毛,后加巧而实之以气也。①

《宋朝事实类苑》卷第五十二"蹴鞠"条引《贡父诗话》:

> 蹴鞠以皮为之,中实以物,蹴蹋为戏乐也,亦谓为毬焉。今所作牛彘胞,纳气而张之,则喜跳跃,然或俚俗数少年簇围而蹴之,终无堕地,以失蹴为耻,久不堕为乐,亦谓为筑毬鞠也。②

关于如何灌气,宋人掌握了更多技巧。汪云程《蹴鞠图谱》载有"打揎诀",云:"打揎,添气也,事须易而实难。不可太坚,坚则徤色浮急,蹴之损力。不可太宽,宽则徤色虚泛,蹴之不起。须用九分着气,乃为适中。"③

随着气毬各方面的革新,击毬方式上也相应在不断被改进。到了唐、宋,由南北朝时期的"打毬"又发展出"度毬""筑毬"等方式。韦应

---

① 〔宋〕程大昌撰:《演繁露》,《丛书集成新编》第一一册,第593页。
② 〔宋〕江少虞撰:《宋朝事实类苑》卷第五十二,上海古籍出版社,1981年,第684页。
③ 《中国体育史参考资料》第一辑,第86页。

物《寒食》言："彩绳拂花去，轻毬度阁来。"①宋人陈旸所著《乐书》卷一百八十六《乐图·论俗部·杂乐》中更明确地写道："蹴毬盖始于唐，植两修竹，高数丈，络网于上，为门以度毬。毬工分左右朋以角胜否，岂亦蹴鞠之变欤？"毬网高数丈，"度毬"正形象地描绘出毬的行进轨迹。

筑毬一词直到唐末方出现，韦庄《丙辰年鄜州遇寒食城外醉吟七言五首》之五写道："雨丝烟柳欲清明，金屋人间暖凤笙。永日迢迢无一事，隔街闻筑气毬声。"②《说文》释"筑"为"捣"③，其意与单纯用脚踢、蹴、蹹不同。《事林广记》辛集卷上"毬门社规"载：

> 初起，头用脚头踢起与骁色，挟色至毬头右手，立倾下毬头膝上，用膝累起，一筑过。不过，撞在网子擷下来，着网人踢住与骁色，骁色复挟住，仍前去顿在毬头膝上筑过。左右军同。或赛三筹，或赛五筹，先拈卷子分前后，筑过数多者赢。④

从中可见，此时的触毬部位已不局限于脚，而用到了膝。《蹴鞠图谱》"踢搭名色"条中即载有"左右摆膝、左右两膝、左右摄膝、迓鼓膝、左右旋膝、揪子膝、入步膝、偷步膝、走马膝"之类膝部用法，除此之外还谈到"斜肩、侧肩、背肩"等肩部用法。⑤"官场下作"条具体谈到"骁膝"的用法是："使膝高起，下住足干，再起膝上，放下寻论。""花肩"则是："用左肩摄，放下使足干，上右肩下出论。"⑥另外，《事林广记》辛集卷上所载"肩背拍拽捧控膝拐搭赚总决"云：

> 肩如手中持重物，用背慢下快回头。拐要控膝蹲腰取，搭

---

① 《韦应物集校注》卷八，第511页。
② 《全唐诗》卷七〇〇，第8040页。
③ 《说文解字注》，第253页。
④ 《事林广记》，第196页。
⑤ 《中国体育史参考资料》第一辑，第85—86页。
⑥ 《中国体育史参考资料》第一辑，第89页。

用伸腰不起头。控时须用双睛顾，捺用肩尖微指高。拽时且用身先倒，右膝左手略微高。胸拍使了低头觑，何必频频问绿杨。①

对于肩、背、膝的技巧作了扼要概述。这些动作都不是踢、蹴、蹹等词能涵盖的，故而出现了"筑"字。由"毬门社规"可以看出，"筑"与"踢"有着明确区别，用脚则是"踢"，用膝则是"筑"。由踢、蹴、蹹到"度"与"筑"，正体现出非杖击的毬类运动在技术上日渐复杂与完善。《蹴鞠图谱》中所载花样繁多的物色、名色、解数、立场方法等都非前世可比，诚所谓"一身俱是蹴鞠，旋转纵横，无施不可"。②因此，宋代出现"筑毬"一词并非偶然，后世筑、蹴的混用往往忽略了其内在的独特性。由此可知，在触毬技术尚不发达的时代，不可能有"筑毬"一词大量出现于球类运动中。

（二）

从球类运动的发展历程中可以看到，促进其不断变革的内在动因大致有二，即速度与灵巧，正是在对速度与灵巧的不断追求下，古老的蹴鞠运动终于在汉末魏晋时期发生了第一次转变，产生出后世马毬与气毬的原始形态。这之后，马毬运动日渐盛行于世。到了唐朝中、晚期，球类运动引来了第二次革新，使气毬运动成为主流。相较而言，马毬侧重于速度，所谓"奔星乱下花场里，初月飞来画杖头"③，气毬则偏向在灵巧，到宋代更是在灵巧上做足文章。李冶《敬斋古今黈》卷之六言："穿

---

① 《事林广记》，第196页。
② 《中国体育史参考资料》第一辑，《蹴鞠图谱》"一人场户"条，第84页。
③ 《全唐诗》卷七五，第817页。

穴踏鞠者,穿地筑作场穴。蹴踏毛毯其中,盖古军中之戏,非若今世筑毯之巧也。"① 这两者虽都源于汉末魏晋时期,但发展的进程不同。马毯运动得到了较快发展,至盛唐达到高潮。气毯则相对滞后,至宋代方臻于鼎盛。然而这滞后的一方反而更有生气,绵亘数世直到明清。而马毯运动于唐后迅速衰歇,一蹶不振,并逐渐退出了中国的历史舞台。究其原因,则又非球类运动本身的内因所能解释。

在中国球类运动经历的这两次变革中,就其主流而言,第一次是从地面走向马背,第二次则从马背再回归地上,归向古老传统的蹴鞠方式。马毯可说是蹴鞠运动在异族文化交融中的一次大胆尝试,但其最终的发展结果表明,无论从人文还是地理等因素考虑,此项运动都不大适合在中国广大地区普及与开展。中国大部分地区是"筑城而居的人"②,与"马背中领上生活"截然不同。《辽史》言:"长城以南,多雨多暑,其人耕稼以食,桑麻以衣,宫室以居,城郭以治。大漠之间,多寒多风,畜牧畋渔以食,皮毛以衣,转徙随时,车马为家。"③自东晋以后,中国的经济、文化中心日渐趋向东南,赵宋又建都于开封与杭州,这些地区的地理环境都不适合于开展马上运动,人民亦无弓马之好,宋皇室成员更极少倾心于此,与唐代形成鲜明对比。④这些都最终导致马毯运动走向衰落。而同样受到外来影响的气毯,则适应广大地区人们的普遍要求,本土化为筑毯运动,从而获得长久的生命力。杖击运动在马毯衰落的同时也在做着进一步本土化的努力,发展出两种运动,即捶丸与驴鞠。但这两种运动延续时间都不长,也未成为球类运动的主流。就杖击运动而言,速度是它的核心,而捶丸与驴鞠则弱化了这一优势。就此而论,这与其

---

① 〔元〕李冶撰,刘德权点校:《敬斋古今黈》卷之六,中华书局,1995年,第79页。
② 谢再善译:《蒙古秘史》,开明书店,1951年,第164页。
③ 《辽史》卷三十二,第373页。
④ 可参见苏竞存《中国古代马球运动的研究》所举例,《中国体育史参考资料》第三辑,第22—24页。

说是一种变革，其实正体现出杖击运动的衰落和它本身的局限性。本土化的成功与否，是影响马毬与气毬两类运动最终命运的重要因素。

球类运动自古就与军事操练联系在一起，从蹴鞠的"兵势也，所以讲武知有材也"，到马毬的"若非毬马，何以习武"①都是如此。其中所蕴含的尚武精神于马毬运动中得到了最为突出的体现。曹植《名都篇》"揽弓捷鸣镝"与"连翩击鞠壤"的交相辉映，清晰地展现了这种精神内涵。策马杖击的马毬运动发展至中唐出现了驴鞠、骡鞠，虽然其激烈处也有"碎首折臂者"，但关键在于由马到驴的替换中，这种运动的内在精神已被完全抽换，使其开始成为一种纯粹的游戏，娱乐性取而代之成了它的本质。故而其地位降与俳优相垺，跻身百戏杂耍之中，为人所轻贱。刘攽即言："毬多贱人能之。"②此种变化肇始于中晚唐，至赵宋则趋于极致。《东都事略》第十九卷《郭从义传》载宋太祖乾德二年，护国军节度使郭从义自徐州来朝，"太祖召于便殿击鞠，从义易衣跨马，精心呈技以卜。"郭从义乃沙陀人，此时尚存有策马杖击之遗风。而太祖对此番技能的回答却是："卿之技诚妙矣，然非将相所为也。"从义遂惭愧不已。③太祖对郭从义的杖击技能彻底否定，其目的是借言马毬而抑制藩镇，然而由此带来的是对尚武精神的打击与压制。《类编皇朝大事记讲义》第二卷载赵匡胤言："朕今选儒臣才干者百余人分治大藩，纵皆贪酒，亦不及武臣一人也。"④然而，赵匡胤毕竟戎马得天下，抑制藩镇的同时尚能兼顾武备，对武臣"任属专，听信明"，由此"二十年间无西北之忧"。⑤赵匡胤之后，此

---

① 《辽史》卷八十一，第1285页。
② 〔宋〕刘攽撰：《贡父诗话》，《丛书集成新编》第七八册，第338页。
③ 《东都事略》，第344页。按：《续资治通鉴长编》卷五载之为"跨骡"，第48页。《宋史》卷二百五十二《郭从义传》则为"跨驴"，第8851页。若依此二者为据，沙陀人郭从义尚且"跨骡""跨驴"，由此正可见马毬风气转变之甚。宋初，骡鞠、驴鞠即大行其道。这与《东都事略》所记赵匡胤对骑马击毬的否定本质上正相一致。
④ 〔宋〕吕祖谦：《类编皇朝大事记讲义》，文海出版社（台北），1981年，第95页。
⑤ 分别见：《曾巩集》卷第十，第172页；《宋史》，第9346—9347页。

种状况则愈发严重起来。英宗时，蔡襄上《国论要目十二事》，在"任材"一项中申论道：

今世用人，大率以文词进：大臣，文士也；近侍之臣，文士也；钱谷之司，文士也；边防大帅，文士也；天下转运使，文士也；知州郡，文士也。虽有武臣，盖仅有也。①

如此发展，必然使整个社会以习武为耻，《元城语录》上载有"文谈则将士以武健为耻"②，王安石《上仁宗皇帝言事书》亦言从军者多是"天下奸悍无赖之人"③。由此可知，赵宋一朝武力之疲软亦在所难免。徽宗宣和七年（1125）十二月，燕山都监武汉宗就曾告诫宋廷："中国独西兵可用耳"④。在此风气之中，马毬运动之没落势不可挡。

马军自古就是军队最重要的突击力量，东汉马援曾言："马者，甲兵之本，国之大用。"⑤唐史和亦云："马者，兵之必用。"⑥辽、金、夏对赵宋的掠夺，主要就是依赖其强大的马军。辽代禁五京吏民击鞠，禁渤海人击毬，以及后来清朝禁百姓养马，都是欲专其利，而提防别人有所染指。⑦有鉴于此，宋朝也注重马政，王安石任宰相时期曾分别于神宗熙宁五年（1072）五月、八年二月推行保马法、户马法，然而收效甚微。⑧赵宋军队为此吃尽其苦。高宗建炎元年（1127）六月，李纲所上奏

---

① 〔宋〕赵汝愚编，北京大学中国中古史研究中心校点整理：《宋朝诸臣奏议》，上海古籍出版社，1999年，第1695页。
② 马永卿编：《元城语录》，《景印文渊阁四库全书》本。
③ 《临川先生文集》卷三十九，《四部丛刊》初编本。
④ 《续资治通鉴》，第2497页。
⑤ 〔宋〕徐天麟：《东汉会要》卷三十三，上海古籍出版社，1978年，第489页。
⑥ 〔唐〕李石等编著，邹介正、和文龙校注：《司牧安骥集校注》，中国农业出版社，2001年。
⑦ 分别见：《续资治通鉴》卷四八，第1160页；《辽史》卷八十一，第1285页；《清史稿》，第4178页。
⑧ 参见《续资治通鉴》，第1723、1772页。

疏中即强调"金人专以铁骑取胜，而吾以步军敌之，宜其溃散"①。权宜之下，只能在边境广辟池塘，以抑快马奔驰。②而马毬运动中，驴与马的转化始于唐朝中、晚期，至宋代几乎将马都替换成了驴与骡，将之与宋朝治政相校，两者之间正有诸多消息相通之处。

再之，中国历史发展至宋代，社会生活中发生了一个重要变化，即科举制度日益成熟。真宗景德四年（1007）《考校进士诗赋杂文程序》的制定，使科举制度得到进一步完善。宋朝以后，此项制度成为中国封建社会选才择士的最主要手段。有宋一朝每科录取人数远超前代，多时可达上千人。③宋代科举制度取士数量的增加和取士范围的扩大，造就出一个稳定的中间阶层——士大夫阶层。这一阶层成为社会的中坚力量，主导着社会风气、价值取向。士大夫追求高远清雅的情怀，欣赏"翔雅有体，气调潇洒"④的风姿，整个社会的风气也被其导引，趋向文学化、文士化。苏轼曾感叹"今进士半天下"⑤，就进士数量而言这是夸大之词，但就社会风气而论则颇中肯綮。《戏毬场科范》"初学蹴鞠法"中对初学者要求道："性格柔耐，容仪温雅，逊让为先，不失规矩，方为圆柱。"⑥这与"连翻击鞠壤"所透露之情性大异。在此氛围中，"时至伤毙"⑦的马毬运动自然非其所好，而筑毬的灵巧多姿正符合他们的审美心理。

士大夫阶层的进一步扩大与稳定是促进整个社会稳定的关键。宋代外患频仍，内乱不断，而国家机器依然能够正常运转，在很大程度上即

---

① 《续资治通鉴》，第 2602 页。
② 参见《续资治通鉴》，第 1415、1424、2668、2718 页。
③ 贾志扬：《宋代科举》，东大图书股份有限公司（台北），1995 年，第 284—288 页（附录二）。
④ 上海师范大学古籍整理研究所编，朱易安、傅璇琮等主编：《全宋笔记·第一编》第六册，大象出版社，2003 年，第 18 页。
⑤ 《宋朝诸臣奏议》，第 1217 页。
⑥ 《中国体育史参考资料》第一辑，第 78 页。
⑦ 《唐语林校证》卷五，第 473 页。

依赖于这一庞大阶层的稳定作用。但这一稳定因素的存在，同时又使得社会的发展趋于停滞、僵化。纵观整个中国古代社会，经数千年发展，民族文化"造极于赵宋之世"①，但同时也衰落于赵宋之世。上溯至中晚唐，即已肇其端始，此时可谓中国古代社会发展的一个转折点。在这种盛衰消长的大背景之中，一个不起眼的"丸毛"却传递着这一讯息。充满活力的马毬运动发展至唐朝中、晚期便开始衰落，而筑毬运动则日渐兴盛。到宋代，马毬几乎被驴鞠、骡鞠替代。宋代以后，仅有的驴、骡也被捶丸驱赶殆尽。从这速度与灵巧的置换中，我们可以看到球类运动发展史上的一种质变，即由追求尚武精神的高强度的运动形式转为讲究内在技巧、更具有艺术性的运动样式，而此种内向式的发展也正与宋代以后社会心理趋于内敛与自持息息相关。在导致马毬运动衰落的诸多因素中，这种社会心理模式至关重要。

　　伴随着追求速度的马毬运动的衰落，讲究技术的筑毬运动于宋代发展到高峰。于此得失之际，我们颇能感悟到宋代此番辉煌的别样滋味。

---

① 陈寅恪：《金明馆丛稿二编》，上海古籍出版社，1980年，第245页。

附论三

曾布佚文考

1.《向往帖》

布久别,浸深向往。昨承易郡,寻复就职闲馆,方悲苦之初久矣。驰问存照之,素宜未知加诮。迩来诸况何如?京口颇便安否?屈伸有命,唯贤者能以理安,但士论滋以为郁尔。然不逞之人,亦终不免,则进退出处益可以知其非人力也。诸所欲言,非书可悉,非久获申前请,则会晤有期矣。区区非面展莫罄万一。布又启。

——清吴升《大观录》卷四,《续修四库全书》第1066册,第338页,据华东师范大学图书馆藏民国九年武进李氏圣译庼铅印本影印。

吴升《向往帖》题下注:"布字子宣,幼孤,学于兄巩,同登第,附荆舒创新法,骤见拔用,寻触怒去位。绍圣初拜知枢密院。崇宁初出知润州,坐脏贿落职。卒年七十二,谥文肃。此札米色硬纸,高八寸,阔一尺五寸,书十三行,宋印二小方。"

2.《知府帖》(《守边帖》)

布顿首再拜,布区区承之守边,辱在邻壤,辉光润泽之所沾被,得以庇藏寒拙,所蒙固已多矣。而抚循劳问眷与之渥,愈久益隆。孤朽之姿何以堪此。佩服恩纪,愧载而已。登候略具前纸,不敢重陈悃愊之私,临纸莫罄万一,伏惟幸察,谨奉手启。不宣。布顿首再拜上知府安抚资政左丞台坐,十八日谨空。

——清吴升《大观录》卷四,《续修四库全书》第1066册,第338页。

吴升《知府帖》题下注:"白粉笺,高九寸,阔一尺三寸四分,行书,大七分,计十三行。"

《墨缘汇观录》卷一:"《守边帖》:白纸本,行书十三行,字大如钱,前书布顿首再拜启,布区区承乏守边,辱在邻壤,后书布顿首再拜上知府安抚资政左丞台坐,谨空,十八日。前下角有珍绘堂记朱文印。"①

徐邦达著《古书画过眼要录——晋、隋、唐、五代、宋书法》:"此帖是给吕惠卿的书札"。帖中说"承乏守边",又说"辱在邻壤"。考曾布于元丰三年闰月,出知秦州(注1《宋史》卷471《奸臣传》)。又考吕惠卿也在那年四月以资政殿学士再任鄜延路经略安抚使,知延州(注2《长编》)。秦州与延州,均在陕右,所谓邻壤也。其上款结衔亦合。吕惠卿,字吉甫,福建泉州人。与王安石合力推行新法(注3《宋史》卷471《奸臣传》),也和曾布共创青苗、助役、等法(注4同上)。元丰三年庚申(公元1080),曾布年四十六。②

---

① 〔清〕安岐撰:《墨缘汇观录》卷一《法书上》,《丛书集成新编》第五一册,第18页,新文丰出版公司(台北),1986年,据粤雅堂丛书本影印。
② 徐邦达:《古书画过眼要录——晋、隋、唐、五代、宋书法》,湖南美术出版社,1987年,第259页。

第三章
曾肇文学创作论

《全宋诗》共收录曾肇诗歌二十八题三十首,其中《元祐六年十月陪驾奉和》、《紫薇花》(明丽碧天霞)、《南丰军山庙碑》为误收,这样曾肇共存诗二十六题二十七首,另有残句若干。《全宋文》收录曾肇文一百三十九篇,其中误收《论亢旱乞罢春宴奏》《分祭郊社议》《乞勿以言去吕诲等奏》三篇文章,另外目前尚辑得佚文十二篇,如此曾肇现有文共一百四十八篇。

第一节 散文创作研究

曾肇曾两为中书舍人,一为翰林学士,[①]应有大量诏令、制词等庙堂文章,如今虽多已散佚,但就现有文集而言,这类作品在各类文章中所占比例最大。曾肇在世时,文名很高,而这类作品声誉尤著。与曾肇同时代的彭汝砺曾言:"如肇者,其文可以掌大命令,其学可以决大谋议。

---

① 曾肇曾三次被任命为中书舍人,但元祐七年七月的任命,被给事中范祖禹、左谏议大夫郑雍驳回,故实任只有两次。

顷在西掖，屡能补缝阙漏。"①元代袁桷在《题曾文昭诗》中也说："文昭、文肃当贫苦时，皆舍人抚字，迄见有成，至于制、诰则殆青过于蓝。"②其中最有名的当属元符三年十月任翰林学士时为其兄曾布所草《除曾布银青光禄大夫守尚书右仆射兼门下中书侍郎制》，世论多以为此乃不世之荣。《东都事略》第九十五卷《曾布列传》载：

> 一日，中使召蔡京锁院拜韩忠彦左仆射，京欲刺探徽宗之意，徐奏请曰："麻词未审合作专任一相，或作分命两相之意。"徽宗曰："专任一相。"翌日京出，宣言曰："子宣不复相矣已。"而复召曾肇草制。《布拜右仆射制》曰"东西分台，左右建辅"，盖有为云。③

吴讷在《文章辨体》中说："其曰'制'者，以拜三公三省等职。"④制文因为官样模式，故极难腾挪捭阖。又因事关重大，故下笔每多慎重。尤其是翰林学士所草，更非中书舍人可比。然而曾肇所作亦如其诗歌创作，于极有限之空间，颇能深意妙想，左右逢源。此制开篇亦如王偁所言，乃非泛泛之论。着重强调东西分台之重要，恰是对蔡京"子宣不复相矣已"的喜悦给予有力的回击。另外，王偁不曾言到更深一层意，如此破题还关涉到徽宗本人。由引文可知，徽宗本意是专任一相，本不欲曾布分司右台。曾布的任命，钦圣太后向氏起到了关键作用。虽然元符三年七月太后就已还政，⑤但仍然对重大事件的抉择起到重要影响。《东都事略》记载道："钦圣宪肃皇后召宰执问，谁可当立。惇有异议，布奏惟太后令，惇由是得罪。"

---

① 《续资治通鉴长编》卷四百七十八，第11386页。
② 〔元〕袁桷：《清容居士集》卷四六，《文渊阁四库全书》本。
③ 《东都事略》，第1474页。
④ 〔明〕吴讷著，于北山校点：《文章辨体序说》，〔明〕徐师曾著，罗根泽校点：《文体明辨序说》，人民文学出版社，1962年，第36页。
⑤ 《皇宋十朝纲要》，第315页。

可见向氏虽然撤帘还政，但仍然操纵时局。文中虽只言章惇得罪，但不难看出，曾布颇得太后之欣赏。这之后就有专任、两任之事，在徽宗反对之下，仍有两相之设，无疑是秉钦圣太后之意而行。对此事之反复，身为翰林学士的曾肇当有所知晓，开篇这数句貌似平常的话语实际上是委婉表明了曾肇自己的立场观点，希望国家不要再卷入无休止的绍述党争之中。后文"朕有休息百姓之心""使万物各得其平"，表述的也是同样的意思。制文最后对于曾布的叮咛"甄序材良，敦奖正直"，与他在建中靖国元年七月所作《与兄布书》对照观看，始知这两句实有防微杜渐之深意。如此制词，实难令徽宗满意。建中靖国元年（1101）正月钦圣太后去世，五、六月间，曾肇即被外任，崇宁元年（1102）更落职被罢。

诏令、制词都是代圣上立言，故而往往成为枯燥的传声筒，难以看到一己之见。然而如上所论，曾肇的制词则常有此弦外之音。《续资治通鉴长编》卷三百九十二记载，元祐元年十一月王岩叟言：

> 昨宗正寺丞王巩，以人言罢黜为河南府通判，肇权当行告，纵示匿瑕，亦当止用平辞，而乃过为褒语，若特被选抡以宠其行者。其苟于徇情而不知大体如此。①

曾肇所撰王巩的制词是：

> 河南别郡，朕既以耆老大臣司其管钥，又择其贰，往禅政理。以尔名相之后，敏于艺文，将观汝能，出试民事。务安尔止，无怠厥官。②

确是多有褒赞。所谓"其苟于徇情而不知大体如此"，正是曾肇制词颇具个性的表现，可谓其制文的一大特点，由此也体现了他"独挺然

---

① 《续资治通鉴长编》卷三百九十二，第9527页。
② 《全宋文》第一〇九册，第369页。

不为世变所移"的性格。①《四库全书总目·集部·别集六》曾评之为："肇立朝有守，属党论翻覆，以一身转侧其间，往往龃龉不合。"②

曾肇制词除了取意多有个性外，在用词造句上也颇为讲究。吴讷称制文"辞必四六，以便宣读于庭"。曾肇的这篇为曾布所做的制文，虽然通篇都是严谨的骈对，但句式搭配繁多，行文从容有致。起首"左右置相，以总吾喉舌之司；东西分台，以干我钧衡之任"，用四、七搭配的一双组合长对，振起气势，符合宰相的身份与地位。随后是简单的两两对句，并由七字至四字，节奏渐次密集。接下来是固定格式，介绍被任命者，并顺势借此散句舒缓语气。之后再起骈句，则是从语气急促的四字句开始，增至六字，又接以七、四组合的一组长对。长对之后接以一组长达六句的四字句。全篇走笔至此，经过两次跌宕之后，文气渐紧，臻至高潮。之后用两个六字句稍做舒缓，再转入四字句式，此次依然是六句，但前两句之后用两个六字句间断一下，并没有像前次般尽力，而是蓄留一气，将"於戏"借势喷出。"於戏"之后是以"朕有休息百姓之心，汝则亲文而匿武；朕有总核庶工之志，汝则务实而去华"这样八、七长句组合，来强烈展示君臣之间的默契与信任。而如上文所言，如此强调中亦暗含着曾肇的殷切告诫。尾声由四字句至七字句，末尾接以两个四字句"汝之职也，尚往钦哉"！斩钉截铁，戛然而止。短短一篇制文，用到的句式虽然不多，只有四、六、七、八四种，但句式的组合搭配颇为复杂，篇章结构很是缜密。制文经、两次缓急过渡后至"於戏"达到高潮，再经过一次缓急收束，使行文跌宕起伏、缓急有致，避免了骈文创作，尤其制、诰等堂庙文章写作中极易出现的呆板、僵硬之弊病。另外制文中大量运用了七、八字句，达十二句之多，全文二百六十字，而七、八长句就占到了八十六字。

---

① 〔宋〕曾肇：《曲阜集》卷四《附录》之《行状》，《文渊阁四库全书》本。
② 《四库全书总目》卷一五三，第1322页下。

掺入如此众多的长句，使之于四、六句参差交错，就使得本来节奏较为密集的骈文张弛有度、疏朗开张，读之颇有荡气回肠之妙。不仅在句式的搭配上，就是在每句音步的组合上，曾肇也巧为用心。就一对骈句而言，要有相同的音步。而在骈对之间曾肇则力避雷同。如开篇"左右置相，以总吾喉舌之司；东西分台，以干我钧衡之任"之后，又接以"居中如鼎足之峙，承上若台符之联"。相邻的两个七字句，前组则是三、四音步，后组则是二、五音步，若换成"居其中成鼎足势，承之上若台符联"，则多有合掌之嫌，远逊如此音调朗朗。曾肇此篇制文，在内容与形式上的如此结合，确堪称佳作。宋代诗人吕本中论并拜相制，以为"独曾文昭草文肃制为得右相词命之体"①。

正因此制词的出色，乾道六年八月，汪应辰为虞允文任右相作《允文右仆射制》，即仿此而作。其文写道：

> 朕洪惟国朝之制，并建宰辅之司。应变守文，咸底于道；献可替否，各单厥心。矧予继承，惟日兢惕。茂乃后德，交修繄赖于同寅；扬于王廷，孚号式新于群听。其登次相，以叶旧章。②

此文破题虽也以七字句造势，但并列两个相同句式，之后又紧接着变为四字句，显得气短语促，远不如曾肇一组四、七长句来得舒畅而有声势。且其双句组合是四、四对四、四，与曾肇四、七对四、七相比要单调得多。故赵与旹以为"似微不及"。缺少变化及错综变化中的疏朗气度，是此文较之曾肇制文所缺。此亦是曾肇制文的又一特点所在。

与曾肇相比，其兄曾巩的制文则倾向于另一种风格。曾巩于元丰五年四月任中书舍人，至九月母丧丁忧，时间很短，远不如曾肇两为中书，一为翰林。但此时正逢神宗官制改革，制命繁杂，故其制作颇多。在现

---

① 〔宋〕赵与旹撰，齐治平校点：《宾退录》卷3，上海古籍出版社，1983年，第30页。
② 〔宋〕徐自明：《宋宰辅编年录》第十七卷，《文渊阁四库全书》本。

存文章中制文共有两百六十二篇,占到了他全部八百四十九篇文章的四分之一以上。关于其为文之特点,曾肇在其《行状》中曾言:"时自三省至百执事,选授一新,除吏日至数十人,人人举其职事以戒,辞约义尽,论者谓有三代之风,上亦数称其典雅。"远法三代之古朴典雅,正是曾巩制文的一大特色。林纾在《春觉斋论文》中曾说:"宋人制诰,初无散行文字,而四六之中,往往流出趣语。"① 曾巩文法三代,故其中既无趣语,也与四六常格多有睽异。如其《刑部尚书制》:

> 昔舜命皋陶曰:汝作士,明于五刑,以弼五教。盖刑者所以助治,而非致治之本也。其纵入轻重得失之际,人之舒惨系焉,此古之圣王所以未有不先慎罚也。今朕悉心以正庶官之任,而中台八座,典司邦禁,选用之体,得人惟艰。某明允通博,资以术学,服采于位,厥声显闻。秋官古卿,是用命汝。盖前世之治,斫雕为朴,破觚为圜,而宪网疏,风俗美,朕甚慕焉。尔尚体朕之心,折民以恕,使辨讼自息而王政浸明。可不勉软,以辅台德。②

破题称引《尚书》文字让人瞠目,紧接其后是一大段单行散笔,与制文之作似隔马牛。全篇行以散笔,夹杂骈句,三、四、五以至十字句花样繁多,焉、也、欤等语气词穿插其间。风格质朴、高雅,有落落大方之气度。杨万里在《诚斋诗话》中曾赞之曰:"四六有作华润语而重大者,最不可得。"③ 曾巩是在宋代较早受到欧阳修古文运动的影响而在制文中别创新意者。曾肇也有如此风格的制文,如《龙图阁直学士朝议

---

① 〔清〕刘大櫆著,范先渊校点:《论文偶记》;〔清〕吴德旋著,范先渊校点:《初月楼古文绪论》;〔清〕林纾著,范先渊校点:《春觉斋论文》,人民文学出版社,1959年,第62页。
② 《曾巩集》卷第二十四,第379页。
③ 丁福保辑:《历代诗话续编》,中华书局,1983年,第154页。

大夫御史中丞兼侍读李常中大夫依前龙图阁直学士御史中丞兼侍读制》：

> 有位而无官守，有禄而无事责，此阶散所以无常员也。然必积日累年，不雁罪悔，有司铢寸，较量应栝，然后一迁，亦已艰矣。具官李常，闳裕而静深，温恭而谅直。秉义陪朕，朝夕有恪。盖直延阁、长宪台、侍经席，皆儒学之华选，仕进之要地也。人处其一，已为宠荣，尔今兼之，其任重矣。兹又因其岁成，进秩二等。往服朕命，职思其忧。①

此制通篇贯以散文句意，三、四、六以至九字句杂呈，更兼用"也""矣"舒长语气。文中穿插骈文少见的三字句跳跃节奏，与曾巩如出一辙。但这样的制文不是曾肇的主要风格，他多按制文的正统格式，以骈言为主，如其代表作《曾布制词》就是如此。这是他与其兄长曾巩相区别之处。然而自幼抚育其长大且荣膺"第一等名器"的长兄曾巩，其制词古雅调式对传统骈文的冲击，对熟谙文章之道的曾肇产生相当大的影响。这种影响并非体现于李常制文这样通篇散语之中，而是融会在他最具代表性的骈言制文里。如所作曾布制文那样开张熟谙朗的特点，正是融会贯通了这种古雅气韵所致。不是外形上的模拟，而是内在精神上的贯注，这才是他真正受其兄之影响所在，也是曾肇善于为文、巧于为文的体现。曾巩所作可说是对庙堂之作的一种突破，曾肇之作也同样是一种变革。其影响虽然无曾巩鲜明，但就骈文本身的发展而言，曾肇的贡献似乎要更有意义。这或许就是袁桷以为"至于制、诰则殆青过于蓝"的原因所在。

除了堂庙之作，曾肇的其他文章同样称誉于当时。北宋陈次升《说论集》卷三《奏弹钱遹第一状》言：

---

① 《全宋文》第一〇九册，第363页。

> 臣伏闻御史中丞丰稷弹劾新除殿中侍御史钱遹，顷常假曾肇之名为豪户撰墓志，又假肇书受豪户金为润笔。

《第二状》又言：

> 臣近奏新除殿中侍御史钱遹假曾肇名为豪户作墓志，又假肇书受豪户金事。今月初四日，亲奉德音谓假肇名为父撰墓志者。臣窃谓御史之职以纠察官邪为己任，惟忠实不欺然后能以是为是、以非为非，而无负陛下之任使。今钱遹父之亡也，事之当如其存，遹乃不请于肇，而假肇之名为父撰墓志，是谓有欺于父矣。又假肇受金之书以播于外，是有欺于亲戚乡党矣。

《四库全书总目》就《说论集》评道："是是非非，虽当代清流亦不肯少存假借，此正其破除成见，毫无党同伐异之私。"元符三年（1100）十月，陈次升还曾因曾布、曾肇同居要职而对兄弟两人加以弹劾。① 可见其所论当非出于私情，而是因事而发，此正可见曾肇文名之著。

绍圣二年，曾肇获罪由瀛州被贬滁州不久，好友彭汝砺逝于江州的讣告至。曾肇与汝砺相知二十余年，此时获罪在身，天各一涯，百感交集，写下了一篇感人至深的《祭彭江州文》。全文起首"呜呼器资！忽不见，其安之乎"，祭逝者如慰生者，明知其亡，尚问其安，不忍、难舍之情不用挥泪、痛哭即已溢满笔端，令人难以卒读，掩卷唏嘘。不禁让人念及《上王荆公墓》"佳城闭不开"，以仿佛仍在世间起笔，而长逝永诀之痛反而倍觉难忍。紧随其后一连用三个问句对天发问，强烈抒情，惋惜其亡逝之速。《史记》所言"劳苦倦极，未尝不呼天也；

---

① 〔宋〕陈次升撰：《说论集》卷七《奏弹曾布》，《文渊阁四库全书》本。

疾痛惨怛，未尝不呼父母也"，此正是痛极所致。之后全文再次反复出现"呜呼器资"，连首句共达五次之多。数百字短文，可谓满纸呼唤，犹如召唤尚未远去的亡魂。在强烈抒情的同时，又很自然地将全文划分为数个段落。先为汝砺逝去而抒怀，接着叙述汝砺的精神品质，再论及汝砺对自己的关怀帮助，并回忆两人的交往友情，最后再以强烈抒情结尾。

全篇的句式安排上也颇为别致，开篇两个段落有感叹句、反问句，又有四、六、七字句杂呈间用。而后三个段落则全用整齐划一的四字句，篇章前后在句式上形成鲜明对比。而这种安排并非随意为之，恰与曾肇情感的抒发密切相关。前两个段落抒发自己悲痛之情，赞扬汝砺道德情操，感情强烈激荡，犹如突闻噩耗，心潮澎湃，难以抑制。后则转入长想，包括对交往之回忆，对友谊之缅怀。随着音节的整齐对称，思念之情由初起的激烈转入内心长久深沉之痛楚。在音节变换的同时，祭文的韵脚也在不断地变化，但这种变化并非杂乱无章，内在又自有规律。首先不跨段落押韵，转换段落后韵脚也随之转换。其次全篇虽然用韵复杂，但最后一段落又回到起首段落的韵脚，如此将整章用韵勾串起来，使得文章韵脚杂而不乱，错落有致。这种内在韵律的统一，也使得全篇在句式上虽分为前后两部分，却由此被一根红线贯穿，分而能合。由开篇祭死如慰生的起兴，到全篇句式、韵脚的安排都可以看出，这些不是信手写来，而是与所写曾布制文一样都是匠心独具的表现。曾肇在这里巧为安排，但这种安排如同其诗中的用典，力求做到了无痕迹。如此不是妨碍了情感的表达，而是能更好地促进表情达意。

其兄曾巩的文集中共有祭文一百零一篇，通过两厢比照，可以看出两人文章的诸多意趣。曾巩的祭文多富于句式变化。如《祭欧阳少师文》，因欧阳公是他尊敬的师长，故祭文全出以四言句，浓重肃穆，非常符合两人的师生关系。

其他如《馆中祭丁元珍文》《朝中祭钱纯老文》因是祭奠同朝大臣，故而全篇也只以四言句行文，由此显得庄重得体。而《祭王平甫文》则是另一种风格。平甫是他的妹夫，且两人政见相同，故来往融洽。曾巩还曾为他的文集作序，也曾与他互相唱和，故而对其死曾巩深感悲伤。① 熙宁十年（1077）曾巩在知福州路时得知讣告，悲痛之余写下了这篇《祭王平甫文》。全篇长句叠发，开篇"呜呼平甫"之后竟然是两个长达十三字的对句，以泻其汪洋浩瀚之悲情。文章百余字，六言以上的长句占到了绝大多数，其间夹杂以四言短句，则极显其动荡激越之情。且通篇协以仄声韵，对此情加以辅助、环衬。此类骈言祭文，在宋代甚是少见。

元丰二年（1079），曾肇在亳州任上所作的《祭宋龙图文》，再次体现了其善于变创新体的特点。如他的制词一样，此文不拘骈散，句式随情任意短长。开篇"嗟乎次道！公之于古今典章沿革，得之于心，山藏海积"，便先以长短不对称的句式变换节奏。文中又多以"至于""然而""曾未得"等加以调整。这种外在形式的大跨度变化是曾肇文中所缺乏的。如上所言，曾肇往往是偏于在规矩之内巧为变化。他将其兄所作《祭欧阳少师文》《祭宋龙图文》这样差异极大的文章风格加以融会协调，以形成自己的风格特点。其《祭彭江州文》后半部是严整的四言骈句，符合祭文之体制。而在文章的前半部则使用连续的反问句，以"忽不见""不然"等单句的穿插，打破骈体节奏，使文章融入一种散文气韵。除此之外，还在整齐的骈对中不断变换韵脚，使得他的文章既有变化又不过于突破藩篱。

元祐三年（1088），曾肇在中书舍人任上时，曾上书哲宗皇帝论立己知人之事（《论君道在立己知人奏》），这是他文集中最长的一篇奏疏，

---

① 文集序与唱和分别见：《曾巩集》卷第十二，第201页；辑佚，第725页。

也充分展示了他的散行文章的行文特点。①全篇首先引经据典论述人性之初，导引至关重要。随后即阐述立己以礼，知人以言，以此导引帝王。而如何才能做到立己以礼，知人以言，这就是文章最后所强调的"学以求之，思以精之"。文章逐层递进，论说层次分明。文中将骈文手法运用到散文的创作中，大量使用对句，如"官不胜其冗，而未有以革；财不足于用，而未有以制"。另外，排比句的运用也相当普遍，如"有辩有讷，有华有质；有是而非，有迂而直"，如此既增强了气势，也加强了文章的说服力。这些手法都是曾巩于论说中所常用的。再之，文章开篇讲述培养心性的重要则向上一直追溯到舜，然后禹、武王、成王依次论述。这种遥接千古、追本溯源的做法也是曾巩文章的特点之一。从此文可以看到，曾肇的文章在论理的细密、逻辑的清晰上对曾巩多有继承，但在文章的开阔性上则有欠缺。一方面是在视野上不如曾巩宽广，另一方面则是对事理的分析不如曾巩深刻。

在曾肇所存文章中最奇特的一篇，莫过于其子元祐七年（1092）在应天府任上所作的《瘗瓦棺文》。《清波杂志》卷第十二《上饶古冢》记载：

> 曾文昭子开亦有《瘗瓦棺文》，上饶寓公尹少稷谏议常称高妙可配东坡《徐州祭枯骨》之作："元祐七年正月，南京浚南湖，得瓦棺五，长者才三尺余，阔不逾尺，厚不及寸。瓦有从文，初若坚致，触之皆坏。留守曾肇既往视之，命迁瘗于湖之东南若干步高阜之地，祭以酒果。按《礼》：'有虞氏瓦棺，夏后氏堲周，商人棺椁，周人墙置翣。周人以商人之棺椁葬长殇，以夏后之堲周葬中殇、下殇，以有虞氏之瓦棺葬无服之殇。'此棺其葬殇者欤？乃吊之曰：虞耶夏耶？商周之人耶？势耶富

---

① 《全宋文》第一一〇册，第27页。

耶？抑贱而贫耶？生于何乡几晦朔，瘗于此地几春秋耶？夭寿归于共尽，老聃彭祖与子其均耶？瓦为藏而水为宅，岂不复子之真耶？改卜高原，既深且固，于子为戚，抑为欣耶？有知也耶？无知也耶？尚有知也，其肯舍故而从新耶？"①

如《礼记》所言，瓦棺之葬，其来甚古，现考古发现也证其说不误。②其名概不可考，不如后世有碑志、铭文之详。此类无主祭文，肇始于谢惠连《祭古冢文》，文中有一段追问："追惟夫子，生自何代？曜质几年？潜灵几载？为寿为夭？宁显宁晦？铭志埋灭，姓字不传。今谁子后，曩谁子先？功名美恶，如何蔑然？"③此后似成为定格，到了苏轼作《徐州祭枯骨文》《祭古冢文》都有追问。谢惠连之作前后叙事，中间发问，而苏轼的《祭古冢文》则将问句散播于全篇之中，叙、问相间。曾肇此文可谓又一种变革。开篇以散笔叙述缘起，并兼带考证其本源。这种做法与曾巩多有相似处，曾巩为文每喜追本溯源、详加考察，李元春就曾评之为："每一题必导源千里，长江大河之文，故不愧于八家。"④文中若能恰当融会考据之功，则不仅不会成为理障，反而能增加情感的深厚度。曾肇在学其兄之为文手法时也颇为出色。文中对于埋葬礼制的探讨溯及夏、商，使其所处天水之世瞬息间遥接千古，不禁让人"念天地之悠悠，独怆然而泣下"，不待抒情，即悲感萦怀。此论证不仅加深了其抒情的深度，

---

① 〔宋〕周煇撰，刘永翔校注：《清波杂志校注》卷第十二，中华书局，1994年，第495—496页。刘先生以为："'徐州祭枯骨文'，当作'惠州祭枯骨文'，见《东坡后集》卷一六。"其实"徐州祭枯骨文"并没有错，其文"兵耶氓耶？"正与此体相仿。而《惠州祭枯骨文》则无此句式。（见孔凡礼点校《苏轼文集》卷六三，中华书局，1986年，第1961、1962页。）
② 于锦绣、杨淑荣主编：《中国各民族原始宗教资料集成·考古卷》，中国社会科学出版社，1996年，第695页："瓮棺是一陶瓷作葬具，来掩埋小孩尸骨的一种葬俗。"
③ 出自《六臣注文选》卷六十。〔唐〕李延寿所著之《南史》卷一九《谢惠连传》评之为："其文甚美。"（中华书局，1975年，第537页）
④ 高海夫主编：《唐宋八大家文钞校注集评》卷八十，三秦出版社，1998年，第3836页。

也为其抒情起到了一个蓄势待发的效果。再之，此类无主祭文往往如刘永翔先生所言，乃作"无米之炊"。① 无论是《祭古冢文》的"生自何代，曜质几年"，还是苏轼《惠州祭枯骨文》"尔等暴骨于野，莫知何年"、《徐州祭枯骨文》"嗟尔亡者，昔惟何人"、《祭古冢文》"茫乎忽乎，寂乎寥乎"，都是如此对空发问。瓦棺较之谢、苏所言古冢则更为久远，故曾肇开篇援引《礼记》遥溯虞夏之葬式，起势复远苍茫。曾肇这篇文章虽也通篇设问，但开篇一段引证，却为此设了一个根。因此曾肇此"炊"，多少是"有米"而为。无根时，因其茫然无知而倍感凄凉。有根处，则源自岁月之悠悠而越发怆然。前篇引述完成之后，后段则全以发问抒情。刘先生以为此源自《天问》，此论甚是。《天问》开篇"遂古之初，谁传道之？上下未形，何由考之？"，确为曾肇此篇导夫先路。起篇依旧以年代发问，随后问及籍贯、年寿，最后以改葬安否结束。其结尾"尚有知也，其肯舍故而从新耶？"则又似苏轼《祭古冢文》，另有所思。苏轼此文在结尾处言："嗟彼此之一时，邈相望于山河。子为土偶，固已归于土矣。余为木偶漂漂者，未知其如何。魂而有知，为余嫔阿。"② 苏轼由逝者反观自身，借祭他者来哀叹自己。通篇均为逝者感怀，忽于篇末点此一笔，顿使全篇都是在为己叹惋，可谓悲外之悲，倍增其悲，这一四两拨千斤的手法极为巧妙。正如上文对曾肇文学创作的分析，弦外之音亦是曾肇所擅长。元祐四年（1089）曾肇正将由中书舍人升至给事中之时，却因文字狱，以莫须有之罪名被放外任。而就在写祭文前不久，元祐六年（1091）十月，曾肇又被御史中丞郑雍列为刘挚党人。十一月，刘挚被罢。两月之后曾肇即在应天府作此祭文，其末尾"其肯舍故而从新耶"，虽是为逝者而发，但此时此境，又不能不让人感到他是在抒写一己之心声，正可与《次后山陈师道见寄韵》"懒随年少乐新知"两相

---

① 《清波杂志校注》卷第十二，第497页。
② 《苏轼文集》卷六三，第1962—1963页。

印证。这种对面之笔要比苏轼点睛之作更为隐微，也更符合曾肇的行文特点。苏轼点睛起到了双倍之悲的效果，但就祭文本身而言，似有离题之嫌。而曾肇往往是在不突破体式的情况下别用巧思，这是他与曾巩的区别，也是此文与苏轼所作之文的差异所在。苏轼的变化还不仅表现于离题，更有破式。全文有着工整的骈对，同时又有着大量的散句。即使是骈对也是经过散化，将之尽量延展，且隔句为对。如："子岂位冠一时，功逮宇内，福庆被于子孙，膏泽流于万世，春秋逝尽而托物于斯乎？意者潜光隐耀，却千驷而不顾，禄万钟而不受，岩居而水隐，云卧而风乘，忘身徇义而遗骨于斯乎？"如此长对，于骈文中颇为罕见。如此就极大地增强了祭文的抒情性、震撼性，这亦为曾肇所乏，也是其作难及苏轼《祭古冢文》的原因所在。若摆脱这些突破，而专力于此类文体之写作，则能尽展其能。其作虽无大开大阖之气魄，但好似梦窗词，有诸般滋味可耐细心品味。这也正是曾肇此文优于苏轼《惠州祭枯骨文》《徐州祭枯骨文》的关键之处。尹稼称此文"高妙可配东坡《徐州祭枯骨》之作"，刘永翔先生则以为："窃谓此文以《天问》体作无米之炊，其妙处实过于苏轼《惠州祭枯骨文》，尹稼之言不足以尽之也。"确如刘先生所言，其作要胜过苏轼之作。但如上所论，其妙处又非仅在于此而已。

曾肇的散文创作如枷锁中的舞蹈，每能于程式之内纡徐捭阖，巧作安排。如此纡折，主要是由于其用思深、用心密，有诸般思量需要展示。而难得的是，他能将此铺排得很妥帖，在形式上做足文章。深思巧制是他为文的主要特点所在。然而就另一方面而言，这种深思亦妨碍了他的拓展，于破体立新上多有欠缺。故而其所作可称正宗，但难得大的新变。其继往独多，而开来尚少。

第二节　诗歌创作研究

《苕溪渔隐丛话·前集》卷三九记载：

　　《西清诗话》云："东坡在北扉，自以独步当世，与一时侍从更唱迭和，莫不称首。曾子开赋《扈跸诗》，押辛字韵，韵窘束而往返络绎不已，坡厌之，复和云：'读罢君诗何所似，捣残姜桂有余辛。'顾问客曰：'解此否？谓唱首有辣气故耳。'"①

对此陈岩肖《庚溪诗话》卷下辩解道：

　　元祐间，东坡与曾子开肇同居两省，扈从车驾赴宣光殿。子开有诗，其略曰："鼎湖弓剑仙游远，渭水衣冠辇路新。"又曰："阶除翠色迷宫草，殿阁清阴老禁槐。"诗语亦佳。坡两和其断句辛字韵皆工，云："辇路归来闻好语，共惊尧颡类高辛。"又云："最后数篇君莫厌，捣残椒桂有余辛。"按《楚辞》："昔三后之纯粹兮，固众芳之所在。杂申椒与菌桂兮，岂维纫夫蕙茝。"盖以椒桂蕙茝皆草木之香者，喻贤人也。诗人押险韵，冥搜至此，可谓工矣。而《西清诗话》遂改其句云："读罢君诗何所似，捣残椒桂有余辛。"以谓坡讥唱首多辣气，此何理也。坡为人慷慨疾恶亦时见于诗，有古人规讽体，然亦讵肯效闾阎以鄙语相詈哉？恐误后人心术，不得不辩。

苏轼次和曾肇诗共有四首，现完整留存于文集之中，《西清诗话》所改为《再和二首》其一，全诗为：

---

① 《苕溪渔隐丛话》卷三九，第268页。

眼花错莫鬓霜匀，病马羸骖只自尘。奉引拾遗叨侍从，思归少傅羡朱陈。衰年壮观空惊目，险韵清诗苦斗新。最后数篇君莫厌，捣残椒桂有余辛。①

诗尾联所言乃苏轼自谦之词，经此一改动反成了讥讽曾肇之语。苏轼所闻"好语"，也由此成了带有辣气的"余辛"。由此可见，这完全是颠倒事实的改动。

《西清诗话》的作者为蔡絛，乃蔡京之季子，蔡卞之侄。《宋史翼》卷四十《奸臣列传》载其"粗亲翰墨，京特钟爱之。……凡京所判，皆出絛手"②。曾布兄弟与蔡氏政见相左，势同水火。《皇宋十朝纲要》第十六卷载："布于元符末欲以元祐兼绍圣而行，故力排蔡京，逐出之。……未几京为尚书左丞，大与布异。"③曾肇在《与兄布书》中亦言："绍圣、元符间，惇、卞有可以挤兄者，无所不为。……惇、卞果至，未暇恤其他，曾氏之祸其可逃乎？"由此可见，这不是一般意义的改动，带有人身攻击及挑拨苏、曾关系从而达到某种政治目的的用心。宋代文治大兴，君臣文学素养之高乃历代少有，但也由此带来频繁的文字之灾，亦是前世所少见。曾肇本人也是难免此祸，元祐四年（1089）五月，就在他仕途春风得意之时，吴处厚策动了一场蔡确诗歌文字狱，他随即遭到梁焘、吴安诗、刘安世等人的接连弹劾，以至丢掉给事中之任而被迫远赴外地。

在现存曾肇诗歌中与他人唱和之作很少，但在同时代其他宋人的作品中则留存有与他的大量唱和之作，如苏颂、刘攽、徐积、刘挚、郭祥正、张舜民、孔武仲、苏辙、彭汝砺、陆佃、释道潜、黄庭坚等当时政坛、文坛的有名人物都曾与之有诗歌唱和，可见其在当时诗坛还是有着一定影响。

---

① 《苏轼诗集》卷二十八，第1491—1492页。
② 〔清〕陆心源：《宋史翼》，《宋史资料萃编》第一辑，第1720页。
③ 《皇宋十朝纲要》，第350页。

元祐八年（1093），曾肇四十七岁，二月出知江宁府充江南东路兵马钤辖。这一年的清明他前往位于江宁半山的王安石墓地凭吊。曾肇受王安石知遇之恩甚深，熙宁五年他还只是郑州州学教授，三月经王安石举荐即转为崇文院校书兼国子监直讲。① 如此超升让旧党甚是不满，后元祐元年（1086）侍御史王岩叟连上九章指斥曾肇，其中就说："初官未经数月，遽以侥幸不公，遂为教授，教授仅成一考，又以因缘事势，便作馆职。"② 对于王安石的提携、呵护，曾肇自当铭记在心。曾肇对王安石的情感在这首《上王荆公墓》中充分体现了出来。诗言：

> 天上龙胡断，人间鹏鸟来。未应淮水竭，所惜泰山颓。华屋今非昔，佳城闭不开。白头门下士，怅望有余哀。

诗中曾肇自称"门下士"，可见两人关系之密切，由此也正可见其哀思之切。然而全篇并未用强烈的言辞去渲染这种浓烈的情感，如贺铸《寓泊金陵寻王荆公陈迹》所述："可须樽酒平生约，长望西州泪满巾。"③ 全篇出以五言短句，节奏凝重。与之相宜，所表现的情感也是蓄而不露，深重浑厚。首联选取龙胡、鹏鸟以见众人号痛之情，生死难料之意。④ 纪昀以为"拟人不伦"，则过于拘泥龙胡典中"黄帝"意。⑤ 如此绳墨，诗意大损，诗人也难措手足矣。曾肇是择取其"百姓乌号"之意，以抒悲痛之情。此用法早已有之，《水经注》卷三十九载匡俗仙化之后，"弟子睹室悲哀，哭之旦暮，事同乌号"。曾肇之后，南宋叶适《何参政挽歌》

---

① 见《曲阜集》卷四《附录》之杨时所撰《神道碑》："时上方向儒，王荆公安石言公经行宜居首善之地。有旨召对延和殿，除崇文院校书兼国子监直讲、馆阁校勘。"
② 《续资治通鉴长编》卷三百九十二，第 9527 页。
③ 《全宋诗》第一九册，卷一一〇七，第 12566 页。
④ 龙胡，见《史记》卷十二《孝武本纪》，第 468 页；鹏鸟，见贾谊《鹏鸟赋》，《六臣注文选》卷十三。
⑤ 《瀛奎律髓汇评》卷之二十八，第 1231 页。

其二亦言："佳哉凤凰垄，悲甚付乌号。"①再加之以"天上"起笔，可谓立意高远，气象阔大，既符合王安石宰相的身份，也为全篇所抒之哀情涂抹上浓重的色彩。鹏鸟之典也只是选取贾谊《鵩鸟赋》人生无常之哀叹，以渲染对王安石故去之悼惜心情，而与"拟人"毫无关系。全诗在高起之后，紧接着颔联又将诗情推向更高峰。汉乐府民歌中早有以江山为喻，如《上邪》"山无陵，江水为竭"，但它是正用以喻情感之坚贞。而曾肇是转一层意，更进一步言说。水不可枯竭，却因之而竭；山不可倾颓，却因此而颓。于本不应却偏如此，本不可却偏这样的转折递进中表现了曾肇对王安石逝去的无比惋惜的心情。另外，这一联还潜含更深一层意。《晋书》第六十五卷《王导列传》记载：

初，导渡淮，使郭璞筮之，卦成，璞曰："吉，无不利。淮水绝，王氏灭。"其后子孙繁衍，竟如璞言。②

郭璞是反用，以为"淮水固无可竭之理，而王氏至今有人也"③；曾肇则是正用，以淮绝暗指荆公之辞世，此典之运用真可谓了无痕迹，浑然天成。对句"所惜泰山颓"，以子贡"泰山其颓，则吾将安仰"为意，蕴含着"门下士"对恩师的无限深情。④元朝诗人方回曾评此诗以为"此言亦恐太过"⑤，然而由上述所论可知，所谓"太过"背后有另一层巧思存在。颈联缓一步过渡，将诗情荡漾开去。前两联是抒写高情浓意，而此联转为对内心隐微深情的描摹。出句以华屋丘山为意，⑥虽仅相隔八年，但再难觅故人踪影。木已拱把，唯有枯藤衰草缭乱了衣襟而已。"佳

---

① 《全宋诗》第五〇册，卷二六六一，第31240页。
② 《晋书》卷六五，第1760页。
③ 汪藻：《浮溪集》卷十九《为德兴汪氏种德堂作记》，《四部丛刊初编》本。
④ 〔汉〕戴圣：《礼记》卷二《檀弓》，上海书店，1997年，第761页上，据《四部丛刊初编》本。
⑤ 《瀛奎律髓汇评》卷之二十八，第1230页。
⑥ 《六臣注文选》卷二十七《箜篌引》："生在华屋处，零落归山丘。"

城"反用滕公典故。《西京杂记》卷四载:

> 滕公驾至东都门,马鸣,踢不肯前,以足跑地。久之,滕公使士卒掘马所跑地,入三尺所,得石椁。滕公以烛照之,有铭焉。乃以水写其文,文字皆古异,左右莫能知。以问叔孙通,通曰:"科斗书也。"以今文写之,曰:"佳城郁郁,三千年,见白日,吁嗟滕公居此室!"滕公曰:"嗟乎,天也!吾死其即安此乎?"死,遂葬焉。①

文中"佳城"亦有开时,而此时是永闭不开,这一"闭"字力透千钧,悼惜、沉痛之情溢于言表。比之沈约"谁当九原上,郁郁望佳城"②,意境要远为凄绝、痛楚。尾联由幽微转向畅情抒怀,"白首"句饱含人世沧桑之慨,如今物是人非,门下士都已两鬓斑白。昔日充满絮语、清言的半山,如今只是"朔风野大,纸灰飞扬",唯草木流水,花开花谢而已。此时此景不能不令人"怅望有余哀"。而这"哀"之所以为"余"又有一层意在。此时正值元祐更化,王安石主持的新政被摧毁殆尽,其人也多遭诋毁,诽声不断。张舜民《哀王荆公四首》其二言:"恸哭一声唯有弟,故时宾客合如何。"其三又言:"今日江湖从学者,人人讳道是门生。"③不出数年,世风竟至如此,府中客早做鸟雀散,门下生已成陌路人,曾肇不能不为此感到哀伤。而即使如此境地,曾肇依然毫不讳言,以淮水、泰山相誉,更以"门下士"自诩,与此炎凉世态形成强烈对比。其"挺然不为世变所移"的秉性也于此三字中得到了鲜明体现。④

与曾肇颇为相善的陆佃也同样深受王安石知遇之恩,熙宁五年与曾

---

① 〔汉〕刘歆撰,〔晋〕葛洪集,向新阳、刘克任校注:《西京杂记校注》卷四,上海古籍出版社,1991年,第168—169页。
② 《六臣注文选》卷三十《冬节后至丞相第诣庶子车中作》。
③ 《全宋诗》第一四册,卷八三六,第9693页。
④ 《曲阜集》卷四《附录》之《行状》。

肇一样被选为学官。王安石辞世之后，他也曾作有《丞相荆公挽歌词》：

> 惯识无心有海鸥，行藏须向古人求。皋陶一死随神禹，孟子平生学圣丘。雕篆想陪清庙食，玉杯应从裕陵游。遥瞻旧馆知难报，绛帐横经二十秋。①

其虽有"难报"之情，全诗亦不乏赞美之词，但平铺直叙，毫无起伏波动，所抒之情较为平直，与曾肇此诗相比要逊色许多。其他如郭祥正、张舜民、范成大都作有哀悼之诗，但均不如曾肇此诗在造形写意上所达到的成就。冯舒誉以"不愧唐人"，冯班以为"气味甚高古"，② 曾肇此诗当之无愧。

绍圣元年（1094）春季，因曾布移任江宁府，曾肇则与其兄对易任所，改任瀛州。但好景不长在，一场大的变革正在悄然兴起。此前一年九月，宣仁太皇太后高氏驾崩，哲宗亲政，对元祐更化开始强力反拨。十一月杨畏上书言"神宗更法立制，以垂万世，乞赐讲求以成继述之道"，哲宗立即召见详加咨询。③宋代的科举与时政关系尤切，世风往往即是从此扭转，如同嘉祐二年（1057）贡举欧阳修力矫时弊，绍圣元年三月的御试也成为一时风会的转折点。此次科举集英殿御试重新试策论。策曰：

> 复词赋之选而士不加劝，罢常平之官而农不加富，可雇可募之说杂而役法病，或东或北之论异而河患滋，赐土以柔远也而羌夷之侵未弭，弛利以便民也而商贾之路不通，此其故何也？④

---

① 《全宋诗》第一六册，卷六九，第10678页。
② 《瀛奎律髓汇评》卷之二十八，第1231页。
③ 赵铁寒编：《宋史全文续资治通鉴》卷十三，文海出版社（台北），1980年，第831—832页；《皇宋十朝纲要》，第294页。
④ 《宋史全文续资治通鉴》卷十三，第833页。

起初考官多取主张元祐之治者，但杨畏覆考，则专取主张熙宁、元丰之政者。"于是国论遂变。自是，士大夫争陈绍述而元祐之人皆相继得罪矣。"① 此后不久，御史中丞黄履、御史翟思、左司谏张商英弹劾吕大防、赵彦若、范祖禹、陆佃、曾肇、林希、黄庭坚等人修《神宗实录》时诬毁先帝。绍圣二年伊始，右正言刘拯再言："祖禹等纂修先帝实录，擅敢增损，厚加诬毁，为臣不忠，不可赦。"② 于是吕大防被追夺两官，赵彦若、范祖禹、陆佃、曾肇、林希并追夺一官，黄庭坚特追一官。③ 以上这些人除林希故去外，崇宁元年（1102）悉刻名于端礼门。吕大防、陆佃列名"曾任宰相执政官"，赵彦若、范祖禹、曾肇、黄庭坚列名"曾任待制以上官"。④ 曾肇被夺一官后与小郡安置，遂由瀛州改知滁州，由此开始了多年外任小郡的贬谪生活。元符元年（1098）守滁岁满，改知泰州。在泰州任上，好友陈师道寄诗相慰，言：

> 八年门第故违离，千里河山费梦思。淮海风涛真有道，麒麟图画岂无时。今朝有客传河尹，是处逢人说项斯。三径未成心已具，世间惟有白鸥知。⑤

陈师道此年居徐州，⑥与泰州中间正横亘着淮水，每有相思必然要隔淮遥寄，故师道就势借用阻隔两人的淮海风涛以形容当时紧张的党争形式。历代注者多着眼于后半句"真有道"的阐释，而忽略了这种寓无形

---

① 《皇宋十朝纲要》，第295页。
② 〔宋〕陈均编，许沛藻等点校：《皇朝编年纲目备要》卷二十四，中华书局，2006年，第590页。
③ 〔宋〕彭百川：《太平治迹统类》卷二四，江苏广陵古籍刻印社，1981年；《宋史全文续资治通鉴》卷十三，第840页。
④ 《皇朝编年纲目备要》卷二十六，第665页。
⑤ 〔宋〕陈师道撰，任渊注：《寄泰州曾侍郎》；冒广生补笺，冒怀辛整理：《后山诗注补笺》卷七，中华书局，1995年，第267页。
⑥ 《后山诗注补笺》目录中注曰："是岁后山在徐州"，见目录第14页。

于有形的双重阻隔的妙用。① "麒麟"一句是说他希望曾布建功立业，他年能将图像绘于麒麟阁上。诗篇尾联以三径、白鸥为喻，以显彼此高洁之情操。曾肇随后赠以和诗《次后山陈师道见寄韵》：

> 故人南北叹乖离，忽把清诗慰所思。松茂雪霜无改色，鸡鸣风雨不愆时。著书子已通蝌蚪，窃食吾方逐鹭鸶。便欲去为林下友，懒随年少乐新知。

曾肇开篇以南北乖离兴叹，随后承"有道"而以松茂雪霜、鸡鸣风雨作答。此一联用典甚好。首句化用《论语·子罕》"岁寒然后知松柏之后凋也"，何晏解道："凡人处治世，亦能自修整。与君子同在浊世，然后知君子之正，不苟容也。""不苟容"正是曾肇突出的性格特点。出句上承《诗经·郑风·风雨》而来。小序言："《风雨》思君子也。乱世则思君子不改其度焉。"诗中"鸡鸣喈喈""鸡鸣胶胶"都是在反复强调"鸡鸣不已"之意。而它并非啼鸣于春光明媚之时，恰是在"风雨凄凄""风雨潇潇""风雨如晦"的天地昏暗时刻奋啼不息。其表面意思有如"鸡犹守时而鸣""鸡不为如晦而止不鸣"，而由此强烈暗示的是"君子虽居乱世不变改其节度"。后陆机于《演连珠》末章云："是以迅风陵雨，不谬晨禽之察；劲阴杀节，不凋寒木之心。"《六臣注文选》有云："冒霜雪而松柏不凋，此由是坚实之性也，天虽损无害也。鸡善伺晨，虽阴晦而不辍其鸣，此谓时累不能淫也。"北宋黄庭坚于元丰四年所作《再次韵寄子由》亦言："风雨极知鸡自晓，雪霜宁与菌争年。"②此诗在结言造句上要优于曾肇，语句非顺意直说，而是颠倒次序，非鸡鸣风雨而是风雨极知，雪霜句暗带松柏，省出字句又添加朝菌，使语意更为丰富。

---

① 参见《后山诗注补笺》卷七，第267页。
② 〔宋〕黄庭坚撰，〔宋〕任渊、史容、史季温注，刘尚容校点：《黄庭坚诗集注·山谷外集诗注》，中华书局，2003年，第1075页。

又以"极知"对"宁与",对比格外鲜明。但结合诗歌背景则曾肇此诗用意要比之深刻得多,此时要做到雪霜无改、鸡鸣不已要有着更为坚强的意志力。《山堂肆考》卷一百三十五就称其"刚大之气晬然见于面,人知其为成德君子也"。其兄曾布曾评其为"性耿介自守"①。颈联以蜾蚪喻师道所著《尚书传》,又与鹭斯形成巧妙对比。尾联回应三径、白鸥,其中"懒"字用意甚好,表面看,此字的添加使得其取意不如陈师道积极,但此疏懒意恰显示了他不随波逐流的决心。"新知"相对的是"老旧""固守",而这种"老旧"体现的是一种精神的坚守与执着。这正如陈寅恪先生所言"幸俱未树新意,以负如来"②。纪昀评此诗为"而自爽健"③,这爽健就来自于曾肇内在的精神品质。这也是曾肇诗歌的一个重要特点。杨时即赞其曰:"曾子开不以颜色语言假借人,其慎重为得大臣之体,于今可以庶几前辈风流者惟此一人耳。"④曾肇此诗在遣词造句上不如黄庭坚用意巧妙,但作为依韵和诗,则丝毫不逊于陈师道的原作。其松茂雪霜、鸡鸣风雨句取象造意都要精深于淮海风涛。蜾蚪对鹭斯也要比河尹与项斯更为灵动活泼。懒随句退一步实则更进一步,比三径、白鸥更有余韵可寻。

曾肇在泰州任上还曾作有一首《海陵春雨日》,诗言:

> 公事无多使客稀,雨时衙退吏人归。沉烟一炷春阴重,画角三声晚照微。桑雉未驯惭报政,海鸥相近信忘机。只将宴坐收心念,懒向人间问是非。⑤

前首尚有雪霜、风雨颇为激励人心,而此首就诗面而言则纯出以闲情。

---

① 《皇朝编年纲目备要》,第 652 页。
② 《金明馆丛稿二编》,第 241 页。
③ 《瀛奎律髓汇评》卷之四十二,第 1519 页。
④ 《龟山先生语录》卷三《余杭所闻》,《四部丛刊续编》本。
⑤ 《全宋诗》第一八册,卷一〇三九,第 11885 页。

熙宁五年曾巩知齐州时一日于府衙西斋闲憩,作有《凝香斋》一诗:

> 每觉西斋景最幽,不知官是古诸侯。一尊风月身无事,千里耕桑岁有秋。云水醒心鸣好鸟,玉沙清耳漱寒流。沉烟细细临黄卷,疑在香炉最上头。①

两者同样都是官衙无事,抒发闲思。曾巩于此诗中表现了超然于尘事之外的幽情清性,读来很是舒畅,仿佛时间与那凝在香炉最上头的沉沉细烟一样,于此刻悄然停滞。这是曾巩于七律中擅长表现的一种意蕴。而曾肇的闲情却暗含有别样天地。曾肇虽然依旧是官衙寂寂,沉烟一炷,然而"海鸥相近信忘机"已透出另一种声音,末句"懒向人间问是非"正与"懒随年少乐新知"互为表里,他于静寂中体会的不是闲暇的甜美,而是忘却机巧的超越,于这种超越中更能让人感受到一种力量,如同《琵琶行》所言"别有幽愁暗恨生,此时无声胜有声"。整首诗歌所透露出的疏懒意,其用意实在于此。纪昀曾评此诗三、四两句"格不高",他是见其疏懒却未深知这另一层意。②这好似杜甫诗歌中的"地僻懒衣裳"(《田舍》)、"春光懒困倚微风"(《江畔独步寻花七绝句》之五)、"无人觉来往,疏懒意何长"(《西郊》)。杨伦就曾评为:"颓然自放中,有不可一世之概。"此诗的风格与上述几首都不同,甚少用典,以近似家常之闲语缓缓道来。虽然用典少,但依然用了桑雉一典,只是圆融自然,难见雕凿之痕。结合对上一首诗的分析可知,这亦是曾肇诗歌的一大特点。③曾肇曾两任中书舍人,元符三年(1100)三月到建中靖国元年(1101),他更作了一年的翰林学士。中书舍人乃"国家第一等名器",

---

① 《曾巩集》卷第七,第106页。
② 《瀛奎律髓汇评》卷之六,第265页。
③ 《后汉书》卷二十五,第874页。

而翰林学士更"不与他学士比"。①其对于典故的精熟自不待言,然而能将之了无痕迹地运用于遣词造意之中,则并非仅仅精熟所能办到的。于曾肇留存不多的诗歌中,这一特点给人留下了深刻印象。

建中靖国元年正月,钦圣太后向氏崩,崇宁元年(1102)七月蔡京为右仆射兼中书侍郎,就在这一年的闰六月十五日,曾肇落职贬知和州。②七月,又下诏籍记曾肇等八人姓名。③曾肇短暂的元符黄金岁月随即消逝,一贬再贬,以至远赴福建路汀州。崇宁五年时局稍有和缓,被准允移居润州。此时,曾布也获准定居此地。兄弟两人白首相聚,亦是饱经坎坷之后人生一幸。这一年曾肇六十岁,离他生命的终点只有短短一年的时间。一日,至北固山甘露寺游玩,登多景楼远眺大江南北,心有所感,题有《京口甘露寺》一诗:

> 屈曲危楼倚半空,诗情无限景无穷。江声逆顺潮来往,山色有无烟淡浓。风月满楼供一醉,乾坤万里豁双瞳。片云回逐斜阳去,知落淮山第几重。④

《京口记》言北固山"回岭入江,悬水峻壁,北望海口,实为壮观"⑤,可见其地势之险峻、景色之雄壮。首联点出观览地点多景楼,颔联随即描写江山之壮阔。诗句由江声入手,捕捉住最能体现大江动势的江潮,于潮起潮落、江声来回激荡之中,描绘出一副波澜起伏的大江澎湃图景。由江流再顺势远眺万山群峦,时已近晚,昏黄的光影中烟岚升腾,模糊的山影浑然一体,越发显得苍茫浩瀚。随即月华四散,满楼江风吹拂,

---

① 分别见:《续资治通鉴长编》卷三百九十二,第9526页;《曾巩集》卷第二十《中书舍人除翰林学士制》,第320页。
② 〔清〕徐松:《宋会要辑稿》第九册,中华书局,1957年,第3906页。
③ 《皇宋十朝纲要》,第351页。
④ 《宋诗纪事》卷二三《题多景楼》,第598页。
⑤ 〔宋〕王存撰,王文楚、魏嵩山点校:《元丰九域志》卷五,中华书局,1984年版,第618页。

作者对月遥醉，在醉意朦胧、夜色迷离之际，天地反而越发开朗，可以直视万里乾坤。白天于阳光之下是用双眼四望。而此时，则是用自己的心胸去包容天地，故可以透视千山万水。由辽阔的山水写到渺小的个体，又由个体阔大的心胸回应广阔的大地。此时天地与个人已相融为一，内外两种开阔境界互相呼应，使得整个诗境显得格外壮观开朗。多景楼因其独特的地势曾引来众多的目光，在宋代就有数十位诗人对此加以讴歌描写，如：

  云破孤峰出，潮平两桨飞。（晁端友）
  山蟠京岘城随尺，水合中泠海共浮。（蔡肇）
  江拖缟带萦危堞，地注青螺出远山。（蔡肇）
  潮生海口微茫白，麦秀淮南迤逦青。（赵师秀）
  山雨欲来淮树立，潮风初起海云飞。（汪元量）①

  这些诗句对多景楼气象的描摹甚少能达到曾肇诗歌的境界。南宋潘牥《重九》诗中有与之相似的一联"一丝白处潮来往，数点青边山有无"②，器局则要狭小数层。朱南杰《烟雨楼》有"山色有无烟变态，湖光浓淡雨收功"③，语句比之亦要逊色许多。

  尾联以片云逐日作结。白日临空，轻云缭绕不尽；傍晚西行，依旧与之相随。由朝至晚，至晚不绝。虽远涉淮水千山，也要相随左右。曾肇此时已至暮年，落叶归根，人老思归。然而他并没有像苏轼《游金山寺》所感"有田不归如江水"，此时他长思远望的不是南丰故园，而是数重淮山之外的北方。这正如杜甫乾元年间远别日下初到成都时日夜所思"北

---

① 分别见：《全宋诗》第一一册，卷六六〇，第7729页《登多景楼》；第二〇册，卷一二〇五，第13659页《登多景楼》、第13660页《北固山》；第五四册，卷二八四一，第33854页《多景楼晚望》；第六四册，卷三六六五，第44000页《多景楼》。
② 《全宋诗》第六二册，卷三二八九，第39204页。
③ 《全宋诗》第六三册，卷三三〇七，第39399页。

望伤神坐北窗""北望苦销魂"。他所萦绕不绝、依恋难舍的正是被淮水千山所层层阻隔的帝京汴梁。然而"第几重"本已艰难,起首更添一"知",更使这份依恋落入一片茫然迷离之中。而这正与前文之"醉"遥相呼应,亦道出此醉的真正含义。此份怅然之情正是杜甫的"苦",只是他没有直说。身为贬谪之人,时逢蔡京绍述之时,①岁已至暮晚,此时此境,"知落淮山第几重"所包含的意蕴要更为深远浑厚。另外,此句更有一妙:《京口记》言北固山之得名是由于"北望海口","北固"实为"北顾"之讹,曾肇如此收束可谓一笔兼题,既暗抒心胸,又暗点诗题。全诗既没有如杜甫直言"苦",也没有像郑思肖《题多景楼》"试望斜阳外,谁宽西顾忧"②那样直说"忧",层层深意均被他轻笔带过,于游刃有余之际切中肯綮。

在众多的登临多景楼的诗歌中,曾肇的兄长曾巩也有题咏。元丰二年(1079),夏曾巩六十一岁,由明州移守亳州,途经润州,慕名而往,遂作有《甘露寺多景楼》:

> 欲收嘉景此楼中,徙倚阑干四望通。云乱水光浮紫翠,天含山气入青红。一川钟呗淮南月,万里帆樯海外风。老去衣衿尘土在,只将心目羡冥鸿。③

非常巧合,兄弟俩不仅均有登临之作,且年岁相仿,均至暮年。此时曾巩已远离班列长达十一年之久,更历六郡。虽久任外地,但已由千里之外的福州移知亳州,京城近在咫尺,归班希望即在眼前,念阙之心也日益迫切。故而虽届暮年,但一切正昭示着光明与希望。果然第二年秋季被神宗召见,留任勾当三班院。因此虽久历"尘土",但诗中可

---

① 《皇宋十朝纲要》,第351页:"初,垂帘时,京以翰林承旨因草制得进见,即为上数数言绍述事。"
② 《全宋诗》第六九册,卷三六二七,第43404页。
③ 《曾巩集》卷第七,第118页。

见其心情平和中透着些许喜悦。颔联饰以"紫翠""青红",云光山色颇为亮丽耀眼。夜晚月朗风清,钟呗与风吟水唱相伴,沁人心脾,由此顺势归结到开朗的心胸,远眺飞鸿。全篇境界开阔,朝气四溢,气象万千。将之与曾肇所作相比,则有诸多异同。曾肇在登临寄兴时自当想到长兄这首佳作。全篇在结构上与其兄所作完全相同,都是开篇从多景楼入手点题,中间两联描写景致,一样是从白天写到夜晚。由这两联景色描写确定基调,再顺势导入尾联思想情感的具体抒发。然两人境遇迥异,故诗情的抒写又有诸多不同。颔、颈两联于开阔境象中子固所作透出欣悦之情,而子开之诗点一"醉"字,转向深沉。故文定多与人畅怀,而文昭每令人长想。于遣词造境之上,孟伯稍优,而余韵深思之处,又叔季擅场。尤其尾句含而不露,两层潜意相套,与表象更至三层,数意萦绕,余风袅袅。且又环护篇题,于谋篇上亦有过之。从此比对可看出,于诗中辗转捭阖、深思长想是曾肇诗歌创作的又一特点。

  曾肇受曾巩的影响很大。当庆历七年(1047),父亲曾易占病故于应天府南京时,曾肇才刚出世,此年曾布只有十二岁,而曾巩已二十九岁,近而立之龄。① 长兄曾晔不久即于皇祐年间故去,曾巩于家中最长,对曾布、曾肇等人的教育多有操心,对其为人亦多有影响。曾巩于庆历五年写给范仲淹的信中曾自言"有奉养嫁送百事之役"。② 曾肇三十六岁时,在《谢史成受朝奉郎表》中也写道:"幼闻道于父兄,粗知好古。"③ 在为其兄所作的《行状》中他更细言:"光禄不幸蚤世,太夫人在堂,阖门待哺者数十口,太夫人以勤俭经理其内,而教养四弟,相继得禄仕,嫁九妹皆以时,且得所归。"④ 苏辙在《曾肇中书舍人告词》中也说其"家

---

① 曾巩生于天禧三年(1019)卒于元丰六年(1083),曾布生于景祐二年(1035)卒于大观元年(1107),参见李震撰写的《曾巩年谱》(苏州大学出版社,1997年)。
② 出自《曾巩集》卷第十六《答范资政书》,第251页。
③ 《全宋文》第一一〇册,第1页。
④ 《曾巩集》附录,第796页。

传父兄之学"①，这里的"父兄"乃偏意词，实仅指"兄"而言。曾巩的诗歌创作虽也新意叠发，颇多变换。但就其总体而言，就整个宋代诗坛而言，他承多变少，这尤其体现在近体诗歌的创作中，多承唐人余韵而来。曾肇的诗歌亦是如此，追求的是玲珑的兴象、浑融的意境。而宋人以文字、才学、议论为诗之风在他们的诗歌创作中少见踪影。故而冯舒评《上王荆公墓》为"不愧唐人"，而纪昀评《海陵春雨日》"三、四大似晚唐，格不高而有致"，这一"致"正是他们兄弟诗歌创作追求的一个重要目标。曾巩的近体诗作多抒写闲情，意不甚深，却颇有风致；情韵袅袅，则适可养性。曾巩正是于此浑融、圆润的意境中操练自己的心性气质。虽然是追求同样的玲珑兴象，但曾肇的诗歌在思想感情的表达上则与其兄有所不同，他非以诗情来陶冶自己，而是用诗歌来抒发自己的隐微之情。换言之，在近体诗的创作上，曾肇似要更为用心，他既要追求诗歌本身的玲珑浑融，又要隐微传情，这就要求有更为较高的谋篇之能，如《上王荆公墓》《次后山陈师道见寄韵》等诗。他巧于用典，多有深思。但正因如此，又使得他的诗歌不如曾巩诗作舒朗开阔、气象万千，如《甘露寺多景楼》，再如《金山寺》"连荆控蜀长江水，尽在回廊顾盼中"等。这当与兄弟两人的内在性格有关，两人都以正直骨鲠著称于当时。这或许又与曾肇多历坎坷，而曾巩相对生活平静有关。坎坷时自然有数层意需要倾吐，安宁处多有闲情可以遣怀。再加之二人性格虽都是耿介不苟，如曾巩的"刚毅直方"，曾肇的"刚大之气睟然见于颜面，望之若不可犯"②。但两人对待困厄的心态则有所不同。如上所引，曾肇对于挫折虽坚不妥协，但其气度不免有些低沉。不论是"只将宴坐收心念，懒向人间问是非"，

---

① 〔宋〕苏辙著，曾枣庄、马德富校点：《栾城集》卷之二十八，上海古籍出版社，1987年，第589页。
② 分别见：韩维《神道碑》，《曾巩集》附录，第803页；《三朝名臣言行录》卷九之二，《四部丛刊》初编本。

还是"片云回逐斜阳去,知落淮山第几重"都是如此。而曾巩心胸要宽阔许多。如熙宁五年作《凤池寺》,虽被远放福州,诗中所抒情感却是"为郡天涯亦潇洒,莫嗟流落鬓毛斑",颇似苏轼"九死南荒吾不恨,兹游奇绝冠平生"[①],其心胸之开阔可见一斑。也正因有此心胸,他早年才能写出《冬望》《一鹗》《麻姑山送南城尉罗君》等雄奇恣肆的篇章,这一点区别当是兄弟两人诗歌有所差异的主要原因所在。

---

① 《苏轼诗集》卷四十三,第2367页。

附论四

曾肇文集考

诗

本节就《全宋诗》所收曾肇诗歌创作之真、伪、完整情况予以考论如下。

1.《元祐六年十月庚午驾自景陵宫移仗谒先圣孔子祠入门降辇步就小次由东阶以升奠爵再拜礼官告成礼然后退幸太学诏博士皆升堂坐诸生两庑下命国子祭酒丰稷讲书无逸终篇因又幸武成王庙而还左丞相吕大防右丞相刘挚率百官皆从于是丞相赋诗以形容上德诸在位者皆属和肇以礼官忝从诸大夫之后谨和诗一章》(《全宋诗》第一八册，卷一〇三九，第11885—11886页)

题中言"肇以礼官忝从诸大夫之后"，曾肇一生曾两任礼官，第一次从熙宁八年至元丰四年同知太常礼院，第二次为元祐七年的六月至十月，为礼部侍郎。元祐四年五月以宝文阁待制命知颍州后，直到元祐七年六月方重回京师开封为礼部侍郎。另外，诗内容描写的是驾幸太学之事，而在曾肇任礼官期间，并未有此事发生。《枫窗小牍》卷下载有此诗题所言之事，并记有陪侍诸公三十六人名姓，其中并无曾肇。① 这三十六人中有一人名蔡肇。蔡肇字天启，润州丹阳人，元祐中为太学正。② 哲宗驾

---

① 〔宋〕袁褧撰：《枫窗小牍》，《丛书集成新编》第八四册，第597页，据陈继儒辑《宝颜堂秘笈》本。
② 《宋史》，第13120—13121页。

幸太学，蔡肇陪侍左右。由此可知题中之"肇"当是蔡肇而非曾肇，此诗乃曾肇后人因名相同而误选。再之，诗题从"十月"到"属和"与《枫窗小牍》几乎全同，只差数字而已。尤其是"移仗"，曾本原作"移伏"，馆臣作校勘时改为"仗"，而《枫窗小牍》正作"移伏"，可见此段文字当是曾肇后人摘抄自与《枫窗小牍》来源相同的一段史料。这大概是因为蔡肇原诗题不甚令曾氏后人满意，而以此将诗题做了修改。"肇以礼官"原题似为"肇以学官"，因曾肇早已不是学官，而元祐七年正为礼部侍郎，离此时间很近，易相混，故曾氏后人不曾细辨而径直将"学官"做了更改。改换文题而作伪之事在《曲阜集》中多有发生，如卷四《附录》中的《除大理寺丞集贤校理制》《转除集贤院修撰为中书舍人兼翰林学士制》《转除翰林院学士兼侍读知制诰制》等。

蔡肇此诗，《全宋诗》第二〇册，卷一二四《蔡肇卷》失收。

2.《紫薇花》其二（明丽碧天霞）（《全宋诗》第一八册，卷一〇三九，第 11887 页）

此诗整理者言辑自《全芳备祖·前集》卷十六。然农业出版社一九八二影印日本宫内省图书馆所藏宋刻本《全芳备祖》则于诗后署名"刘禹锡"。① 此诗确为刘禹锡所作，名为《和令狐相公郡斋对紫薇花》。② 究误收之因，似整理者依据之《全芳备祖》乃《景印文渊阁四库全书》本。此本该诗下未有署名，而此诗前一首即为曾肇之五言绝句《紫薇花》（堂前紫薇花）。整理者似由前诗推及后诗，以为此亦当为曾肇所作。

3.《南丰军山庙碑》（《全宋诗》第一八册，卷一〇三九，第 11888 页）

---

① 原文"禹"作"尚"，当为省笔所误。
② 〔唐〕刘禹锡著，瞿蜕园笺证：《刘禹锡集笺证》卷第三，上海古籍出版社，1989 年，第 1162 页。

此诗乃《南丰军山庙碑》后的铭文，虽称之为"诗曰"，实际就如其所作另一篇《东岳庙碑》后的"谨为铭曰"。若《南丰军山庙碑》铭文可以为诗，岂不《东岳庙碑》铭文也应作为佚诗收录？整理者仅顾"诗曰"而不顾实际，甚误，当删。

文

本节就《全宋文》所收录曾肇散文创作之真、伪、完整情况予以考论如下。

1.《论亢旱乞罢春宴奏》（《全宋文》第一一〇册，第34—35页）

《续资治通鉴长编》卷四百二十四载有此文，乃与中书舍人彭汝砺同奏，故此奏不当独属曾肇。

2.《分祭郊社议》（《全宋文》第一一〇册，第35—36页）

此文收录于《皇朝编年纲目备要》卷二十三，《文献通考·郊祀考四》卷七一亦收有此文，为刘安世所作，当以此二书为是，非为曾肇所作。

词

唐圭璋所编《全宋词》依据宋范公称著《过庭录》而收录有曾肇所作《好事近》一词。《过庭录》原文如下：

> 曾肇子开守亳，秩满丐祠归江南，一词别诸僚旧云：岁晚凤山阴，看尽楚天冰雪。不待牡丹时候，又使人轻别。如今归去老江南，扁舟载风月。不似画梁双燕，有重来时节。①

---

① 《墨庄漫录·过庭录·可书》，第367页。

唐圭璋另编《宋词纪事》于曾肇名下也据此抄录之。① 今查核曾肇一生行事，由现有史料中未见其守亳之事。《宋会要辑稿·职官六七》记载：

> （崇宁元年）闰六月十五日，诏：龙图阁直学士知定州曾肇落职知和州。肇尝以史事与陆佃同谪。至是，佃罢右丞，训词及之，肇不自安，上章待罪，故有是命。②

《曲阜集》附曾统所作《行状》又记载：

> 徙知定州路安抚使。会元祐士大夫再被降黜，公义不独全，请与俱贬，言者继之，落龙图阁学士，谪知和州，道除舒州灵仙观，时崇宁元年七月也。③

南宋杜大珪编《名臣碑传琬琰之集》下卷二十据《实录》所载《曾舍人肇》同样记载道：

> 又徙知定州，落龙图阁学士，谪知和州，道除舒州灵仙观，徙知岳州。④

可见曾肇是因元祐党争而从定州任上被罢知和州，途中改为提举舒州灵仙观，徙知岳州，并非"守亳秩满丐祠归江南"。倒是曾肇二哥曾巩曾于元丰二年五月移知亳州，然而曾巩又无"守亳秩满丐祠归江南"之事。故而，此词之真伪多有存疑。

---

① 唐圭璋编著：《宋词纪事》，中华书局，2008年，第101页。
② 《宋会要辑稿》第九册，第3906页下。
③ 曾统：《行状》，载《曲阜集》卷四。
④ 〔宋〕杜大珪编：《新刊名臣碑传琬琰之集》，《中华再造善本》，据中国国家图书馆藏宋刻元明递修本影印。

附论五

曾肇佚文考

诗

莆阳学士蓬莱仙,制成月团飞上天。
——葛立方《韵语阳秋》卷五

富谷山头一骑归。
——《钦定热河志》卷九十七《古迹一·富谷馆》

文

1.《瘗瓦棺文》

元祐七年正月,南京浚南湖,得瓦棺五,长者才三尺余,阔不逾尺,厚不及寸。瓦有从文,初若坚致,触之皆坏。留守曾肇既往视之,命迁瘗于湖之东南若干步高阜之地,祭以酒果。按《礼》:"有虞氏瓦棺,夏后氏塈周,商人棺椁,周人墙置翣。周人以商人之棺椁葬长殇,以夏后之塈周葬中殇、下殇,以有虞氏之瓦棺葬无服之殇。"此棺其葬殇者欤?乃吊之曰:虞耶夏耶？商周之人耶？势耶富耶？抑贱而贫耶？生于何乡几晦朔，瘗于此地几春秋耶？夭寿归于共尽，老聃彭祖与子其均耶？瓦为藏而水为宅，岂不复子之真耶？改卜高原，既深且固，于子为戚，抑为欣耶？有知也耶？无知也耶？尚有知也，其肯舍故而从新耶？

——《清波杂志》卷第十二《上饶古冢》①

按：《清波杂志》于此段文字前又载："上饶寓公尹少稷谏议常称高妙可配东坡《徐州祭枯骨》之作。"刘永翔评此文曰："窃谓此文以《天问》体作无米之炊，其妙实过于苏轼《惠州祭枯骨文》，尹稷之言不足以尽之也。又开篇'虞耶夏耶？商周之人耶？'似自李华《吊古战场文》'秦欤汉欤？将近代欤'得来，彼置于文中，而此设于篇首，位置不同，然俱臻妙境。"

2.《张安石墓志铭》

孔子不得中道而与之，欲得不屑不洁之士，若伯起者其近是欤？

——《江西通志》卷九十五《寓贤·建昌府》②

3.《东阳城记》

东阳城，府治之北城也。

——《钦定大清一统志》卷一百三十五《青州府》③

4.《强至行状》

初为婺州浦江令，时有民与其母税邸舍于道，客有过者暴

---

① 《清波杂志校注》卷第十二，第495—496页。
② 《江西通志》，《景印文渊阁四库全书》本。
③ 《钦定大清一统志》，《景印文渊阁四库全书》本。

病，未及闻县而死。县尉希功，往执其母榜之。其子惶恐，即自诬杀客，至为研核，得其情而释之。

——《折狱龟鉴译注》卷二《释冤下·张尧佐（强至附）》①

5.《蒲谨密墓志》

蒲谨密郎中，初为万州南浦令，尝摄州幕。时廷尉驳州狱失，出死罪。谨密以为："法者天下共守，今罪于法不当死，不争则不可。"州将曰："可与廷尉争耶？"谨密愈执不夺。及诏下他司议，而卒得不入死，州将始愧服。

——《折狱龟鉴译注》卷四《议罪·蒲谨密》②

按：文下注"见曾肇内翰所撰《墓志》"。然此文非曾肇所作，见该书此文后校注五。

6.《朱寿昌墓志》

朱寿昌中散知阆州，大姓雍子良屡杀人，挟财与势，故得不死。时又杀人，赇其里民，使出就吏。狱具，觉其奸。引囚并左右讯之，囚对如初。寿昌告之曰："尔以死代人，毋令有悔。吾闻子良与汝钱十万，纳汝女为子妇，许嫁其女汝家，有之乎？"囚色动。又告之曰："汝且死，书券抑汝女为婢，指十万为佣直，而嫁其女于他人，汝将奈何？"囚悟，泣下，乃以实对。立取子良置于法，一郡以为神明。

——《折狱龟鉴译注》卷六《核奸·朱寿昌》③

---

① 〔南宋〕郑克编撰，刘俊文译注点校：《折狱龟鉴译注》，上海古籍出版社，1988年，第84—85页。
② 《折狱龟鉴译注》，第225页。
③ 《折狱龟鉴译注》，第328页。

7.《王延禧朝议墓志》

延禧任岳州沅江令，时有兄弟分财者，弟弱，所得田下，诉不均。诘其兄，曰："均矣。"即令二人以所得更取之，兄诉于州。州守笑曰："此张咏尚书断狱法也，岂彼所闻异乎。"

——《折狱龟鉴译注》卷八《严明·张齐贤（王延禧附）》①

王延禧朝议初为岳州沅江令，岁饥盗起，亲获十余人，赃皆应死，法得迁官。延禧叹曰："是皆良民，穷而为盗。令既无以业之，又利其死以为己功，亦何忍哉？"谕被盗者悉裁其赃，盗得不死。延禧，王黄州孙也。

——《折狱龟鉴译注》卷八《矜谨·王延禧》②

8.《议天地分祭奏》

今北郊常差中书门下官，乃冢宰之任。乐舞之类，亦是开元、开宝旧礼所载，特近世废阙，二者皆有司摄事常行之典，未足以代亲祠之重。必以为有所未备，而欲悉行旧礼，则天地、宗庙之祀，举当厘正，不可独以三岁一祀于方丘也。大率古之祭祀，或天子亲行，或有司摄事，不过此二者而已。今于摄事之中，又分隆杀，盖古所未有也。且遣官虽重，终非亲祠，恐于父天母地之义有所未顺。璪本以合祭非礼，欲革去之，然其所陈，于礼亦未见其可。况今岁大享明堂，固自不及皇地祇，而于夏至之祭特有所隆，此尤非所宜也。今年夏祭皇地祇，若依璪请，即乞如前所陈，天地宗庙之祀，举当厘正。然今夏至日逼，亦恐未可遽行，即乞且依旧制。其亲祠之礼，仍乞诏详定郊庙礼

---

① 《折狱龟鉴译注》，第475页。
② 《折狱龟鉴译注》，第529页。

文所精加讲求，裁定其当，以正后世之失，庶合先王之意。

——《续资治通鉴长编》卷三百四，元丰三年五月①

按：此奏章与元祐七年五月和十月分别所上两章《乞天地分祭奏》前后相应。（见《全宋文》第一一〇册，第39—42页）

9.《议英宗配享上帝、五帝奏》

臣昨与详定郊庙礼文张璪等申中书，请将来祀英宗皇帝于明堂，以配昊天上帝及五帝。又礼官赵君锡等亦别具状，请惟以配上帝。君锡等以谓上帝者一帝而已。准中书批下二状，奉圣旨依赵君锡等议施行。臣以有司职当奉诏，已依圣旨与张璪等讲求裁定奉祀仪注闻奏矣。然臣承学愚陋，虽以诏书从事，退伏思念，犹窃有疑。夫私有所疑而依违苟且，怀不尽之情以事陛下者，非臣子之义也。故臣不敢避僭黩之诛，愿毕其说。夫礼莫严于祭，祭莫重于天神。故扬雄曰："祭莫重于地，地莫重于天。"言祭祀之重莫如天也。今明堂以享天神，而所祀之神忽有更易，此诚务稽古训而不牵于诸儒之说，欲推英宗独配一帝以笃严父之义。且合于孔子所谓"宗祀文王于明堂，以配上帝"之文，此诚非愚臣思虑之所能及也。然犹窃有所疑者，以经考之，凡称上帝见于《易》、《诗》、《书》者甚众，然其旨非主于分辨神位，故统而言之，或谓昊天，或谓五帝，或兼为昊天五帝，皆莫得而考。至其见于《周官》者，则以祭祀言之。以祭祀言之，则主于分辨神位，其辞不可以乱，而有称昊天上帝，有称上帝，有称五帝者，此臣之所不能无疑也。夫以昊天上帝与上帝为一邪？则其辞亦当一而已，不当或称昊天上帝，

---

① 《续资治通鉴长编》卷三百四，第7401—7402页。

或称上帝，圣人法言恐不如是。《周官》称昊天上帝者二，曰"禋祀昊天上帝"，又曰"祀昊天上帝则服大裘而冕"，其余则皆称上帝或五帝，而今欲以昊天上帝与上帝为一神，此其可疑者一也；又"四圭有邸以祀天旅上帝，两圭有邸以祀地旅四望"，又曰"国有大故，则旅上帝及四望"，故先儒以谓四望非地，则上帝非天，断可识矣，此其可疑者二也；又"大旅上帝则张毡案设皇邸，祀五帝则张大次小次"，则上帝又与五帝异矣，此其可疑者三也。故臣前与张璪等议，以谓《周官》所言昊天上帝则一帝而已，言上帝则谓昊天上帝及五帝，言五帝则昊天上帝不与。此虽古人所未尝言，然以意推之，所谓上帝者，既不与昊天上帝同文，又与五帝异礼，则其义恐或如此。夫五帝之在天，盖非人之所敢知，所据者《经》而已。然自秦汉以来，典籍不全，礼文残阙，《经》之可考者无几，而今欲舍《周官》之明文，以疑辞虚说，轻废历代至尊至重之祀，故虽朝廷已有定论，而惓惓之私犹不能无疑者也。《传》曰："有其举之，莫敢废也。"又曰："与其过而废之，宁过而存之。"晋之泰始，唐之显庆，虽尝彻去五帝之配，然不旋踵而复，则亦未足为法也。伏惟陛下圣哲文明，动与道会，畏天事神，恭敬诚悫，岂独于此大祀易于更变？殆有司稽考发明，有所未尽，不足以上当圣心，此臣之责也。《书》曰："汝则有大疑，谋及乃心，谋及卿士，谋及庶人，谋及卜筮。"先王之于所疑，其谨如此，况先帝所配天神重祀，固未可以偏辞决也。伏望留神省察，更诏侍从、台阁之臣博加考议，以求其当，仰称陛下畏天事神、恭敬诚悫之意。（肇云：元丰三年祀英宗于明堂，惟以配上帝，仍诏礼官与详定郊庙礼文官同撰仪注。璪等与君锡等异议，诏从君锡等议。肇又独上此奏。）

——《续资治通鉴长编》卷三百七，元丰三年八月壬寅 ①

按：此奏章与曾肇元祐七年所奏《议明堂祀上帝及五帝奏》前后正相呼应。（见《全宋文》第一一○册，第42—44页）

10.《议官制奏》

伏睹修定官制，即百司庶务既已类别，若以所分之职、所总之务，因今日之有司，择可属以事者，使之区处，自位叙、名分、宪令、版图、文移、案牍、讼诉、期会，总领循行，举明钩考，有革有因，有损有益，有举诸此而施诸彼，有舍诸彼而受诸此，有当警于官，有当布于众者，自一事以上本末次第，使更制之前，习勒已定，则命出之日，但在奉行而已。盖吏部于尚书为六官之首，试即而言之：其所总者选事也，流内铨、三班、东审官之任，皆当归之；诚因今日之有司，择可属以事者，使之区处。自令、仆射、尚书、侍郎、郎中、员外郎，以其位之升降，为其任之繁简，使省书审决，某当属尚书、侍郎，某当属令、仆射，各以其所属，预为科别。如此，则新命之官不烦而知其任矣。曹局吏员，如三班诸房十有六，诸吏六十有四，其所别之司，所隶之人，不必尽易，惟当合者合之，当析者析之，当损者损之，当益者益之，使诸曹所主，因其旧习。如此，则新补之吏不谕而知其守矣。宪令、版图、文移、案牍、讼诉、期会，总领循行，举明钩考，其因革损益之不同，与有举诸此而施诸彼，有舍诸彼而受诸此，有当警于官、布于众者，皆前事之期，莫不考定。如此，则新出之政不戒而知其叙矣。夫新命之官不烦而知其任，新补之吏不谕而知其守，新出之政不戒而知其叙，则推行之始去故取新，所以待

---

① 《续资治通鉴长编》卷三百七，第7458—7460页。

之者备矣。其于选士如此，旁至于司封、司勋、考功当隶之者，内服、外服、庶工、万事当归之者，推此以通彼，则吏部之任，不待命出之日闻而后辨，推而后通也。试即吏部而言之，体当如此，其于百工庶职素具以待新政之行者，臣之妄意，窃以谓无易此也。夫然则体虽至大，而操之有要；事虽一变，而处之有素。一日之间，官号法制鼎新于上，彝伦庶政率行于下，内外远近，虽改视易听，而持循安习，无异于常。

——《续资治通鉴长编》卷三百一十五，元丰四年八月壬戌①

11.《上宣仁皇后论坤成节百官上寿奏》（元祐二年）（《全宋文》第一一〇册，第17—18页）

此文在"惟陛下留神，无忽"之后，《续资治通鉴长编》卷四百三尚有：

> 天下幸甚。臣以孤远之迹，在朝寡助。保全拔擢，皆出圣恩，常恨不能图报万一。故遇事辄发，不知忌讳。伏望陛下澄神省察，傥有可采，只乞出自圣意，速赐施行。②

12.《议差役奏》

臣昨奉使契丹回，有雄州、瀛州百姓各陈述差役不便事。其状虽已退还，然体问得各称今日应役费用，多于往时出钱者。以二州推之，窃恐其他州县以至诸路亦或如前之所陈。臣于役法利害本不详知，但承乏从官，将命出使，既见二州有所陈述，不敢隐默。伏望圣慈明诏有司，更加考察，如见今逐处役法尚有未便于民者，不惮修完，归于便民而后已，以称朝廷爱恤民力之意。

---

① 《续资治通鉴长编》卷三百一十五，第7622—7623页。
② 《续资治通鉴长编》卷四百三，第9806页。

贴黄称：熙宁中更定役法之时，臣兄布判司农寺，实与其事。臣今言之，不为无嫌。但臣既亲见二州有所陈述，若观望畏避，不以上闻，在臣谋身远嫌，虽为得计，于事君体国之谊，则恐未尽。此臣所以不避僭越之诛，冒昧以闻，伏望圣明曲赐照察。

又称：瀛州百姓自言曾经户部及转运司陈述，后来未有指挥。

——《续资治通鉴长编》卷四百八，元祐三年二月①

13.《进仁宗朝戒饬内降诏书事迹乞禁止请谒奏》（元祐三年八月）（《全宋文》第一一〇册，第25页）

此文在"臣伏见太皇太后陛下"之前，《续资治通鉴长编》卷四百十三有：

七月二十七日内批："左班殿直钱珏特差勾当牛羊司，替殿直刘锐，元祐四年六月满阙。如刘锐已有替人，即添差钱珏勾当一次，候满日更不差人。"八月三日内批："内殿崇班刘言特添差勾当翰林司，候将来有先次年满之人更不差人。"②

14.《封还王孝先知曹州词头》。

伏以朝廷起孝先于谪籍之中，任以都水之事，一旦罢去，犹得辅藩。以为无罪耶？则孝先在河朔二年，妄议河事，前后反复，劳人费财，已有臣僚奏论，臣不复言。及陛下遣官按视，辞穷迹露，犹敢广计工料，肆为大言，邀县官以必不可应副之事，愚弄朝廷，期自解免，欺君罔上，情状甚明，不可谓之无罪也。以为有罪邪？则当明正典刑，重行黜逐，今乃置之近辅，不失

---

① 《续资治通鉴长编》卷四百八，第9944—9945页。
② 《续资治通鉴长编》卷四百十三，第10048页。

节镇，使臣于训词褒贬之际，未有以处。故不避冒黩，须至奏论。大抵人臣事上，以忠信为主；朝廷纪纲，以赏罚为重。若诞谩欺罔者略而不问，则赏罚失当，纪纲殆废矣。况孝先庸猥鄙夫，初无善状。出治诏狱，则以观望败官；入为理卿，则以刻核抵罪。陛下收拭瑕衅，拔而用之，所宜竭诚以报恩遇，乃习故态，恶心不悛，此而可容，孰为可责！臣恐命下之日，公论沸腾，不免上烦圣聪，为之反汗。仰累国体，罪实在臣。是以承诏傍偟，未敢措辞。伏望少留神明，更加裁处，使罚不失当，群情厌服，则臣虽以逆旨获罪，亦所甘心。干犯天威，伏深震惧，所有诰词，未敢修撰。

贴黄称：孝先初议孙村口筑堤开减水河，为回河之计。朝廷听之，兴役弥年。及遣官行视，不可回河，已罢修河司，则孝先安所逃责？若谓为无罪，恐非公论。

又贴黄称：按孝先初自濮州召为都水使者，治河二年，略无成效，更以欺诞罢去，乃得大藩，恐于朝廷行法，未为允当。

又贴黄称：吏部侍郎范百禄等奏，修河司役过兵夫六万三千余人，计五百三十万工，约支费过钱粮三十九万二千九百余贯、石、匹、两，买物料钱七十五万三百余贯，使过物料二百九十余万条、束，官员、使臣、军大将凡一百一十余员，凡请给不预此数。又中书省勘会到修河司兵士逃走三千六百九十一人，死损一千三百一十九人，此所谓"劳人费财"。

又贴黄称：范百禄等奏，顾临等从初与王孝先同议孙村口难复故道，今却系王孝先奏乞于上件处收水入故道，又奏孝先三次陈述前后不同，此所谓"前后反复"。

又贴黄称：孝先去年十二月奏，开浚故道、闭塞北流等共用人工一千余万，物料近五千万，便要正月数足，此所谓"广计工料，邀县官以必不可应副之事"。

又贴黄称：元丰中，孝先尝奉诏勘朱丹、孙迥、高遵裕公事，坐观望夺官，昨因臣僚上言大理寺刑狱冤滥事，降知濮州。

——《续资治通鉴长编》卷四百二十二，元祐四年二月癸丑①

15.《论不当优假皇太妃亲属侯俌奏》（元祐四年）（《全宋文》第一一〇册，第38—39页）

点校者选自《历代名臣奏议》。此文又见于《续资治通鉴长编》卷四百二十五，其中"贴黄"点校者失收：

贴黄：诏旨既下，臣恐州县以皇太妃亲属之故，岂敢有所诘问，况又有免监催指挥，则虽有七年之限，亦恐未必及时送纳。伏望圣明更加详酌。②

16.《乞天地分祭奏二》（元祐七年十月）（《全宋文》第一一〇册，第41—42页）

此文后尚有贴黄，见《续资治通鉴长编》卷四七七，点校者失收：

贴黄：伏见诏书，择日差官奏告。敢望圣明，因臣此奏，更诏大臣熟加讲议，务求至当，以协典礼。所有差官奏告，且乞未赐施行。③

17.《上书皇帝皇太后请留陈瓘一》（元符三年九月）（《全宋文》第一一〇册，第62页）

---

① 《续资治通鉴长编》卷四百二十二，第10215—10217页。
② 《续资治通鉴长编》卷四百二十五，第10286—10287页。
③ 《续资治通鉴长编》卷四百七十七，第11377页。

点校者选自《通鉴长编纪事本末》卷一二九,并于注中附有《东都事略》第四十八卷所引异文。然《东都事略》有大段脱落,《自警编》卷八所引较之诸本最为完整,现抄录如下:

> 谏官陈瓘以言及东朝与政事被谪,曾肇适馆伴北使,事毕还家,即奏书两宫曰:瓘昨者所论,臣虽不知其详,以诏旨观之,瓘言虽狂,其意则忠。何则?瓘以疏远小臣,妄意宫闱之事,披写腹心,无所顾避,此臣所谓狂也。皇太后有援立明圣不世之大功,有前期归政过人之盛德,万一有纤毫可以指议,则于清躬不为无累。瓘以忧君之诚,陈预防之戒,欲以开悟圣心,保全盛美,忘身为国,臣子所难,此臣所谓忠也。以臣愚计,皇帝以瓘所言狂率而逐之,皇太后以天地之量隐忍包容,特下手书而留之,则天下之人必曰:皇帝恭事母仪,不容小臣妄议,其孝如彼;皇太后功德巍巍,而能含洪光大,虽有狂言,不以为罪,其仁如此。两谊俱得,岂不美哉。①

18.《与兄布书》(《全宋文》第一一〇册,第72页)

点校者选自《通鉴长编纪事本末》卷一百三十,并言又见《九朝编年备要》卷二十六,然《九朝编年备要》于此文后仍有:

> 况君臣忤合(库本作"况君行令"),亦岂有常,安可不先事而虑?愿兄虚心克己,凡用人行事,询谋佥同,然后为之,必无过举。但使正人聚于朝,自然小人道消,惇、卞之党,无自入矣。此乃安身保位、全家族、爱子孙之长计,此不为而为彼,曾氏祸至无日矣!其可忽哉?②

---

① 〔宋〕赵善璙:《自警编》,《景印文渊阁四库全书》本。
② 《皇朝编年纲目备要》,第652页。

19.《南洋桥记》(《全宋文》第一一〇册,第 91 页)

点校者选自天一阁藏嘉靖《青州府志》,而明朝王祎所撰《大事记续编》卷三十中所引比之多出数倍,今摘录如下:

> 青州治临淄,晋曹嶷筑广固城,刘裕平燕,羊穆之筑东阳城,即今治。北城洋水出石膏山,东北入钜定,见班固书。今石膏山距城二十五里,水经谓之巨洋,或曰朐弥,今曰渠洱河,与固说合。今俗呼洋水有二,曰南洋河,今桥是也;曰北洋河,距北城若干里者是也。①

20.《颍滨中书舍人制》

刘克庄《后村先生大全集》卷一百七十八《诗话续集》:

> 南丰序《南齐书》云:"为二典者所记,岂独唐虞之迹耶,并与其精微之意而传之。""方是之时,岂特任政者皆天下之士哉?盖执简操笔而随者,亦皆圣人之徒也。"曲阜行《颍滨中书舍人制》云:"在昔典谟、训诰、誓命之文,学者宗之,以为大训。盖当是时,岂独纪纲法度后世有不能及哉,至于言语侍从之臣,皆圣人之徒,亦非后世之士所能仿佛也。"词意全本南丰,其家庭素所讲贯也。②

此制词全文尚完整保存于宋孙汝听所作《苏颍滨年表》中,原文如下:

> 在昔典谟、训诰、誓命之文,为体不同,而其旨无二。学者宗之,以为大训。盖当是时,岂特经纪法度后世有不能及哉,至于左右言语之臣,皆圣人之徒,亦非后世之士所能仿佛也。斯道未坠,得人则兴,庶几先王,朕窃有志。具官某,学有家法,

---

① 〔明〕王祎撰:《大事记续编》,《景印文渊阁四库全书》本。
② 〔宋〕刘克庄撰:《后村先生大全集》卷一百七十八《诗话续集》,《四部丛刊初编》本。

名重天下，高文大册，为国之光，追怀古风，有望于汝。矧夫身备近侍，职在论思，位于西台，实与政事。以尔器识，足以辅余不及；以尔谅直，足以行其所知。兼是数长，朕命惟允，任重于己，责难于君，在尔勉之，以永终誉。可中书舍人。①

——《苏辙集》，第 1388 页。

---

① 《苏辙集》附录二，第 1338 页。

第四章
曾氏族人文学创作论

  曾氏家族除去曾巩、曾布、曾肇之三曾兄弟文学创作最为知名，其他亦多能文之士。南丰曾氏自曾致尧始著称于世，陈振孙所著《直斋书录解题·曾文清集》载："然其祖致尧起家"[①]。曾致尧子辈七人多无闻于世。至曾易占所生六子乃曾氏一族最为鼎盛者，各人子嗣亦多有能文之人，如曾布第四子曾纡、曾肇之孙曾协等。由曾致尧以至曾纡、曾协，其创作虽不如三曾"文"名卓著，然经过多代之遗传，其文心气禀亦多有变化，表现出与三曾不一样之文学创作特点，为曾氏家族增添诸多色彩，这是曾氏族人文学创作最为突出之处。今择选曾致尧、曾宰之诗歌以及曾纡之词作以为代表，细为论述，以见其情。

第一节 曾致尧

  据《全宋诗》所载，曾致尧今存整诗六首，残诗三首。其中《东林寺》

[①]〔宋〕陈振孙著，徐小蛮、顾美华点校：《直斋书录解题》，上海古籍出版社，1987年，第600页。

引自清张豫章《四朝诗》：

> 江南杨柳春，日暖地无尘。渡口惊新雨，夜来生白苹。晴沙鸣乳雁，芳草醉游人。向晚前山路，谁家赛水神。①

而此实乃唐张籍所作《江南春》，文字稍有出入：

> 江南杨柳春，日暖地无尘。渡口过新雨，夜来生白苹。晴沙鸣乳燕，芳树醉游人。向晚青山下，谁家祭水神。②

之后，《瀛奎律髓汇评》卷之十《春日类》③、《石仓历代诗选》第五十九卷《中唐十三》④、《全唐诗》卷三八四⑤均将之收录于张籍名下，题名、文字全同。至明正德版《建昌府志》则将此诗归于曾致尧名下，诗题、诗文均有不同。题为《东林寺》：

> 江南杨柳春，日暖地无尘。渡口经新雨，夜来生白苹。晴沙鸣乳雁，芳草醉游人。向晚前山下，谁家赛水神。

清陈焯编《宋元诗会》第十六卷，清曾燠辑《江西诗征》第五卷，均收录于曾致尧名下，题名与内容全同。到了张豫章所编《御选四朝诗》之《宋诗》第三十五卷《五言律诗一》，题相同，内容稍异，"经"变为"惊"，"下"变为"路"。将此诗归属于曾致尧共有四种文本，三种完全相同，仅此《御选四朝诗》文字有两处变动。而此变动全无来处，当为误植，由此可知此乃最差之版本。而《全宋诗》恰选择此本，之后《曾

---

① 《全宋诗》第一册，卷五四，第580页。
② 〔唐〕张籍撰，徐礼节、余恕诚校注：《张籍集系年校注》，中华书局，2011年，第131页。
③ 《瀛奎律髓汇评》卷之十《春日类》，第327页。
④ 〔明〕曹学佺编：《石仓历代诗选》，《钦定四库全书》本，上海古籍出版社，1987年。
⑤ 《全唐诗》卷三八四，第4303页。

巩资料汇编》也受此影响，原样照抄自《四朝诗》。

而何以明正德《建昌府志》会将之归属于曾致尧？对比两个文本，发现有诸多文字相异处，"渡口过新雨"变为"渡口经新雨"，"晴沙鸣乳燕"变为"晴沙鸣乳雁"，"芳树醉游人"变为"芳草醉游人"，"向晚青山下"变为"向晚前山下"，"谁家祭水神"变为"谁家赛水神"，很显然，此非一般之版本误植，当为有意之变动。此或为宋人常见之"夺胎换骨""点铁成金"之诗文训练与游戏。曾致尧见张籍此诗，而点化欲更胜一筹。然何以诗题也完全变为与诗文内容毫不相干之"东林寺"？或后人所误，或为曾致尧有意作伪，均不得而知。于地方志中出现将他人之作附会于本乡先贤，此最为常见。由此亦可见地方志多有爱屋及乌之不可信处。且地方志编纂，民间所为亦是多有疏漏，如将曾肇所写《江楼》误以为曾巩所为。

曾致尧现存诗中有《题刘居士江楼》一首，此乃家乡风景名胜处：

> 刘八江楼雅，诗家不易言。春风花对岸，夜月水当轩。帘卷青山入，窗开白浪翻。画来须妙手，梦去亦清魂。吟称云初满，登宜雪正繁。鱼龙惯灯火，鸥鹭识琴樽。波动檐摇影，潮回砌露痕。势雄邻碧落，景好怕黄昏。未许凡踪到，宁教俗态存。主人凭槛处，寥廓共谁论。①

其孙曾布、曾肇亦有同咏，曾布所为如下：

> 军山流泉初滥觞，缭绕东山为旴江。峰峦隐映渊源长，地灵物秀雄吾邦。麻源三谷神仙乡，高林远岫长相望。岿然飞观临沧浪，凝岚净练罗轩窗。②

---

① 《全宋诗》第一册，卷五四，第580页。
② 《全宋诗》第一三册，卷七八二，第9066页。

曾肇《太父太师密国公赋诗江楼世称名笔从侄子绩得之以居肇缅思祖德且爱绩之能继志也为赋一首》：

> 当年太史谪仙翁，笔落江楼气吐虹。无复琴樽对鸥鸟，空遗松柏几秋风。由来兰玉生台下，重见溪山入座中。顾我岂能绳祖武，倚阑归思附冥鸿。①

上述三诗均载于明夏良胜正德《建昌府志》，附注于"南丰县江楼"之下，唯将曾肇诗误为曾巩。《全宋诗》即据此录入，却将曾布诗误题为"盱江"。作为贤孙，曾肇赞许其祖此诗"世称名笔"，虽多因人情所为，但此诗确是不错，可谓南丰江楼自古最为优秀之作。"诗家不易言"处，有二。全篇出以排律最是难耐，自古短章易朗朗上口，而排律极难有佳构，能勇于以排律即景抒情，可见其对自己诗才之自负，也是知难而上，欲力压群雄，此为其一。对景抒情，何以能有玲珑秀句以状色构形，此为其二。"春风花对岸，夜月水当轩"最是醒发，乃全诗最佳。摇曳生姿，可得其称。诗之佳句即在此中。简文帝所谓"文章且须放荡"即是如此。左右顾盼，前后映对，灵动流转，情趣盎然。后二句"帘卷青山入，窗开白浪翻"稍弱。其他如"画来""梦去""鱼龙""鸥鹭"之类，更等而下之，硬滞板直而少有风色。一长篇排律，能有此"春风花对岸，夜月水当轩"二句，亦是可谓佳构，也无愧其孙曾肇赞誉为"名笔"。

而对观曾肇此首，也是可与其祖颉颃上下。起首出句以李白相比，对句以杜甫相誉。颔联既缅思其祖，又兼带江景。以景写人，以人对景。颈联"由来兰玉生台下，重见溪山入座中"，真是风致洒脱、玉树临风。尾联"顾我岂能绳祖武，倚阑归思附冥鸿"回环首联，收束全篇，更是拓展诗境、迢遥情思。全篇一气通贯、浑然天成。虽是短章，非比排律，

---

① 《全宋诗》第一八册，卷一〇三九，第 11883 页。

然诗情诗境高迈其祖，可谓得为贤孙，光耀门楣。由此一斑，亦可窥曾肇非一般之诗才。此诗亦是曾肇现存诗中颇为出彩之作。律对工稳，音韵铿锵，声势开张，气度堂皇。写景、抒情、缅怀、自励，一气呵成，神采飞扬，诚是了得。与其兄曾巩之诗情相仿，可谓兄弟相得益彰。惜憾处，其存诗无多，翰苑英华逊了风色。

与之相比，曾布所作乃最劣。其诗迥异前两首，为七言古体，如歌行一般作白描叙事之状，与其所作《水调歌头》大曲相较，可见其诗才之特质。歌行体最适合长篇大写，而此作乃短章小调，写景抒情，宛如清供雅玩，颇不适合歌行叙事之特性。无奈文肃公最不擅长风情摇曳，故而依旧用此质实之笔状景抒情。好似流水簿，更似老生常谈，淡白无味，了无意趣。

《全宋诗》中更录有曾致尧另一首五言排律《望京楼》：

望京楼上望，望久思踟蹰。境土连江徼，人家匝海隅。隔山川隐映，近郭水萦纡。雨过风腥槛，潮来岸浸芦。①

诗后有编者按："诗为排律，当有残缺，后同题残句一联，疑亦属本诗。"同题残句为：

云昏迷候馆，树缺辨江湖。②

诗是否为排律未可由此诗本身判定，五言八句正可为完整五律。然，全诗确是意犹未尽，至"雨过风腥槛，潮来岸浸芦"，戛然而止。同题两句，确应是此诗之所缺。全诗虽为残损亦可见其风致。与前一首《题刘居士江楼》对观，可见曾致尧颇擅长创作排律。此亦是登楼望远，气度壮阔。五律因五言之短促不如七律畅练，然亦因短章而内敛浑沉，势大力猛。全诗，

---

① 《全宋诗》第一册，卷五四，第580页。
② 《全宋诗》第一册，卷五四，第580页。

两残句却是最为出彩。将楼宇之高远,景致之辽阔,相思之迷离,渲染淋漓。

曾致尧另几首诗歌亦是情趣盎然,如《崇觉寺》:

> 水深花影地莓苔,春色烘人若不开。走报鸰原无别事,远将歌管酒壶来。①

此诗无多亮彩辞章,唯最后一句"远将歌管酒壶来"颇能体现作者旷达豪爽之情怀。诗言志歌咏言,诗歌心性之抒发,心志高沉抑扬,展露于诗歌微吟慷慨,最是真切。曾致尧能有此情趣,诗歌自然是洒脱畅练。律体七言,最称心绪,如《题军山徐秀才居》:

> 买断军峰不计钱,屋前屋后水潺潺。青春花发帘帷外,白日云浮栋宇间。金鼎欲成红气溢,玉芝初种紫苗悭。未知桃熟先生醉,鹤驭何人得往还。②

起首"买断军峰不计钱"犹如后世东坡《游金山寺》"我家江水初发源",豪情万丈,风致洒然。随后以"屋前屋后"更缀以"潺潺"之对语回环,摇荡捭阖。"青春花发"对以"白日云浮",再拓开笔触,敷以远古神仙之灵性,"金鼎欲成红气溢,玉芝初种紫苗悭",烘托主人仙风道骨。尾联回顾主题,画龙点睛,以桃花烂漫、花果丰茂以映衬先生醉酒之洒脱风姿,再以驾鹤征飞进一步点染高情雅怀。整首诗歌将徐秀才傲然不群、风清骨峻之气质刻画以入木三分之神韵。七言长调,音韵悠扬,遥相呼应,相得益彰。其《题义门胡氏华林书院》远不如众作,乃所录最劣。唯此乃犹如命题为文,应酬题写,实难有真情实感,亦是最难书写,故由此也颇能体现其诗才。如此应酬仍出以七律,可见其娴熟。小诗亦是平稳妥帖,端正大方,面面俱到,可圈可点。

---

① 《全宋诗》第一册,卷五四,第580页。
② 《全宋诗》第一册,卷五四,第581页。

第二节 曾宰

曾易占第四子、曾巩二弟曾宰今仅存诗一首,《舒州寄王介甫》:

> 官居隐几望灊山,不似茅檐旧日闲。顾我尘沙添白发,怜君道路失朱颜。江涵秋老鲈鱼美,岸入春风荻笋斑。此味纵佳吾不乐,惟思一马返乡关。①

曾宰也是命途多舛,仕途坎坷,一生才华横溢,却穷困下僚,四十七岁便英年早逝。其兄曾巩对其所学极为推崇:"少力学,六艺百子、史氏记、钟律地理、传注笺疏、史篇文字,目览口诵手抄,日常数千言,手抄书连楄累筒不能容。于其是非治乱之意既已通,至于法制度数、造物立器、解名释象、声音训诂,纤悉委曲,贯穿旁罗,无不极其说。"②上引诗为其步入仕途不久之作。饱学如此,仅得舒州一掾,可想其寥落。开篇遥望灊山,已是心远南山,慕想东篱。随后哀叹,顾我已是尘沙添白发,想君同样风尘失朱颜。名利与自守,理想与现实,纠葛交织,不可断绝。随后荡开,渲染鲈鱼、春风,映衬尾联,一马返乡关。曾子翊却是天矣命矣,一生顿挫,更仅此一首流传后世。或得些许慰怀者,此七律音情朗练,由此点滴可窥其自诩非凡之心志矣。善哉。其后王安石随即酬和以为《和曾子翊授舒掾之作》:

> 皖城终岁静如山,府掾应从到日闲。一水碧罗裁缭绕,万峰苍玉刻屏颜。旧游笔墨苔今老,浪走尘沙鬓已斑。揽辔羡君

---

① 《全宋诗》第一〇册,卷五七九,第6816页。
② 出自《曾巩集》卷第四十六《亡弟湘潭县主簿子翊墓志铭》,第634页。

桥北路,春风枝上鸟关关。①

酬和之作远较原作为难。颔联与原作相应,必然有二句摹景状物。与原诗"江涵秋老鲈鱼美,岸入春风荻笋斑"相比,"一"与"万"之对比更为开张、明朗。而"一水"缭绕,尤为灵动。王安石于此两句当是颇为欢喜,之后其所作名篇《书湖阴先生壁》即套用此,"一水护田将绿绕,两山排闼送青来"。②后颈联两句"旧游笔墨苔今老,浪走尘沙鬓已斑"对应原作"顾我尘沙添白发,怜君道路失朱颜",两者无分高下。尾联"揽辔羡君桥北路,春风枝上鸟关关",回顾原作"此味纵佳吾不乐,惟思一马返乡关"。全诗俱用原诗韵脚酬唱,甚是不易。原作抒写怅然若失之情,和作则是歆羡以资鼓舞。因非有不得已者而后言,确不如原作韵味悠长,仅只泛泛而述。

第三节 曾纡

曾布之子曾纡,字公衮,号空青,于曾氏后人中最为知名。虽曾于崇宁二年(1103)列入元祐党籍,然一生官运亨通,曾历任江南东路转运副使,知抚州,江南西路转运副使,福建路提点刑狱,知信州。《全宋诗》中收录其今存诗九题十首,另残句若干。其中《北固楼》一诗乃最佳:

枕中云气千峰近,床底松声万壑哀。要看银山拍天浪,开窗放入大江来。③

---

① 〔宋〕王安石撰,王水照主编:《王安石全集》第5册,《临川先生文集》卷十九,复旦大学出版社,2017年,第423页。
② 《王安石全集》第5册,《临川先生文集》卷二九,第588页。
③ 《全宋诗》第二四册,卷一三六九,第15726页。

编者按称此诗录自明许国诚《京口三山志》第二十卷，而今检索明正德七年刻十卷本《京口三山志》卷三《诗一》、清钞二十三卷本《宋诗拾遗》卷十一、《宋诗纪事》卷十一，均题作曾公亮《宿甘露僧舍》，故而此卷当为误收。如此，曾纡仅存八题九首完整诗作。除去此首律调，另一首《乌臼树》也是悠然有致：

> 三年逐客弄湘流，华气遮栏两鬓秋。只有荒寒江上树，尚成诗句聚眉头。[1]

此当为其除任江南西路转运副使时所作，已至人生暮年。长期为官四方，落叶归根，确多倦惫与愁伤。临江远眺，曲水幽幽，人生如梦。花发与华气均多衰煞，两鬓霜雪已多怅怀。尾联二句最是出彩，渲染开拓，意蕴悠扬。逐客、霜鬓、寒树、愁肠，触景伤怀，感时伤世，兴之所至，不可遏止。此首最是真情实感，故而尤为全部存诗最佳。《清樾轩二首》当作于同时：

> 卧听滩声灖灖流，冷风凄雨似深秋。江边石上乌臼树，一夜水长到梢头。
>
> 竹间嘉树密扶疏，异乡物色似吾庐。清晓开门出负水，已有小舟来卖鱼。[2]

《墨庄漫录》将此诗其一收录于"近人七言绝句佳句"中。[3]《诗人玉屑》中记载赵蕃言：

> 论诗者贵乎似，论似者可以言尽耶！少陵春水生二首云："二月六夜春水生，门前小滩浑欲平。鸬鹚溪鶒莫漫喜，吾与

---

① 《全宋诗》第二四册，卷一三六九，第15725页。
② 《全宋诗》第二四册，卷一三六九，第15725页。
③ 《墨庄漫录·过庭录·可书》，第182页。

汝曹俱眼明。"一夜水高二尺强，数日不敢更禁当。南市津头有船卖，无钱即买系篱傍。"曾空青清樾轩二诗云："卧听滩声瀸瀸流，冷风凄雨似深秋。江边石上乌臼树，一夜水长到梢头。""竹间嘉树密扶疏，异乡物色似吾庐。清晓开门出负水，已有小舟来卖鱼。"似耶不似耶？学诗者不可以不辨。①

之后蔡正孙《诗林广记》中记载杜甫《春水生》此二诗时，同样也将曾纡《清樾轩二首》附载其后以并美。②

此二首风味别致。其一，"瀸瀸"刻画深秋之冷风凄雨确是栩栩如生，由此晨起远望，满川夜雨，以乌臼树描摹雨大水急"一夜水长到梢头"，实难以预料，可谓奇思妙得。此当为赵蕃"论诗者贵乎似"之所在，如其所选老杜对于"二月六夜春水生""一夜水高二尺强"之描摹。其二，亦是一夜风雨，以致"清晓开门出负水，已有小舟来卖鱼"。语句自然浅近，颇具生活之原貌。然弊处亦在其中，过于浅白，或如宋调，以文为诗。唯实难以佳构视之。《墨庄漫录》只录选其一，确是切中肯綮。

七绝之外，亦有七律之作。据《夷坚志·夷坚丁志》卷第十四记载：

《慈感蚌珠》：大观中，湖州人邵宗益买蚌于市，烹而剖之。其一有珠，宛然成罗汉像，偏袒右肩，矫首左顾，衣纹毕具。观者敬骇，遂奉以归慈感寺。寺僧椟藏，客至必出示。叶少蕴作诗云："九渊幽怪舞垂涎，游戏那知我独尊？应迹不辞从异类，藏身何意恋穷源。归来自说龙宫化，久住方惊鹫岭存。此话须逢老摩诘，圆通无碍本无门。"一时名流属和甚众。曾公衮（纡）云："不知一壳几由旬？能纳须弥不动尊。疑是吴兴清霅水，

---

① 〔宋〕魏庆之撰，王仲闻校勘：《诗人玉屑》，上海古籍出版社，1978年，第7页。
② 〔宋〕蔡正孙撰，常振国、降云点校：《诗林广记》，中华书局，1982年，第33页。

直通方广古灵源。月沉浊水圆明在，莲出污泥宝性存。隐现去来初一致，莫将虚幻点空门。"①

酬和最是展示诗才。曾纡此首比原作稍优，颔联两句尤为流畅爽利。尾联切入禅机，对照原作，更多灵秀。

酬唱束缚手脚，自我抒写最能以见真情实感，尤显手眼高低。如《宁国道中》：

渡水穿桥一径斜，潦收溪足露汀沙。半川云影前山雨，十里香风晚稻花。异县悲秋多客思，丰年乐事属田家。故园正好不归去，满眼西风吹鬓华。②

颔联对仗工稳刻摹精准，一首诗篇能得有此一二佳句，即可使全篇出彩，引人入胜。颈联以农乐对称客愁，喜乐相映，亦正是回护颔联"十里香风晚稻花"。尾联"满眼西风吹鬓华"，风致洒脱，栩栩如生。

曾纡存诗中另一《客愁》为古体短章：

客愁如茧丝，一揽成万绪。秋风不可奈，又到庭前树。秋风自有时，客子愁无期。不如饮美酒，诵我山中诗。③

此诗颇为古风气质。起首两句造意新颖，想出意表。清人桂馥有《送李驭臣孝廉》：

客中频送客，愁外更生愁。梦入虫丝老，心随木叶秋。岁寒劳接纳，事去悔夷犹。明日相思处，萧萧古渡头。④

---

① 〔宋〕洪迈撰，何卓点校：《夷坚志》，中华书局，2006年，第658页。
② 《全宋诗》第二四册，卷一三六九，第15725页。
③ 《全宋诗》第二四册，卷一三六九，第15725页。
④ 〔清〕桂馥撰：《未谷诗集》卷二，清道光二十一年刻本。

孔尚任《鹧鸪天》亦有词句"伤往事,写新词,客愁乡梦乱如丝"。相比,曾纡此二句更为凝练紧凑。桂馥前四句颇为动人,唯至六七两句,顿时衰煞难以入目,整首诗歌成了半壁江山。曾纡此作首尾完备。中间更以秋风过度,平仄交错。全诗承袭魏晋乐府古调风格,风韵高古,以晕染沉浑浓郁之诗情画意。平仄转换,古体随意,亦是愁郁中更有释愁破闷之豪爽与洒脱。

曾公衮无愧是曾氏后人之佼佼者,其诗虽仅存无几,亦可见其古今俱佳,出手不凡。

曾纡除了诗歌创作,今《全宋词》中更有九首词作存世,此最为令人惊异。曾氏家族于其心性使然,甚少乐章创作。曾纡此能实属罕见之特例,亦可见其才性才情之全面,及其于艺文之开拓。此中,有小令亦有中调,有抒情亦有叙事,有儿女柔情亦有家国伤悲,虽仅九首,也是众彩纷呈。小令如《临江仙》:

> 后院短墙临绿水,春风急管繁弦。问谁亲按小婵娟。玉堂真学士,琳馆地行仙。安得此身来此处,依稀一梦梨园。江南刺史谩垂涎。据鞍肠已断,何况到尊前。①

《临江仙》短小令词,颇合抒情。起源甚早,唐已有之,乃词人喜用擅用之常用词调。此词被选入南宋黄昇所编《中兴以来绝妙词选》②,词牌下有小题"感旧"二字。小词流宕灵动,情感摇曳多姿。上片春风繁弦烘托婵娟之美。更有玉堂学士、琳馆神仙。花叶互映,风华绝代。然而越是风流处越是愁伤。下阕起首"安得此身来此处,依稀一梦梨园",陡然急转,一片衰煞,最是惆怅。唯结尾处稍弱,转为叙事,败了风致。应当更为点染意境,以作远思。或许名花有主之尴尬,"据鞍肠已断,

---

① 《全宋词》第二册,第732—733页。
② 〔宋〕黄昇编:《中兴以来绝妙词选》,《四部丛刊初编》本。

何况到尊前"之窘迫，令公衮辗转万千，不知如何可言、能言。以致一时凝噎，颓然困厄。

又如《菩萨蛮》：

> 山光冷浸清溪底，溪光直到柴门里。卧对白苹洲，欹眠数钓舟。溪山无限好，恨不相逢早。老病独醒多，如此良夜何。①

《菩萨蛮》乃传统词调，小令之最耳熟能详者。早期作品多为儿女柔情之描摹，如温庭筠之名曲"小山重叠金明灭，鬓云欲度香腮雪"②。曾纡此词当为晚年感怀而作，相较花间杯酒更多深沉与浑厚，韵味悠长，更胜一筹。老病更加独眠，面对无限江山，回顾一生走过，辗转反侧，又是如何言说。万千思绪，蹉跎岁月，均凝缩于短小辞章，欲语还休，唯是无言。《菩萨蛮》于曾公衮手中能有如此变化，也是巧思佳作，可谓妙才者也。

再之《谒金门》：

> 风渐沥，窗外雪花初积。梦破小窗人寂寂，寒威无处敌。强起饮君涓滴，清泪醉来沾臆。歧路即今多拥隔，弟兄无信息。③

小词描摹兄弟离别情也是别致。确是符合词体阴柔之本质，小窗、涓滴、清泪。然囿于此本质，以此描摹兄弟离情，却多有忸怩之色。亦如下片结尾"弟兄无信息"，生硬粗浅。整首词作乃存词中最为逊色者。

中调如《念奴娇》：

> 片帆暮落，正前村梅蕊，愁人如雪。东陌西溪长记得，疏

---

① 《全宋词》第二册，第733页。
② 〔后蜀〕赵崇祚编，杨景龙校注：《花间集校注》卷一，中华书局，2014年，第3页。
③ 《全宋词》第二册，第733页。

影横斜时节。六出冰姿，玉人微步，笑里轻轻折。兰房沉醉，暗香曾共私窃。回头万水千山，一枝重见处，离肠千结。料想临鸾消瘦损，时把啼红偷浥。怎得伊来，许多幽恨，共捻青梢说。如今千里，断魂空对明月。①

此为思人慕想之作，百转千结，最是辞章尤妙处。上片点出梅雪时节，睹物思人，犹忆当年暗香沉醉之处。下片梦中醒来，回归当下，万水千山，千言万语不知何说。更遥想彼处，独自一人黯然悲伤。而自己也是幽恨满怀。一切只能千里相思，归于明月魂断。词情词性可谓当行里手。而如曾巩之《赏南枝》及曾布之《江南好》《水调歌头》大曲，远非轻词漫语可以为词者也。不意，曾氏后人，能有此兴致。虽其所作远逊宋人高手可及，然由此对比，恰如峰回路转，令人蓦然而惊，愕然而喜。其所作共有两首《念奴娇》，另一首为：

江城春晚，正海棠临水，嫣然幽独。秀色天姿真富贵，何必金盘华屋。月下无人，雨中有泪，绝艳仍清淑。丰肌得酒，嫩红微透轻縠。晓日雾霭林深，佳人春睡思，朦胧初足。笑出疏篱，端可厌，桃李漫山粗俗。衔子飞来，鸿鹄何在，千里移西蜀。明朝酒醒，乱红那忍轻触。②

两词所述情事相同，均乃远别相思之作，至于是否相同一人，未可确知。然同样是千里相思，前者"如今千里，断魂空对明月"，此处"鸿鹄何在，千里移西蜀"。或许，此西蜀之移正是其断魂空对之明月矣。前首若为泼墨写意，后者则是工笔细摹。犹如仇十洲，细笔勾勒，"丰肌得酒，嫩红微透轻縠"。唯中国艺术最重传神写意，细笔写真，最是

---

① 《全宋词》第二册，第 731 页。
② 《全宋词》第二册，第 732 页。

艰难。稍有不妥即是画蛇添足。此首之情韵神思远不如前首悠长深切，究其所因，正在于此。下片"桃李漫山粗俗"亦是过粗。煞尾二句乃此首最动情处，却远不如柳三变"今宵酒醒何处"①卓越动人。不过，若将两首词作联袂而观，远近精疏，正可弥补其不足。

曾纡中调词作另有《上林春》一首，终天水一朝，仅有五首同调之作，分别乃晁冲之一首、晁端礼三首，及曾公衮此一首。此调多作碎语断句，不便抒情，颇能叙事。然词终是情物，非为无韵之类。仅为叙事，败了风韵。如晁端礼所作三首，均是如此。如"奈苍生，尚满望、谢公重起"，"看登庸，辅圣主、万年康济"，"料得那里、千儹万愫，嗔我也思量我"，②几不可卒读。可谓最差。晁冲之所作亦是叙事，唯较之晁端礼，描写灵巧而多情趣。

> 帽落宫花，衣惹御香，凤辇晚来初过。鹤降诏飞，龙擎烛戏，端门万枝灯火。满城车马，对明月、有谁闲坐。任狂游，更许傍禁街，不扃金锁。玉楼人、暗中掷果。珍帘下、笑著春衫袅娜。素蛾绕钗，轻蝉扑鬓，垂垂柳丝梅朵。夜阑饮散，但赢得、翠翘双亸。醉归来，又重向、晓窗梳裹。③

此词《续骫骳说》记载乃描摹"都下元宵观游之盛"④。"珍帘下、笑著春衫袅娜"，"醉归来，又重向、晓窗梳裹"，俏皮而可爱。

曾纡此作同样以叙事为主，然与上述之作不同处，叙事更兼带抒情。

> 东苑梅繁，豪健放乐，醉倒花前狂客。靓妆微步，攀条弄粉，凌波遍寻青陌。暗香堕靥。更飘近、雾鬟蝉额。倒金荷、念流

---

① 〔宋〕柳永著，薛瑞生校注：《乐章集校注》上编，中华书局，2012年，第18页。
② 《全宋词》第一册，第420、439页。
③ 《全宋词》第二册，第655页。
④ 〔宋〕李廌撰，孔凡礼点校：《师友谈记》；〔宋〕朱弁撰，孔凡礼点校：《曲洧旧闻》；〔宋〕陈鹄撰，孔凡礼点校：《西塘集耆旧续闻》，中华书局，2002年，第235页。

光易失，幽姿堪惜。惜花心、未甘鬓白。南枝上、又见寻芳消息。旧游回首，前欢如梦，谁知等闲抛掷。稠红乱蕊，漫开遍、楚江南北。独销魂，念谁寄、故园春色。①

此为东苑赏梅，上阕叙事，醉倒花前、凌波遍寻，风姿绰约。煞尾处"念流光易失，幽姿堪惜"已潜涵往事伤情，幽幽思绪。下片以"惜花"起笔，"鬓白"渲染，更是"南枝上、又见寻芳消息"。随即由花及人，由今忆往，"旧游回首，前欢如梦，谁知等闲抛掷"。眼前梅色，漫染楚江南北，犹如"鸿飞满西洲"②。结尾画龙点睛，挽结主题"独销魂，念谁寄，故园春色"。园依旧，人难留，人空瘦。上片叙事，下片抒情。明摹梅色，暗遣离情。以叙事为渲染，以工笔为点缀，最终却是层层重重，烘托出内心至深之相思离愁。能根据《上林春》之词体特质，以叙事入手，却更突破囿束，出人意表，于难抒情处抒情，长叙事中取巧，尤显其词才，非可等闲。公衮此作，可谓大宋五首《上林春》之最佳。

《中兴以来绝妙词选》还收录了曾纡另一首《洞仙歌》：

相如当日，曾奏凌云赋。落笔纵横妙风雨。记扬鞭辇路，同醉金明，穷胜赏，不管重城已暮。旧游如梦觉，零落朋侪，遗墨淋漓尚如故。况神洲北望，今已丘墟，伤白璧、久埋黄土。但空似、灵光岿然存，怅朗月清风，更无玄度。③

此词牌下亦有小题"感旧"二字。然虽同为"感旧"，"旧"却有别，此词迥异于公衮所存各作，乃是抒写家国之悲。此词作于晚年，公衮由儿女愁肠跳跃至家国情愁，可见其心胸之广大，词艺之精进。非仅忸怩

---

① 《全宋词》第二册，第732页。
② 《乐府诗集》第七十二卷，第1027页。
③ 《中兴以来绝妙词选》，《四部丛刊初编》本。

于小词，更有志于壮彩。上阕少年意气，壮志凌云，"落笔纵横妙风雨"。更是有为天下，一心效命君王，"记扬鞭辇路，同醉金明"。然煞尾蓦然一句"不管重城已暮"，顿似万念俱空，寥落秋风。由此，下片旧游如梦，朋侪凋零。而这一切，又非泛泛之感时念旧，实乃山河之悲、家国之痛，覆巢之下岂有完卵，"况神洲北望，今已丘墟"。至南渡，曾纡已是五十五岁。人至暮年，经此遭逢，无限神伤，感时伤世，"伤白璧，久埋黄土"。但其内心于国于己，尤多希冀，终渴望"灵光岿然"。然末尾之惆怅，虽如朗月风清，想世事，"更无玄度"。曾纡复杂矛盾之内心焦灼纠葛，尽于长短辞章错落抒写。此首《洞仙歌》描写之深婉，抒写之动人，叙意之深刻，终有宋之世，亦是同调之翘楚。

另有《品令》：

> 纹漪涨绿。疏霭连孤鹜。一年春事，柳飞轻絮，笋添新竹。寂寞幽花，独殿小园嫩绿。登临未足。怅游子、归期促。他年清梦千里，犹到城阴溪曲。应有凌波，时为故人凝目。①

此词调本多为俳谐之语，如秦观两首，一首"好好地恶了十来日"，一首"帘儿下时把鞋儿踢，语低低，笑咭咭"，② 辛弃疾一首"甚今年、容貌八十岁，见底道、才十八"③ 等，均是如此。而曾纡此作则一洗粗鄙，转为写意。一年春事已至，花飞花谢，柳絮嫩绿，正是最相思处。而此际，曾纡所抒发者，非为相思于以往，乃相思于未来。归期已至，遥想他年梦回首，已是故人凝目。虽非曾纡最佳之作，相比谐谑语也是缠绵而悠扬。

---

① 《全宋词》第二册，第733页。
② 〔宋〕秦观著，龙榆生点校：《淮海居士长短句》，中华书局，1957年，第38页。
③ 〔宋〕辛弃疾著，辛更儒笺注：《辛弃疾集编年笺注》，中华书局，2015年，第1769页。

第四节 曾惇

曾惇字谹父、宏父,《宋史》无传,史料遗存其传记资料亦是无多。主要见载于《建炎以来系年要录》《能改斋漫录》《挥麈后录》等。今《宋才子传笺证·词人卷》中有其小传。① 谢伋《曾使君新词序》云:

> 临海使君南丰曾侯惇,字谹父,以故相孙习知台阁。②

《直斋书录解题》卷二十《曾谹父诗词》一卷:

> 知台州曾惇谹父撰。纡之子也,皆在台时所作。③

可知其为曾布之孙,曾纡之子。《建炎以来系年要录》记载其史迹如下④:

> 绍兴三年十一月庚申。"右通直郎曾惇为太府寺丞。"(卷七十,第1178页)

> 绍兴八年六月乙丑。"御史中丞常同言:近关报,右奉议郎曾惇进曾祖曾布著《三朝正论》真迹,转右承议郎。"(卷一百二十,第1936页)

> 绍兴十四年六月。"右朝奉郎曾惇知台州。惇尝献秦桧诗,称为圣相,故以郡守处之。(此据绍兴二十八年七月叶义问劾疏修入。)自桧擅权,凡投书启者,以皋、夔、稷、禹为

---

① 傅璇琮、王兆鹏主编:《宋才子传笺证·词人卷》,辽海出版社,2011年,第466页。
② 〔宋〕林表民:《赤城集》,《景印文渊阁四库全书》本。
③ 《直斋书录解题》,第608页。
④ 〔宋〕李心传:《建炎以来系年要录》,中华书局,1985年。

不足比拟，必曰元圣，或曰圣相。（此据赵甡之遗史。）"（卷一百五十一，第2438页）

绍兴十七年九月。"甲戌。右朝散郎直秘阁吕摭除名，梧州编管，秦桧追恨颐浩不已，使台州守臣曾惇求其家阴事。会摭嫂姜氏告摭烝其庶弟之母，送狱穷治。摭惧罪阳瘖，乃以众证定罪。于是一家破矣。（叶义《问劾曾惇章疏》称：惇守台州，讦颐浩家阴事。按《日历》：惇十四年六月，差知台州。十八年七月丁酉，以右朝散郎权发台州回进对。此时盖未满也。）"（卷一百五十六，第2539页）

绍兴十七年十一月，丁丑。"左奉议郎洪适、右朝散郎通判濠州曾恬并罢。适通判台州，与守臣曾惇不相能。恬，公亮孙，少尝尊事杨时、谢良佐、刘安世、陈瓘，得存心养性之学。及为大宗正丞，秦桧专政，士方求媚以取要官，而恬自守无所诎。殿中侍御史佘尧弼论适奸险强暴，得自家传。在台州，贪墨逾滥。恬纵脱不检，自谓赵鼎门人，常怀怨望。遂绌之。即而恬又坐擅兴工役贬秩。（恬明年六月丁酉降官。）"（卷一百五十六，第2545页）

绍兴十八年闰八月。"右朝散郎曾惇知镇江府。"（卷一百五十八，第2565页）

绍兴十九年，七月。"秦桧奏事毕。上曰，巫伋言镇江预借事，不知何故阙乏乃尔，可令谏司经理，其守臣先罢。时右朝请郎曾惇为秦桧所厚，骤用知镇江，至是才数月也。"（卷一百六十，第2590页）

是中记载其人生最大之污点为谄媚秦桧。其知台州、镇江均得秦桧佑助。尤其于台州陷害吕氏一族以致"家破"。而与通判洪适不相能，以致洪适被贬，亦当与其有关。此类均乃其效力秦桧所致。而其文章之能，当时多有称誉。与吕本中、曾几、周紫芝均有往还唱和。其好友谢伋之评论最为具体详明，《曾使君新词序》言：

> 临海使君南丰曾侯惇，字铉父。以故相孙习知台阁，工为文辞。年逾二十，当全盛时官中都，诸公贵人一口称荐，王邸戚里、名胜豪杰莫不愿交。而铉父亦善与人交，笑言霏靡，各适其意，名声一日满京师。酒酣耳热，遗簪堕珥之前，滑稽放肆之词播在乐府，下至流传平康诸曲皆习歌之，以是乐府尤著。盖识其小者，轻千金，重然诺，夸承平公子之豪；而见其大者，英妙卓绝，可继门户钟鼎之盛，此铉父异时之作也。伋政和末肄业太学，同舍生多能语此。后十四年铉父丞大府，伋丞大宗正，相遇行在所，叙中外契。明年同出尚书省，见其文词日益多而乐府传者少。时中外多故，虽官曹令休，友室无私恩意，皇暇乎朋友燕集之事哉！及十三年，岁在丙寅，铉父来守临海，四方无事，屡丰穰，不鄙夷其民，教以礼乐，老者安而少者怀矣。于是以少日之所自乐而与斯民共乐之，变叹息愁恨之音为乐职中和之作。合乐府五十一转而上闻，则安静平易，无烦苛迫急，办治于谈笑之间，殆将于此乎！政小而行远，则高下抑扬，曲折变化，人情物态莫不周知，虽异世识其人矣。既秩满去郡，门生故吏相与裒次，属黄岩长刻诸板，将传之。又属伋为序，伋应之曰："曾侯知我不能度曲。"尝觞我，顾其侍儿诵苏东坡前后《赤壁》二赋，曰："听此文也毕之，何敢序侯词？"则又合词来请曰："是亦侯之心也。"固辞不获，故序其自所见闻者如上。①

---

① 《全宋文》第一九〇册，第334页。

其外甥王明清《挥麈录·后录》卷十一亦言：

> 舅氏曾宏父，生长绮纨，而风流酝藉，闻于荐绅，长于歌诗，脍炙人口。①

这其中最为有名者莫过《能改斋漫录》卷十一所载"曾郎中献秦益公十绝句"：

> 绍兴壬戌，朝廷既罢三大将，息兵议和。曾郎中惇时守黄州，献书事十绝句于秦益公。秦缴进于上，上喜，与升擢差遣，任满，除台州。诗云："黄泥坂下雪犹深，赤壁矶头江欲平。驿吏西来闻好语，虏人已出蔡州城。""和戎诏下破群疑，无复旄头彗紫微。屈己销兵宜有报，先看长乐版舆归。""吾君见事若通神，兵柄收还号令新。裴度只今真圣相，勒碑十丈可无人。""淮上州州尽灭烽，今年方喜得和戎。问谁整顿乾坤了，学语儿童道相公。""连营貔虎气如云，听诏人人愿立勋。沔鄂蕲黄一千里，更无人说岳家军。""田父今年作社频，边头闻见一番新。官军不斫人家树，各自持钱去买薪。""江头柳木已参天，柳色花光日日妍。惊怪田家频得醉，今年斗米不论钱。""村村准拟十分禾，老稚扶携笑且歌。租税况今黄纸放，阳城元自拙催科。""淮畔风尘自此清，斯人还喜见升平。田家尽说今年好，要雨雨来晴便晴。""百丈岢峨贾客船，张帆打鼓下长川。路人指点几垂泪，江道无来十六年。"其三章称"裴度只今真圣相"者，李义山韩碑诗云："帝得圣相相曰度。"盖取《晏子春秋》云："仲尼，鲁之圣相也。"其五章云"岳家军"者，盖时江左三大将，皆以家称之。②

---

① 〔宋〕王明清：《挥麈录》，中华书局，1961年，第216页。
② 《能改斋漫录》卷十一，第339-340页。

《四库全书总目·子部·杂家类二·能改斋漫录》对此评价道：

> 今观其书，以荀彧为汉之忠臣，以冯道为大人，其是非甚为乖刺。又如孙仲鳌贺秦桧诗、曾惇上秦桧书事十绝句，皆胪载无遗。是其党附权奸，昭然可见。并其书遭人攻击，盖由于此。①

《能改斋漫录》编成于绍兴二十四至二十七年之间，刊刻不久即遭禁毁。其"党附权奸"，亦是重要原因。

曾惇上疏献诗源自绍兴十一年与金国之和议。第二年，朝廷罢免三员大将，韩世忠、岳飞、张俊兵权，息兵以和。条约确是丧权辱国，然宋朝历史，不平等条约自始至终，早期如真宗澶渊之盟，能换来长期和平，对百姓亦是难得天下安宁。故而《书事十绝句》对屈辱之绍兴和议所换来和平之描述，纵观两宋，亦是常情。唯南宋与北宋不同，毕竟半壁江山丧失而不思收复，令人可忍于北宋之不平等条约，而不可忍于南宋之苟安。加之，此协议背后伴随千古英雄岳鹏举之莫须有而亡，更令千百年来人人于此而扼腕。然，若就封建皇权而言，一切，帝王天下，帝王意志。绍兴和议，完全秉承宋高宗意愿而行之。由此，歌颂此和议，于封建臣子亦是合情合理。即如秦桧，被高宗两授为相，一再加封。绍兴十年，以明堂恩封莘国公。绍兴十一年六月，进封庆国公。《徽宗实录》成，迁少保，加封冀国公。绍兴十二年九月，加太师，进封魏国公。十月，进封秦国公、魏国公。绍兴十七年，改封益国公。绍兴十九年，高宗命绘秦桧像，并亲自为赞。绍兴二十五年，病危际，高宗亲赴其第邸探问。死后，赠申王，谥忠献。② 可见高宗对其之信任、赞许。就封建君臣而言，秦桧谥为忠献，誉为忠臣，当之无愧。曾惇赞誉如此君臣，亦无不可。

---

① 《四库全书总目》卷一一八，第1018页。
② 见《宋史》卷四七三《列传第二三二·奸臣三·秦桧传》，第13757、13761、13764页。

唯其秦桧一人之下，大权在握，取名利如探囊。曾惇趋附之，利欲熏心自是多有。由此而为虎作伥，更是令人切齿。而此乃官僚、官场之通病，非可一涉及秦桧，即是分外愤愤。纵是污墨，亦不失千古"忠臣"。

《书事十绝句》多为和议之后，世间百姓祥和生活之描写。虽是赋颂之声，然于黎庶，不知天下，只知耕作，没有战火惊扰，也是一桩乐事。犹如其九所言"淮畔风尘自此清，斯人还喜见升平。田家尽说今年好，要雨雨来晴便晴。"此类诗歌清新活泼，饶有生活滋味。而最后一首尤为动人，"百丈岂峨贾客船，张帆打鼓下长川。路人指点几垂泪，江道无来十六年。"末二句宛似后来范成大之名篇《州桥》，"州桥南北是天街，父老年年等驾回。忍泪失声询使者，几时真有六军来？"而曾惇此作为其恶名所掩，才思亦黯然失色，甚为惋惜。全作十首中只有两首直接谀颂秦桧，一为其二："吾君见事若通神，兵柄收还号令新。裴度只今真圣相，勒碑十丈可无人。"《宋史》卷四七三《列传》第二三二《奸臣三》由此而记载："台州曾惇献桧诗称'圣相'，凡投献者以皋、夔、稷、契为不足，必曰'元圣'。"①一为其四："淮上州州尽灭烽，今年方喜得和戎。问谁整顿乾坤了，学语儿童道相公。"而其五末句"更无人说岳家军"②，更是引火烧身。此前一年即绍兴十一年岁末，以莫须有之罪名，岳飞赐死狱中，其子岳云及张宪被杀于都市，"天下冤之，闻者流涕"③。曾惇全部十首虽仅此三首涉及具体人事，却使得全诗，以致曾惇全部文学创作备受牵连。愤恨之余，也对其诗艺文情略而无视。

今《全宋诗》收录有曾惇存诗二十三题三十九首、残句若干。其中《次韵李举之玉霄亭》二首之一，《全宋诗》卷四八二《曾几卷》亦收录此诗，

---

① 《宋史》，第 13760 页。
② 《全宋诗》第三四册，卷一九四七，第 21765 页。
③ 《宋史》，第 13758 页。

题为《三霄亭和韵》①。《嘉定赤城志》录有此诗，署名曾惇，当以此为是。其存诗大多录自宋林表民所编《天台续集别编》。《天台集》三卷、《天台续集》三卷乃李庚原编、林师蒧补编而成。后林师蒧之子林表民赓续以成《天台集别编》一卷、《天台续集别编》六卷。此系列书卷"皆裒辑天台题咏"②。此类总集，只求其全备。由此方将其出守台州时部分诗歌保留下来。后世，秦桧被列入《宋史·奸臣传》，其恶名愈发放大与定格。有此《书事十绝句》，曾惇诗歌之流传也是可想而知。由《嘉定赤城志》卷九《郡守》可知，曾惇于绍兴十六年四月十七日移知台州，至十八年五月二十七日替，移知镇江。③离任时，门生故吏将其于台州所作诗词编为《曾纮父诗词》一卷。而《天台续集别编》所存亦非其全部。如洪适《盘洲文集》卷三有诗《次韵曾宏父探梅未开》，今即无此诗。由残存之作观之，谢伋、王明清所言"工为文辞""脍炙人口"④确是名副其实。如五律《栖霞会饮诸僚》：

> 月近中秋好，风因小雨清。山眉烟外远，江练夜深横。我病自不饮，君诗俱有声。放歌能取醉，不必唤嘉荣。⑤

此乃群朋宴饮酬唱之作。小诗情趣盎然，风情摇荡，确非俗手，曾纮父之诗情文采尽显斑斓。月近中秋，一"好"字，看似朴拙无华，却自然天成。对句以"风因小雨清"，雨小风清，幽幽妙趣，悄悄盎然，一种沁人心脾之甜美，丝丝油然心田。山色以眉黛，更有山岚烟云缭绕。紧接以大江夜晚浩瀚深沉。远近、动静、高低、小大，节奏荡漾，灵动跳脱，以见欣欣然自喜自乐，酣然欲醉。然颈联突然以"不饮"，似大煞风景，

---

① 《全宋诗》第二九册，卷一六六〇，第18595页。
② 《四库全书总目》卷一八七，第1699页下。
③ 《宋才子传笺证·词人卷》，第472页。
④ 《宋才子传笺证·词人卷》，第467、470页。
⑤ 《全宋诗》第三四册，卷一九四七，第21765页。

败了兴致。却又柳暗花明，绝处逢生，"放歌能取醉"，可谓妙不可言。兹父之文情才思由此一管即可窥全豹矣。

与此相关诗词另有《栖霞偶作》：

> 蔬饭已忘肉，清心已是僧。春华空婉娩，衰病苦侵凌。风飐孤舟急，江明远浦澄。邵楼来远念，实怯醉时登。①

前后两诗悲喜相对，欣愁互换。东汉佛法西传，滋润人心。自此，士林斯文于事功利禄之余多有遣怀悲喜之处。而像教与文翰交融，至唐朝始得当行里手。王摩诘以诗佛著称，淘洗心境，佛思油然。延续以至天水一朝，更可谓无人不习禅，家家乐玄思。诗文凡涂染玄思，一者淡然情怀，二者愁伤无我，均归根于出尘之想。兹父此诗，想必心多惆怅。宦游异乡，衰病交加，登高念远，悲从心生。蔬食忘肉，清心近僧。又是暮春时节，孤舟衰病，风急天远。末一句"实怯醉时登"，宛如"近乡情更怯"，道出万千滋味。此诗虽不如前作出彩，亦是不俗。

与诗歌相印，栖霞之游览更有一首词作《点绛唇·重九饮栖霞》：

> 九月传杯，要携佳客栖霞去。满城风雨，记得潘郎句。紫菊红萸，何意留侬住。愁如许。暮烟一缕。正在归时路。②

时逢重阳，呼朋引伴登高欢会。却是思亲忆旧，愁绪满怀。词之短长错落，渲染愁肠，最是贴切。兹父小词抒写，精致灵巧，情韵悠扬。上阕九月传杯，携客栖霞。然随即满城风雨写相思，以潘郎勾引出闺阁情愫。下阕紫菊红萸，涂抹秋景，印染愁思。随即"愁如许，暮烟一缕，正在归时路"，好似贺鬼头"一川烟草，满城风絮，梅子黄时雨"。③小

---

① 《全宋诗》第三四册，卷一九四七，第21766页。
② 《全宋词》第二册，第1175页。
③ 《全宋词》第二册，第513页。

词尤是风情荡漾，曾纮父确可谓当行里手。

除了上述五言律体，曾惇五言古体亦不逊色。其中有两首以杜甫、王维自况。一为《次韵朱知裁少卿见贻二首》之二：

少陵卧穷巷，作诗叹秋雨。坐令马群空，真欲洗万古。乃知笔有神，宁复惭思阻。此翁已仙去，上界足官府。下视五浊世，正自一尘聚。后学如秋蝉，聒耳了无取。月卿折槛后，传家有仪矩。织成锦绣段，宫商寄鸣杼。追还正始音，雅颂继皇武。即今风骚将，仅可一二数。岂伊尘滓人，得此百世士。心源忽湛然，对面识诸祖。何待登妙高，历险叹踽踽。便可咤善才，室中闻密语。①

此诗以赞叹杜少陵起笔，实为一己之自拟。可见曾纮父之心志孤高、诗才自负。"坐令马群空，真欲洗万古"，化用子美《丹青引》"一洗万古凡马空"。更以此对比今日之浊世，"后学如秋蝉，聒耳了无取"。睥睨傲岸之神情，呼之欲出。少陵风格沉郁顿挫，虽是集大成者，然最擅长莫过五言古体，自古无出其右。曾纮父亦用五言古体，模仿其韵味，致敬子美，亦望比拟于子美。较之律体，古体更是难写。无有律体如此拘束，也同时失去依托，犹如草书相较于楷书，全凭作者一己手眼，随意涂抹。无有规律，确是最难着笔。因形散，故而难如律体多有警句朗朗上口。由此，古体只能过多依靠造意塑形，以传神写意卓然标新为上佳。由全诗可以看出，虽是次韵酬和之作，但曾惇亦是借题发挥有感而发。前有"坐令马群空，真欲洗万古"，后有"即今风骚将，仅可一二数"。对于当下诗歌创作，提出严厉批评："后学如秋蝉，聒耳了无取。"其目标是"追还正始音，雅颂继皇武"。更以"风骚将"比拟英雄。意欲诗歌创作亦

---

① 《全宋诗》第三四册，卷一九四七，第 21768 页。

如杜少陵之所为，有关怀天下之心胸。全诗朴拙之五古，抒发深沉之情怀，表里如一，亦是贴切。

另一首《题谢景思少卿药寮二首》之二：

> 维摩示清羸，宴坐丈室中。静观世上人，百邪所交攻。我有一丸药，得之无是公。人人各安乐，淡然心地空。脱复未办此，济物存阴功。南山千岁苓，托根万丈松。下有青青草，其名为救穷。愿君时举手，采取置药笼。①

由谢少卿之药寮医人之疾病以推想及针砭世疾，如第一首所言"我知若人心，欲了世间病"。世间最大之顽疾，即利欲熏心、唯利是图。由此以赞许摩诘开篇，突出一淡静。"静观世上人，百邪所交攻"，于是竑父开出一药方，"我有一丸药，得之无是公。人人各安乐，淡然心地空"。全诗最为妙想处在于末尾，"南山千岁苓，托根万丈松。下有青青草，其名为救穷"。以此得天地精华之松苓、青草，医治"穷"病。而此穷乃精神心志之贫穷，正由此以对症功名利禄之心。由药寮拓远于世道人心之医治，以摩诘为引发，自况以南山、青松。全诗亦是内外浑成，可谓五古佳作。然对比其一生行事，尤其与秦桧之往还。曾惇真能如此"静观世上人，百邪所交攻"？他的所谓"正始音""风骚将"，又将是怎样之格调？因其史料过少，难以详知。人情人性，真一个如何言说。

曾惇现存诗歌中最多者为七律。律诗为文士必备起家之业，自小习作模仿，早已是谙熟于心。至于手眼高低，自有分别。然律体抒写，不可或缺。曾惇存世不多之诗作中，酬和玉霄亭者竟多达四首。玉霄亭乃台州佳境名胜。《赤城志》《赤城集》中均载有尤袤淳熙三年所作《玉霄亭柱记》，对此亭之始末记载尤详：

---

① 《全宋诗》第三四册，卷一九四七，第21769页。

台州南、西、北三面逼山，独东望诸峰差远，云烟空蒙，外际溟海，蓬莱方丈，想见其处。旧有小亭在子城之上，绍兴丁卯，南丰曾使君竑父创建，更名玉霄。距今三十年，摧败倾圮，炭蘖欲压。其下昔有茂林修竹，今皆翦伐，错为民居。溷圂罗列，污秽喧嚣，游者叹息。余乃披剃蠲疏，载芟载除，四为缭墙以限外涂，下建石柱，上跨飞阁，出亭之外，又有六尺。凡楹栋榱桷之朽挠，叠瓴级甓之缺折，丹黄粉漆之哆剥，皆易而新之。方连周陆，可倚可眺，晨挹灏气，夕延素月，山川城郭，尽在几席之下。凭栏四望，叠嶂环绕，手挥丝桐，目送飞鸿，飘飘乎如乘云御风，身在物表。州之宴游，于是为胜。乃刻亭柱以纪岁月云。①

可见此亭为曾惇所建，已成本地游览胜迹。曾竑父《次韵李举之玉霄亭二首》其一：

新亭崛起最高峰，无数遥岑翠堵空。恐有谢公留屐齿，为开摩诘画屏风。倚江杨柳自高下，照水杏花能白红。正欠渭川千亩竹，清阴分借赖邻翁。

其二：

亭据城央一径开，仍标兰芷出蒿莱。诸峰合沓云边出，大舶岧峨海上来。已办酒池供倒载，可无舞袖看低回。风烟正赖君弹压，时遣诗锋为刬裁。②

其一起首二句概括新亭地势之高兀，所谓"山川城郭，尽在几席之下。

---

① 《全宋诗》第三四册，卷一九四七，第21769页。
② 《全宋诗》第三四册，卷一九四七，第21769页。

凭栏四望，叠嶂环绕"。颔联以古典描摹，颈联直接勾勒。两联对仗工稳，声韵爽朗，有如"音情顿挫，光英朗练，有金石声"①，深得七律风味。最后更以青竹渲染，结尾以戏谑收束。兴味盎然，妙趣横生，真得宋人风致。恰好黄山谷所谓之"作诗正如杂剧，初时布置，临了须打诨，方是出场"②。其二相比前首稍弱，唯戏谑意味更为浓郁，尾联最有情趣，真是高朋满座、胜友如云之写照。诚尤遂初所谓"州之宴游，于是为胜"。

意犹未尽之余，曾惇更依前韵再为唱和二首：

  举觞东望玉霄峰，万顷云涛雪塞空。拥鼻自应多好句，褰裳便欲御长风。际天江草如许碧，隔水山桃无限红。李侯长句有家法，惊倒江楼一秃翁。

  危观干霄百尺开，海山罗列似东莱。鸟飞千里暮天碧，云断半弦新月来。报答风光伤晼晚，扶持欢事小徘徊。一春准拟留君醉，翡翠罗衫窄窄裁。③

一次宴饮，酬和之作多达四首，可见此次欢会确是尽兴，更呈现曾弦父出众之诗才。此两首均可谓佳构。其一，起首警醒，气度宏阔。以云涛比拟边塞风雪，以醉姿遥对玉霄群峦，颇似嵇中散"肃肃如松下风"，妙趣横生。颔联援引古典，颈联白描景致，均是上佳律句。"际天江草如许碧，隔水山桃无限红"与《次韵李举之玉霄亭》其一"倚江杨柳自高下，照水杏花能白红"颇为相似。出句均以江水，对句更是一脉相承，"隔水"对"照水"，"山桃"对"杏花"，"无限红"对"能白红"。由此亦可见，此诗当出自曾惇手笔，而非可归属于曾几。尾联赞誉李举

---

① 周兴陆辑著：《世说新语汇校汇注汇评·中》，凤凰出版社，2017年，第764页。
② 〔宋〕孔平仲：《孔氏谈苑》卷五，中华书局，2012年，第286页。
③ 《全宋诗》第三四册，卷一九四七，第21769页。

之，实则要做惊人之举者正是曾惇自己。接连赓和"长句"，自有曾氏"家法"可承，更能惊倒江楼盛会之群朋故旧。其二，更为出彩。起笔以蓬莱仙境作比。尤遂初"独东望诸峰差远，云烟空蒙，外际溟海，蓬莱方丈，想见其处"，当由此而得感发。颔联想出意表，颈联更是妙不可言，风光无限美好，欢乐酣畅淋漓。作者妙用"报答"二字，可见如痴如醉之情。而对句并非直述何以流年忘返，却以"小"字修饰"徘徊"，幽趣幽情，油然而生。尾联以春色留君醉，反衬君为春沉醉。对句以"窄窄裁"衬托女子之婀娜多姿，更呈现春色之沁人心脾。全诗灵动如弹丸，妙趣横生，更加春风荡漾，春色撩人，可为曾纮父七律上佳之作。

与诗相印，同样景致，曾纮父另有一首词作存世。《诉衷情》（别意）：

鄞江云气近蓬莱。花柳满城隈。风流谢守相遇，应覆故人杯。
烟浪暖，锦帆回。莫徘徊。玉霄亭下，芍药荼䕷，都望归来。①

与两首诗作抒发盛会欢聚、酣歌醉舞相比，词作黯然神伤，渲染别离情怀。此正是诗词之别，可谓"自是一家"。小词幽情，长短愁伤。上片相聚，下片相离。"烟浪暖，锦帆回。莫徘徊。玉霄亭下，芍药荼䕷，都望归来。"诚乃欲语还休，笔短情长，最得风致。就众体兼备而言，曾纮父远过其前辈，诗词兼擅。文如其人，由此亦可见性情更为多趣，然执拗固守，或多慊然。

曾惇存诗中另有三首均与东湖相关。一为《题东湖》：

三年领客醉东湖，欲去犹携竹里厨。谁解挽留狂太守，风荷十顷翠相扶。②

七绝风姿洒脱，末句"风荷十顷翠相扶"刻画醉态醉意栩栩如生，

---

① 《全宋词》第二册，第1174页。
② 《全宋诗》第三四册，卷一九四七，第21768页。

太守之神韵可谓呼之欲出。好似辛弃疾小词《西江月》"只疑松动要来扶"。①曾纮父此种风情也是曾氏家族罕见,为其祖曾巩、曾布、曾肇所绝无。

另两首为东湖怀人之七律。一为《东湖怀洪景伯》,一为《东湖怀贺子忱》,而《东湖怀贺子忱》最是精彩:

> 不负春风烂漫晴,聊驱小队出郊坰。一百五日可无酒,二十四弦须细听。溶溶漾漾沙鸟白,短短长长溪柳青。贺监扁舟在何许,惜无妙墨记兰亭。②

春日依旧,烂漫春风却是内多寥落。颔颈二联,最为精巧别致,可谓神来之笔。颔联张弛有度,动静相关。出句"一百五日可无酒",笔触豪纵,无知己欢杯难得兴致。"二十四弦须细听",清幽细腻,于沉静处细味离情。颈联随之荡开,拓展于山水风情。"溶溶漾漾","短短长长",涂抹点染,气韵生动。最后归结本题,更以兰亭欢会荡漾离情。此作非为唱和,真我抒发,信笔纵横,自由放荡,手眼高低自在其中。

据《全宋词》所录,曾惇今存词共五题六首。由其诗作风姿摇荡,可想而知亦是性情中人。存词最长者为《念奴娇》(送淮漕钱处和):

> 绣衣直指,问凌风一笑,翩然何许。诏出层霄持汉节,千里秋风淮浦。鉴远江山,竹西歌吹,曾被腥膻污。须君椽笔,为渠一洗尘土。休厌共倒金荷,翠眉重为唱,渭城朝雨。看即扬鞭归骑稳,还指郁葱深处。宝带兼金,华韡新绣,直上云霄去。回头莫忘,玉霄今夜风露。③

稍览宋词,即可知,《念奴娇》乃宋词常调,佳构琳琅。曾惇此作

---

① 《辛弃疾集编年笺注》,第1551页。
② 《全宋诗》第三四册,卷一九四七,第21770页。
③ 《全宋词》第二册,第1174页。

厕身其间,不显山水。只是一意铺陈,未能抒情泄恨。与其父曾纡同调相比,远为逊色。且曾纡仅九首存词中,中调词作即有多首,而曾惇仅此一首而已。今世遗存,虽是吉光片羽,然由此《念奴娇》亦可见,曾竑父难以驾驭长调骋怀。词性本小,调不可长。多至三片、四阕,宛如散文,毫无意趣。然过于短小,又非能尽情。纵是大才如晏小山,终是短促,难敌秦少游两情久长,朝朝暮暮。《念奴娇》中调婉转,最便绸缪。而竑父所存,也是小令居多,亦最为风采,如上文所引《诉衷情》《点绛唇》,再如《浣溪沙》:

> 无数春山展画屏,无穷烟柳照溪明。花枝缺处小舟横。紫禁正须红药句,清江莫与白鸥盟。主人元自是仙卿。①

小词情谊可人。烟柳、花枝,小巧、清秀。下阕更以典故兼带抒情,柔情婉婉,亦是动人。其中"紫禁正须红药句,清江莫与白鸥盟",历来最为称道。所谓"寻常称美语,出以雅令之笔,阅之便不生厌。此酬赠词之别开生面者。"②

另如《朝中措》二首:

> 幽芳独秀在山林,不怕晓寒侵。应笑钱塘苏小,语娇终带吴音。乘槎归去,云涛万顷,谁是知心。写向生绡屏上,萧然伴我寒衾。

> 绿华居处渺云深,不受一尘侵。细看宜州新句,平生才是知音。凌波一去,平山梦断,谁是关心。惟有青天碧海,知渠夜夜孤衾。③

---

① 《全宋词》第二册,第1175页。
② 况周颐:《蕙风词话》卷二,见《词话丛编》,第4431页。
③ 《全宋词》第二册,第1174页。

均是离人愁伤,以小词缱绻,最是伤心。两词下片最为感怀,长短错落,跌宕起伏,以见愁情荡漾,溢满心怀。

经两宋之递变,小词早已自是一家。曾弦父厕身其间,仍未褪洗花间风调,非不预流入时,实则就其诗才相比,词情欠弱。小令最近律调,犹如秀竹幽兰,运笔如草,文士墨客,均能写意二三。由曾弦父之词情诗性,最能清晰可见其家族遗风之新变与传承。心性由古直渐递于灵动,文思于诗歌漫染于乐章。然凡事利弊相随,灵动处略无古拙之涩,却消散去固守之坚贞与执着。曾弦父一生之得失利弊,或正在于此矣。

第五节 曾协

曾协字同季,号云庄,曾肇之孙、曾纁之子。存诗二百零八首,存词十四阕,存文五十四篇。[1]历来史乘未载其传,今《宋才子传笺证·词人卷》有其小传,最为详备。其当生于徽宗宣和元年(1119年),历任湖州长兴县丞、嵊县县丞、监镇江诸军司粮料院、临安府通判、知永州,卒于任。是年乾道九载(1173),终五十五岁。[2]《四库全书》收录其《云庄集》,乃从《永乐大典》辑出。《四库全书总目·云庄集》以为:

> 宋曾协撰。协字同季,南丰人。《宋史》无传,志乘亦不载其名。据傅伯寿所作集序,知为曾肇之孙、曾纁之子。而所叙仕履但曰官零陵太守,不及其详。且宋无零陵郡,亦无太守之名,殊非实事。今以集中诗文考之,知绍兴中举进士不第,

---

[1] 分别见:《全宋诗》第三七册,卷二〇四七至卷二〇四八,第22997—23028页;《全宋词》第二册,第1356—1358页;《全宋文》第二一九册,第1—82页。
[2] 《宋才子传笺证·词人卷》,第536—545页。该小传标乾道九年(1172),有误,当为乾道十年(1173)。

以世赏得官。初为长兴丞，迁嵊县丞。继为镇江通判，迁临安通判。乾道癸巳权知永州事以卒。伯寿所云，盖以古地名与古官名假借用之，文人换字之陋习耳。伯寿又称，庆元庚申，协没已二十八年。其子直敷文阁福建转运副使炎辑其文为二十通。考刘禹锡作柳宗元集序，称一卷为一通，则原集盖二十卷。今传于世者，惟《咏芭蕉》一诗，仅见陈景沂《全芳备祖》中。他不概见，则其亡已久矣。今捃拾《永乐大典》所载，以类编次，尚得五卷。又得傅伯寿序一篇，亦并录入。序称其古诗多效选体。然合诸作观之，大抵源出苏轼、陈与义。故《同沈正卿作仇池石诗》用轼韵，《陈晞贤过零陵赠诗》亦用与义韵，而绝不及于他家。知其唱和讲求在二家旧格也。杂文颇雅饬有法。《宾对》一赋为集中巨篇，语特伟丽。而大旨以安享太平为浑穆之王风，以恢复中原为战争之霸术。夸大其词，以文偏安之陋。曲学阿世，持论殊乖。姑以文采录之，从《昭明文选》不废《剧秦美新》之例。读其文者，分别观之可矣。①

如《总目》所言，傅伯寿《云庄集序》为论述其文风最直接文献。开篇首论其家学家风：

  《云庄集》，故零陵太守曾公所作也。公家世以儒显，至南丰先生遂以经术文章名天下，学者宗之，以继唐韩文公、本朝欧阳文忠公。时文肃、文昭公同以才学进，兄弟鼎峙于朝。文肃公位至宰相，佐徽朝初政。文昭公出入三朝，始终全节，号为名臣。其所更践，多翰墨之职，今其遗文具在，典雅温纯，盖与南丰先生真雁行也。

---

① 《四库全书总目》卷一五八，第1365页。

更述其卓识：

　　年未弱冠，试于国子监，衮然为举首。已而不利于春官氏。去从博学宏词举，有司异其文，将以名闻于中书矣，夺于异议而止。公遂绝意科目，然嗜书愈笃，虽祁寒盛暑，手不释卷。为文操笔立成，初若不经意者，徐而绎之，虽积功精思者不逮也。

再言及文翰之专能：

　　故其古诗则兴寄渊邈，词旨超迈，多效《选》体为之；唐律则务造平淡，间出清新，比事赓韵，精诣妥帖。至表章笺启，则又繁约适中，铺陈有叙，撷古语而加剪截之功，造新句而遗斧凿之痕。他文一皆类是，盖深有文昭之遗风焉。①

今《全宋诗》收录其诗二卷。开卷《拟古六首》可见其所学渊源有自。所拟乃汉魏六朝五言乐府。其三诗句最长可为代表：

　　忆昨初离别，羞容不成歌。长袖未曾舞，尘埃生绮罗。君恩一言足，岁月岂在多。泽国多悲风，江湖易涛波。游子久行役，岁晏今若何。迢迢朱楼夜，数起瞻明河。不如长江月，素影常相过。②

中国艺能之学习起初俱在模仿，诗文骚赋均是如此。所拟直追汉魏，少有六朝江南之袅娜。淳朴真切，尤能动人。"泽国多悲风，江湖易涛波"，

---

① 祝尚书编：《宋集序跋汇编》卷二九，中华书局，2010年，第1355-1357页。又见《全宋文》第二七六册，第424—426页。然《全宋文》排版不如《宋集序跋汇编》清晰完整。
② 《全宋诗》第三七册，卷二〇四七，第22998页。

写景抒情，形象动人。收尾以"不如长江月，素影常相过"，遥对明月，虽是乐府常调，也是自然流转。小诗颇能体悟汉魏乐府之风味，质朴而韵长，情意尤深挚。

同卷另一首拟古乐府之作《拟结客少年场》尤为经典：

> 结客少年场，定交杯酒间。相倾在意气，握手出肺肝。仓皇夜扣门，然诺曾不难。所至足宾客，后乘车班班。鄠杜走马归，百万供一餐。路人侧目视，仇家骨常寒。红尘一箭飞，大索喧长安。可笑愚儒生，相逢话辛酸。①

《结客少年场行》乃自古乐府常用曲调，尤能展现少年豪侠快意恩仇之壮彩。郭茂倩《乐府诗集》归于杂曲歌辞之"复有不见古辞，而后人继有拟述，可以概见其义者"②。早自鲍照即有此作《代结客少年场行》：

> 骢马金络头，锦带佩吴钩。失意杯酒间，白刃起相雠。追兵一旦至，负剑远行游。去乡三十载，复得还旧丘。升高临四关，表里望皇州。九涂平若水，双阙似云浮。扶宫罗将相，夹道列王侯。日中市朝满，车马若川流。击钟陈鼎食，方驾自相求。今我独何为？埳壈怀百忧。③

至李唐，李白《结客少年场行》亦是豪情万丈：

> 紫燕黄金瞳，啾啾摇绿鬉。平明相驰逐，结客洛门东。少年学剑术，凌轹白猿公。珠袍曳锦带，匕首插吴鸿。由来万夫勇，挟此生雄风。托交从剧孟，买醉入新丰。笑尽一杯酒，杀人都市中。

---

① 《全宋诗》第三七册，卷二〇四七，第 22997 页。
② 《乐府诗集》第六十一卷，第 885 页。
③ 〔南朝宋〕鲍照著，丁福林、丛玲玲校注：《鲍照集校注》卷三，中华书局，2012 年，第 137 页。

羞道易水寒，从令日贯虹。燕丹事不立，虚没秦帝宫。武阳死灰人，安可与成功。①

曾协此作虽不及二位前贤，也是亦步亦趋宗仰仿效。习作颇得此诗自古一贯之风气，开张扬厉意气风发，未有些许羞愧气馁之处。能着意模拟此作，更如末尾所言"可笑愚儒生，相逢话辛酸"，亦可见其心志非等闲。正如傅伯寿《云庄集序》所言"夺于异议而止，公遂绝意科目"，也是傲岸峻切。

拟习之得融贯于一己之创作，且看其所为《和唐使君龢古风二首》之一：

> 宦游非所安，举足常徊徨。官事似马曹，自谓真漫郎。犹惭上官前，簪裳久低昂。归辕痛扫溉，草木有幽香。但令眼中青，不问眉间黄。何期逢故侯，一见心清凉。扬袂指乡国，矫翼西南翔。危言气峥嵘，高怀涕淋浪。更怜凡草木，欲置桃李场。作诗借光辉，此意宁可忘。②

与拟作相比，可见其百尺竿头更上层楼。直抒胸臆，尤为壮阔。与《结客少年场》之豪情一以贯之，尽情渲染于爱与哀愁之际。"犹惭上官前，簪裳久低昂"，可见其因为"异议"而"绝意科目"之果决。归庐洒扫，一"痛"字，力沉千钧。随即对一"草木有幽香"，缓急有度，动静对应，诗歌张力十足，气韵饱满。接以"但令眼中青，不问眉间黄"，行云流水之际巧用典故，明快而不乏厚重。"扬袂指乡国，矫翼西南翔。危言气峥嵘，高怀涕淋浪。"全诗激情豪迈，有万千不平之气喷薄欲出。即厕身明远、太白之古风，亦无多逊色焉。

---

① 〔清〕王琦注：《李太白全集》，中华书局，1977年，第254页。
② 《全宋诗》第三七册，卷二〇四七，第22998页。

除去慕想汉魏，更多有模拟追踪老杜之风格。古体之拙涩莫过老杜，曾协究心于此，正见其卓尔不群，浊世独立之禀性与高情。如《饮沈氏园得僻字》：

> 会心足胜侣，暇日访春色。慵寻剡溪榜，厌曳永嘉屐。名园可徘徊，胜概在咫尺。峰峦起平地，村落堕城壁。梅横前岭峻，柳列长堤直。最爱临水亭，欲背依山石。沉沉想潜鳞，铮铮听仙弈。初无杖屦劳，具享山林适。一尊供笑语，四座列豪逸。规摹西洛旧，仿佛香山昔。爱酒太白狂，耽诗少陵僻。始静姑纵谈，中喧或争席。残钟咽林际，新月挂檐隙。饮散兴未厌，人归境愈寂。何必记昔游，虚空了无迹。①

全诗五古，俱是仄声入韵。诗乃游园欢聚命题酬唱。曾协得"僻"字为韵，此字之韵本即生僻。曾协有此特立独行之心志，然心性更为豪纵。恰如此诗中所言"爱酒太白狂，耽诗少陵僻"，因一己之心性，遂将两者所长融汇于一。既有老杜之拙涩，出以五言仄韵，却非仅如《自京赴奉先咏怀五百字》《北征》之老拙，而是兼带太白之风味，"一尊供笑语，四座列豪逸"，故而超迈而高远，风姿飒爽，英气逼人。

存诗另有《次翁士秀喜雪长咏》，次韵之作，已是高人一步，如此长篇，又增其难。而此七言通押仄声，更是难之又难。然此，却是最能体味此种拙涩更兼超迈之风致。

> 阴阳持权或赢缩，运气循环更剥复。忽惊寒凛袭重裘，元是祥霙散平陆。登山不觉屐齿折，索酒仍催葛巾漉。萧条贫居马为二，瑟缩冻坐龟藏六。挥毫谩诧句中眼，对案常逢食无肉。未谋南亩五百弓，浪说朱轮三十辐。且欣膏润入郊原，为

---

① 《全宋诗》第三七册，卷二〇四七，第23001页。

拯黔黎出沟渎。敢将固陋测帝心,概想生灵皆子育。将春欲放草木叶,成岁先须天地肃。伊余平生贪静胜,有此一麈从穆卜。应怜此地久憔悴,端向吾庐增煜煜。巧随高下缀琪树,任逐横斜落云屋。尘缘顿觉一羽轻,诗句但惊翻水速。坐令欢意荡愁思,仍遣时寒破常燠。嵇康醉状耸危石,卫玠嬴姿立修竹。排来一一尽连璧,环立诜诜皆冠玉。晚风徐韵仍佩环,枯木无心亦冠服。晓连青女增粲粲,夜映金波兼穆穆。遮藏春色失斓斑,漏泄梅花有芬馥。掀髯一笑万事空,细读君诗倒醽醁。①

全诗长达四十句,二百八十字,且通押入声。甚至有些出句亦尽量押以入声,如首二句之"缩""复"。或不通押,然亦为入声,如"登山不觉屦齿折"。声韵之中,仄声最是短促。诗句之中,五言远较七言短促。全篇如此众多入声,加之全篇通押入韵,当最为逼仄、顿挫。若加之五言,即如老杜《自京赴奉先咏怀五百字》,可谓涩促之代表。七言较之五言,最易酣畅流利。故自唐始,歌行体一律以七言为之,然曾协此诗全诗以七言为之,流畅与拙涩交融,泾渭融贯,阴阳交汇,"若无新变,不能代雄",②由此翻新出别一番色彩。此更源自曾协孤傲又壮阔之心胸,于是以入声涩体求其老拙孤傲,以七言流畅得其爽利流荡。太白与少陵之交融,乃曾协最为创变用心之处。诗中畅言"挥毫谩诧句中眼,对案常逢食无肉。未谋南亩五百弓,浪说朱轮三十辐。"尾曲更是高声断喝"掀髯一笑万事空,细读君诗倒醽醁。"诚乃老拙中尽展劲爽之气。四库馆臣以为其古调"大抵源出苏轼、陈与义",真小觑了同季。若得复醒,亦不知何言哉。

古体之外,律体亦是能手。如《寒食雨霁》:

---

① 《全宋诗》第三七册,卷二〇四七,第23005页。
② 〔梁〕梁子显撰:《南齐书》卷五十二,中华书局,1972年,第908页。

> 乱云将雨趁狂风，扫溉氛埃瞬息中。指点山川开净绿，按行花草失欹红。槐榆改火年年事，箫鼓迎神处处同。自是平生观物化，不因春去始知空。①

自古吟咏寒食之诗众多，曾协此首厕身其间，颇有姿色。首联狂风大作中迎来寒食，起笔突兀，不同于往常清明之际纷纷小雨。风歇雨霁，晴空万里，此时江山怎一番清澈，"指点山川开净绿，按行花草失欹红"。颔联二句始归结本题，描述寒食风俗。尾联日常风物中抽绎思理最是神来之笔。春日归去总是伤感离情，所谓"惜春长恨花开早，何况落红无数"。②而曾协却是别作新声，翻出一层高昂之意趣。犹如刘梦得《秋词》："自古逢秋悲寂寥，我言秋日胜春朝。晴空一鹤排云上，便引诗情到碧霄。"③刘梦得以豪情胜秋悲，曾同季则是以思理扫春愁。"自是平生观物化，不因春去始知空"，淡然于四季之变换，天地之物化，可见其心胸之宽广、心性之阔达。

与此相应，《湖山堂》更为细腻道出同季之心声：

> 自从幽处得官居，不向良工觅画图。青绕帘帷山极望，冷侵庭户水平铺。渔歌历历来天外，帆影飞飞入坐隅。俸粟有余公事少，卧听风雨落江湖。④

此真乃怎样一番风致，怎样一种风情。首联傲然高歌"自从幽处得官居，不向良工觅画图"。渴望有为出仕，却无蝇营狗苟，只是望尘而拜。其心志之高洁，处处时时溢满字里行间。颔联二句进而渲染其情，最是

---

① 《全宋诗》第三七册，卷二〇四八，第 23016 页。
② 《辛弃疾集编年笺注》，第 647 页。
③ 《刘禹锡集笺证》卷二十六，第 3829 页。
④ 《全宋诗》第三七册，卷二〇四八，第 23016 页。

迷人。重峦叠嶂，却只用一"青"一"绕"勾勒；夜凉如水，唯用一"冷"一"侵"带出。妙不可言，栩栩如生。颈联历历渔歌，飞飞帆影，宛似"渔舟唱晚""雁阵惊寒"。两联对仗精工，勾勒精准，确是当行里手，罕有其匹。傅伯寿《云庄集序》所谓"比事赓韵，精诣妥帖"正是如此。尾联"卧听风雨落江湖"，扁舟只影，淡然天地，大化无痕者矣。风清人静，钟灵毓秀。同季之气韵风度，呼之欲出。

曾协存诗中大量组诗，且每组之数量众多。五言如《送邓器先赴罗田尉五首》《送赵德庄右司赴江东漕八首》《暮春杂咏八首》，七言如《代人上平江徐侍郎五首》《送王炎弼赴山阳守以兵卫森画戟宴寝凝清香为韵十首》《和史侍郎游澹岩韵六首》《和韩子文五首》《上平江徐侍郎十绝句》《老农十首》等。其中，《暮春杂咏八首》《老农十首》或可因不同时不同事而逐一抒发。然赠送、酬唱、代上之作，所指明确，一时一事，专题而颂，竟能迭唱再三以致九十，此于两宋群雄颇为罕觏，同题同事之作，尤展诗才。

如五古《送赵德庄右司赴江东漕八首》：

往年际风云，濯濯春月柳。俊气横九天，下笔蛟龙走。岁晚收其实，落落坚且久。澹然松桧质，不为霜雪朽。

轩盖事朝谒，阊阖方晨趋。霜露怀松楸，慨然赋归欤。确志感清衷，载以使者车。往宣问事条，勿但安田庐。

正色立公府，嘉谋赞岩廊。材华动人主，咫尺鸳鹭行。掉头不肯住，清宵梦沧浪。丈夫贵勇决，养此百炼刚。

行迈未为远，两州东西都。中天敞华阙，鱼钥黄金铺。山川俨形势，貔貅凛戈殳。正须埋轮手，先声震江吴。

建业一都会，由来帝王畿。旷哉怀古心，陈迹犹依依。当年王谢家，青紫满乌衣。万事一丘土，简策徒是非。

饱学兼内外，超然悟空无。是身任东西，乾坤一蘧庐。目前谩纷纭，一致总万殊。良欲行世间，不效山泽癯。

乡来远门墙，引睇想光辉。宦游偶相值，间关得因依。都门送星轺，依然寸心违。勿为贾胡留，速书季子归。

我公廊庙姿，当为济时霖。生材必有用，应物初无心。异时百僚上，金貂耀华簪。富贵恐不免，易退其自今。①

临别赠诗一而再多达八首。一者，可见与赵德庄真挚之情。二者，"诗言志"，更显同季满怀心绪，一腔感慨。三者，尤示其诗才之卓著，诗情之高昂。八首诗歌，其一，抒写赵德庄才华横溢，"俊气横九天，下笔蛟龙走"，品质高洁，"澹然松桧质，不为霜雪朽"。其二，描述其立朝清衷之志，不贪慕荣名利禄，"霜露怀松楸，慨然赋归欤"。其三，描述其"正色立公府"以致有所顿挫，"掉头不肯住，清宵梦沧浪"。其四，欲往江东，"先声震江吴"。其五，描摹江东建业之兴衰历史，感叹蜗角功名如粪土，"万事一丘土，简策徒是非"。其六，乃全诗最优，选词立意，均是上佳，既要有为天下，不欲归隐独善，又要能入能出，悠游内外。其七，言及主题，即送别，此抒发一己临别之怅然。其八，送别以嘉言相赠，祝福美好未来。由此八首连贯书写，确是下笔不能自休。意犹未尽，层层铺陈渲染以递进。诗意格外饱满，也充分展示五言古体长于叙事之特性。

另有《送王炎弼赴山阳守以兵卫森画戟宴寝凝清香为韵十首》更是奇特：

盛世须材杰，高名动圣明。一麾淮海去，青旆拥千兵。
别兄今几时，邦人指难弟。莫诵海沂康，两冯如鲁卫。
公材如武库，剑槊方森森。亦复擅风流，坐继正始音。

---

① 《全宋诗》第三七册，卷二○四七，第 23002 页。

诗成啸诺余，谋出壶觞暇。却整进贤冠，麒麟要图画。
公家西州烈，武事冠方册。祖孙世有人，要足门三戟。
平生功名心，不肯事酣宴。向来话淮南，山川眼中见。
楚国尚勇力，秉羽而甘寝。虽无倒载名，胜饮怀安鸩。
疆事须长算，朝家得实能。坐来酬万务，心地自虚凝。
复旦风云合，丹心日月明。江神回朗照，霁色向来清。
壶矢新油幕，春芜旧战场。候亭闲夜柝，归袖着天香。①

临别赠言之作，长达十首，更是依次以"兵卫森画戟宴寝凝清香"两诗句为韵脚。既带有游戏之意趣，更炫其诗才。全诗趣味浓郁，本当离别之愁伤，却携带诸多谑趣意味。亦见其与王炎弼交谊甚厚。然如此为韵却是艰难，故而森、宴、寝三字未能完全依照，而是选用同韵之字替换。全诗也无多佳作，仅第九首一枝独秀颇为出彩。

组诗中有两组奉上之作，所奉对象相同，唯诗体有别。一为七律《代人上平江徐侍郎五首》，一为七绝《上平江徐侍郎十绝句》，共十五首。由诗歌内容可知，此乃代人所为贺寿之作。代拟本非一己肺腑之言，隔雾观花，临水见月，终是难以骋怀。然曾协此代人之作，竟能反复酬唱，以致十五，确是两宋罕觏之诗坛异事。然律体约束，多有拗救。如此代言之作，更是一再酬和，确难尽情写性。唯显其技艺娴熟、才思敏捷耳。如宋初《西昆酬唱集》，多是炫才使能。律体之中，七律尤是艰难。故其《代人上平江徐侍郎五首》不如《上平江徐侍郎十绝句》多佳构，然亦是律调谐畅，此中能手。是中，尤以其四音情顿挫：

巍峨冠冕耸精神，好傍轩墀对紫宸。一德拟推黄帝策，纪年还数绛人旬。悬知紫诏驰三节，肯使朱轓驻两轮。闻说邦人

---

① 《全宋诗》第三七册，卷二〇四八，第23021页。

称寿处，香云低覆玉嶙峋。①

全诗确是器宇轩昂"耸精神"。颔颈二联也是对仗精工，抒写朗练。相比之，《上平江徐侍郎十绝句》句式短半，更为自由，亦是便于抒情写意。如其一：

> 露华先遣鞠尘收，要产英豪奠九州。织女槎回逢八月，老人星见恰中秋。②

豪迈之中，亦见其自我抒写。故而赠人自赠，一气呵成。恰是中秋时节，举杯邀明月，煮酒论英雄。其四：

> 并列西京侍从多，吾丘司马岂同科。孤忠只有囊书在，独见丁宁为偃戈。

此亦是写人自述，借题发挥自抒胸襟之意洋溢字里行间。傲然睥睨，"并列西京侍从多，吾丘司马岂同科"。由是一腔孤愤，只有囊书今在，独自横戈"丁宁"。其五，则顿时舒缓，轻声淡彩，描摹城郭景致。

> 五湖城郭带重楼，幕府初开第一州。燕寝香凝了无事，四郊禾穗自盈畴。

起首三江五湖，独占鳌首。起势高耸，随之顿入小桥流水之清幽，燕寝清香，四野酣然。其十：

> 槐鼎虚班侧席求，已应难遂寇恂留。不如黄发貂蝉底，长占青云最上头。

---

① 《全宋诗》第三七册，卷二〇四八，第 23020 页。
② 《全宋诗》第三七册，卷二〇四八，第 23025 页。

贺寿酬赠，自多逶迤虚饰之辞。此诗能于此浮泛之词，转出新意，末尾振起，非同流俗，确也是难能可贵。

古调能得叙事朴茂之特点，也是汉魏古风，传承有绪。此正是傅伯寿《云庄集序》中所谓"古诗则兴寄渊邈，词旨超迈，多效《选》体为之"。其律体，傅伯寿以为"唐律则务造平澹，间出清新，比事赓韵，精诣妥帖"。纵观曾协律调，对仗精工，用意精巧，确是"比事赓韵，精诣妥帖"，亦是新意迭出。唯用意非仅"务造平澹"一句可以概括。其心志高迈，不苟流俗，无论于古于近，均有不平之气横贯其间。古体之朴茂高古，近体之壮阔淡远，均乃其气韵风度之晕染点缀。仅仅"平澹"，实于曾协莫大之曲解。而《四库全书总目》以为"合诸作观之，大抵源出苏轼、陈与义"①。实由诗题《赋赵有翼仇池石次沈正卿用苏翰林韵》《陈晞颜董漕湖南过零陵用简斋韵见赠次韵谢之又赋一篇述怀》而推断之。若真"合诸作观之"，可见云庄远非步趋东坡、简斋之逼仄。上溯汉魏，下习李杜，自有其第一流之心胸。

《全宋词》中收录其存作十四首，小令有八阙。如《秦楼月》（留别海陵诸公）：

清秋月，长空万里烟华白。烟华白，江云收尽，楚天一色。筦丝惹起思归客，清光正好伤离别。伤离别，五湖烟水，伴人愁绝。②

留别海陵，江云收尽，楚天一色。下阕故乡风物牵惹离情，一句"清光正好伤离别"，乐景哀情，道出万千感慨。末尾两句"五湖烟水，伴人愁绝"，放情山水，无限江山无限愁。

相比令词，十四首存词中调多达六首，《水调歌头》二首，《酹江月》

---

① 《四库全书总目》卷一五八，第1365页。
② 《全宋词》第二册，第1356页。

三首,《水龙吟》一首。其中亦多佳句。如《水调歌头》:"终向苕溪烟水,携手云庄风月,不践利名区。功业看儿辈,相对老江湖。"《酹江月》:"紫塞烟清,玉关人老,宜趣朝天骑。"①而《水龙吟》(别故人)一曲,尤是可圈可点。

  楚乡菰黍初尝,马蹄偶踏扬州路。莼丝向老,江鲈堪脍,催人归去。秋气萧骚,月华如洗,一天风露。望重重烟水,吴淞万顷,曾约旧时鸥鹭。惆怅别离无奈,整孤帆、依然回顾。玉龙节底,故人情重,欲行犹驻。敛散功多,澄清志遂,好回高步。看归鞍稳上,文鸳班里,五云深处。②

此词故人离别,归去江南。上阕以故乡风物更暗含典故渲染别离情绪,下阕回归当前景致,孤帆远去,五云深处。全作抒情写意,情韵悠扬。词性欠缺,写此中调则仿佛单行奇句之散文,味如嚼蜡。曾协之作厕身两宋虽非能手,然于曾氏家学已是更上层楼。相较曾纡、曾惇,均有超迈。

---

① 《全宋词》第二册,第1357、1358页。
② 《全宋词》第二册,第1358页。

第五章

综 论

第一节 曾氏气禀

　　陈寅恪先生言："华夏民族之文化，历数千载之演进，造极于赵宋之世。"宋人文化素养之高，远超于前代，博极群书已非罕见之事。如王安石就曾言："某自百家诸子之书，至于《难经》《素问》《本草》诸小说无所不读。"① 曾氏值风气之会，同样博闻多识。曾巩弟曾宰四十七岁即过早辞世，其声名远逊曾巩、曾布、曾肇三兄弟，然而曾巩于其墓志铭中记载他"少力学，六艺百子、史氏记、钟律地理、传注笺疏、史篇文字，目览口诵手抄，日常数千言，手抄书连楄累笥不能容。于其是非治乱之意既已通，至于法制度数、造物立器，解名释象、声音训诂，纤悉委曲，贯穿旁罗，无不极其说"。② 由此可想见其家族之好学。然曾氏弟兄与同时代士人之博学尚有一大不同，即非往而不返，而是为学极有根柢，始终坚守儒家思想，以诗礼传家，以儒学为本。正如曾巩在《上欧阳学士第一书》中所说："家世为儒，故不业他。自幼逮长，努力文字间，

---

① 出自《临川先生文集》卷七三《答曾子固书》，《四部丛刊初编》本。
② 出自《曾巩集》卷第四十六《亡弟湘潭县主簿子翊墓志铭》，第634页。

其心之所得庶不凡近，尝自谓于圣人之道，有丝发之见焉。"①虽然如王安石所言，自己的泛览也是为了羽翼经术，"于经为能知其大体而无疑"，但他们于现实中往往难免有所旁骛。尤其是宋代禅宗兴盛，与僧侣往还亦是常事，有时更深受其影响。如欧阳修晚年也"羽衣鹤氅"，以"居士"自称；王安石因喜佛被好友曾巩指责②，苏洵"崇信三宝，捐馆之日，追述遗意，舍所爱作佛事"③；苏轼被列为"东林总禅师法嗣"④，苏辙"多病则与学道者宜，多难则与学禅者宜"⑤。

而与此形成鲜明对比的是曾氏家族中始终坚持抵制佛老、捍卫儒道的思想态度。曾巩在《先大夫文集序》中言："五代之际，儒学既摈焉，后生小子，治术业于闾巷，文多浅近。是时公虽少，所学已皆知治乱得失兴坏之理。"⑥欧阳修在为曾致尧所作的碑铭中也记载"遗戒无以佛污我，家人如其言"⑦，其家人的确是如其所言。曾巩在为佛寺道观所作记序文中总是"不肯放倒自家面目"⑧，文章或揭露佛教之非，或借鉴其长，无不以护卫巩固儒家思想为出发点。曾肇的《滁州龙蟠山寿圣寺佛殿记》也是如此，强调要"不悖于吾儒者"⑨。林希在为曾巩作《墓志》时就称其家乃"畜厚潜深，儒学之门"⑩。这在"禅学始兴，趋之者如水走下"的宋代是颇为难能的，从中也正体现出曾氏家法之谨严，后世家人之恪守。故而《宋史》称其"法理精能"⑪。

---

① 《曾巩集》卷第十五，第232页。
② 《临川先生文集》卷七三《答曾子固书》。
③ 《苏轼文集》卷一九，第578页。
④ 《五灯会元》卷一七，中华书局，1984年，第1146页。
⑤ 《苏辙集》卷二十三《筠州圣寿院法堂记》，第401—402页。
⑥ 《曾巩集》卷第十二，第194页。
⑦ 《欧阳修诗文集校笺·居士集》卷二十一，第600页。
⑧ 《唐宋八大家文钞校注集评》，第4091页。
⑨ 《全宋文》第一一〇册，第89页。
⑩ 《曾巩集》附录，第801页。
⑪ 《宋史》卷三一九，第10396页。

如此固守"法理",与曾氏家族成员性格密切相关。虽然他们有或缓、或急之异,但异中始终有一脉相承之处,即耿介不苟的性格特点。《东都事略》载曾致尧"性刚率"①,故其为文"词多激讦""词旨狂躁"。②其所谓激讦正如曾巩在《国体辨》中所说:"按而诛不善,世以为刻讦也。"③曾巩同样是以"性谨严""刚毅直方"著称于当时。④清末林纾曾就其行事而感慨"亦可谓有祖风矣"⑤。

对于曾布,从史籍多有微词的描述中亦能看到其家族常有的这种性格特点。《东都事略》第九十五卷《曾布列传》记载熙宁新法的推行:"安石尝曰:法之初行,异论纷纷,始终以为可行者,吕惠卿、曾布也。"又载其尝与蔡京廷争,"布忿然争辩,久之,声色稍厉"。⑥此与其祖致尧"前后屡上章疏,词多激讦"颇为相类。他曾在《答弟肇书》中自言:"布自熙宁立朝至今,时事屡变,惟其不雷同熙、丰,故免元祐之窜斥;惟其不附元祐,故免绍圣之中伤。"⑦显示了他独立自守、不随波逐流的性格特点。曾肇也同样如此,"刚大之气见于颜面,望之不可犯"⑧。元丰四年议北郊祭地之仪,众人多有定论,惟陈荐与曾肇独有异词。⑨其他如《上宣仁皇后论文德殿受册奏》《上宣仁皇后论坤成节百官上寿奏》《封还韩维罢门下侍郎词头奏》等奏疏中都体现了他耿介固守的家族性格特点。正是这种不苟且的态度使得他们固守儒道之纯粹,抵斥杂学之侵扰。

曾氏后人也同样如此。曾巩孙曾忞于建炎三年金人陷越之时不幸被

---

① 《东都事略》,第716页。
② 分别见:《东都事略》,第716页;《宋史》卷四四一,第13051页。
③ 《曾巩集》卷第五十一,第689页。
④ 分别见:《曾巩集》附录一之《行状》《神道碑》,第795、803页。
⑤ 《唐宋八大家文钞校注集评》,第3901页。
⑥ 《东都事略》,第1473、1475页。
⑦ 《全宋文》第〇八四册,第283页。
⑧ 杨时撰:《曲阜集·神道碑》,载《曲阜集》卷四。
⑨ 《续资治通鉴长编》卷三百十二,第22册,第7564页。

俘，慷慨陈词，"辞气不屈"，一家四十口同日就义。曾肇孙曾悟，金人破亳州之时被执，毫无畏惧，"抗辞慢（谩）骂，众刃蹶之，尸体无存者，妻孥同日被害"①，时年仅三十三岁。兄弟二人俱名载《宋史·忠义传》，彪炳千古。曾肇另一孙曾协"平居终日寡言，淡若与世无情者"，而发为文辞，则"议论衮衮，挟其家数世敢言之气"。②曾宰之曾孙曾季貍"学道以吕舍人居仁为宗，乾、淳诸老多敬畏之……尝一试礼部，不中，终身不赴"③。朱熹称赞其"所立皆凛凛乎，其有前辈之遗风"④。

因曾氏"文学法理，咸精其能"，故曾巩、曾布、曾肇三兄弟多被任以执掌制诰之重任。曾巩于元丰官制改革之时，出任中书舍人，"时自三省至百执事，选授一新，除吏日至数十人，人人举其职事以戒，辞约义尽，论者谓有三代之风，上亦数称其典雅"⑤。曾布曾三入翰林，曾肇曾三为中书舍人，一为翰林学士，且为其兄拜相草制，更被世人欣羡。北宋兄弟相继入为翰林的只有九家，而弟为兄拜相草制，有宋一代亦只有曾氏与韩氏两家而已。⑥"词臣之选，古今所重"⑦，兄弟如此频繁受此重任，且一人能被多次任命，"诚国家之美，非特衣冠之盛"，⑧于赵宋一世不为多见。诚如林希在《曾巩墓志》中所说："公既以文章名天下，其弟牟、宰、布、肇又继中进士科，布尝任翰林学士，肇以选为尚书吏

---

① 《宋史》，第13200页。
② 《全宋文》第一五七册，第359页。
③ 〔清〕黄宗羲撰，沈善洪主编，吴光执行主编：《黄宗羲全集》第4册，浙江古籍出版社，2005年，第534页。
④ 〔宋〕朱熹撰，郭齐、尹波点校：《朱熹集》卷八十三，四川教育出版社，1996年，第4278页。
⑤ 《曾巩集》附录，第795页。
⑥ 《古今事文类聚·后集》卷九，《景印文渊阁四库全书》本；《挥麈录》卷二，第17页，韩氏指熙宁初，韩维为其兄韩绛拜相草制。
⑦ 《续资治通鉴长编》卷二十七，第623页。
⑧ 〔宋〕秦观撰：《淮海集》卷三七《与鲜于学士书》，《四部丛刊初编》本。

部郎中，与公同时在馆阁，世言名家者推曾氏。"①若无此家学长期濡染，这是难以做到的。

第二节　曾氏文风

汪藻《浮溪集》卷二十七《奉议郎知舒州曾君墓志铭》云：

> 南丰之曾，自国初闻天下，盖君之曾祖致尧事太宗、真宗，有大臣之言不克施以殁，仕至户部郎中，赠谏议大夫。君之祖易占复以议论文章名世，卒官太常博士。有子六人。曰巩，为中书舍人，神宗时学者宗之，号南丰先生；曰布，相徽宗皇帝，谥文肃；曰肇，终翰林学士，谥文昭。同时鼎峙为名臣，于是曾氏之名益彰彻于时，士大夫以氏族名家皆出其下。②

在曾氏家学的传承中，曾巩无疑起到了重要作用。他可以说是由曾致尧过渡到后代的重要桥梁。这一方面是因为他在为学、为人两方面都非常出色，可堪楷模。为学上，在当时就名声卓著。欧阳修初见之即誉为"百鸟而一鹗"。嘉祐二年刚中进士之时就已"虚名闻于当世"③。在为人上，曾巩同样声誉卓著，世有"纯儒"之誉，后人评之为"先生生昆体浸淫之后，洛学未兴之前，识抱灵珠，神超象帝，致知诚意之说，率先启钥"④。另一方面，也是因为其年龄较长。当庆历七年曾易占病故于应天府时，曾肇刚刚出世，曾布只有十二岁，不久长兄曾晔也早逝，

---

① 《曾巩集》附录，第801页。
② 《浮溪集》卷二十七，《四部丛刊初编》本。
③ 出自《曾巩集》卷第三十六《谢解启》，第507页。
④ 出自《曾巩集》附录之《重刻曾南丰先生文集序》，第819页。

已是而立之年的曾巩便责无旁贷地挑起了家庭重任。曾布"幼孤，学于其兄巩"，曾肇"从兄中书舍人子固学，日夜不辍"。① 这正如曾肇在其兄《行状》中所说："教养四弟，相继得禄仕，嫁九妹皆以时，且得所归，自委废单弱之中，振起而亢大之，实公是赖。"②

曾巩对他们的影响首先表现在思想上。时任中书舍人的曾肇曾给哲宗上了一个奏状，论国君立己知人之事。以为立己以礼、知人以言的关键就是学习，如其所言："陛下欲致此，非他，学以求之，思以精之而已。"③ 而这一思想正与曾巩在《熙宁转对疏》中的主张完全相同，《疏》文言："得之于心者，其术非他，学焉而已矣。此致其知所以为大学之道也。古之圣人，舜禹成汤文武，未有不由学而成，而傅说、周公之辅其君，未尝不勉之以学。"曾巩由此进一步论述道："盖学所以成人主之功德如此。诚能磨砻长养，至于有以自得，则天下之事在于理者，未有不能尽也。能尽天下之理，则天下之事物接于我者，无以累其内；天下之以言语接于我者，无以蔽其外。"④ 曾肇也有此意，以为："天下之物，接于我者无穷，而不能以道观物，则为物所引。"又言："舍是而不务，则接物而不能无累，听言而不能不惑。"⑤ 两厢对照，可明显看出曾肇的思想由其兄而来，但所论不如曾巩清晰、深刻。

这种影响还表现在为文方面。承其家族耿介不苟之性，曾巩为文以严正为本，蕴蓄成雄浑深厚的文风。诚如明翰林修撰姜洪所言："其言之而为文，亦雄伟奔放，不可究极。要其归，则严谨醇正。"⑥ 正因其积蕴深厚，故其文气势磅礴、意境高远。不专意于外表上的张扬恣肆，而

---

① 分别见：《东都事略》，第1473页；《曲阜集》卷四附录《神道碑》。
② 《曾巩集》附录，第796页。
③ 《全宋文》第一一○册，第30页。
④ 《曾巩集》卷第二十九，第434页。
⑤ 《全宋文》第一一○册，第29—30页。
⑥ 姜洪：《重刊元丰类稿序》，载《曾巩集》附录，第811—812页。

是借鉴战国策论、汉代大赋的风格多加调理，转而用力于内在义理的纵横捭阖，上下驰骋。因此曾巩文章在宋代尤以长于说理见称于世。其行文从容不迫，立论高瞻远瞩，阐述鞭辟入里，文章具有很大的开阔度、深广度，长篇如《越州鉴湖图序》《唐论》，短章如《梁书目录序》《墨池记》都有此特点。曾巩长于叙事的特点，也体现在他的诗歌创作中。在他最有代表性的近体诗歌中，绝大多数都是七言之作，在二百二十六首近体诗歌中，五言诗只有二十二首。另外，他很少作绝句，五绝没有一首，七绝只有五十九首，与七律一百四十六首的数量相差较远。近体诗中七言要比五言、八句要比四句更便于言说，这是曾巩诗歌创作中七言多于五言、律诗多于绝句一个原因所在。

曾巩长于叙事论理的特点也鲜明地体现在曾布、曾肇的身上。曾布所作如《贺安南捷奏表》，开篇言"臣闻圣人之于征伐也，用非得已；先王之于夷狄也，威然后怀"[1]，用带语气词"也"的双句形成一个组合骈对，使得行文既有骈体之谨严，又有散体之舒缓，奏表显得落落大方，气度不凡。这一手法也为其兄曾巩所常用，以此来调节骈体节奏。如《赵令铄祠部郎中制》"盖事神者，人道之极也。祠曹所领，体莫重焉"[2]，又如《王祖道司封员外郎制》"所言亲亲尊贤，国之典也"[3]。曾布所作在行以散体的同时又照顾到骈体的特点。就骈文本身的优美而言，确如袁桷所说："文昭、文肃当贫苦时皆舍人抚字，迄见有成，至于制、诰则殆青过于蓝。"[4] 但从另一方面来看，曾布的骈文如同曾肇所作，都是在骈文的体制范围之内用心雕琢，缺乏曾巩破体的大胆与气度。《奏表》后段通过长短错落的对句交替组合，读之朗朗上口。值得注意的是，全

---

① 《全宋文》第〇八四册，第253页。
② 《曾巩集》卷第二十，第325页。
③ 《曾巩集》卷第二十，第323页。
④ 袁桷：《题曾文昭诗》，《清客居士集》卷四十六。

篇无一组相邻对句在句式上重复,这是曾布制文的一个特点。如《贺南郊赦表》《贺册皇后表》等,文中都尽量避免这种重复。

  与骈文相比,曾布长于叙述的特点更多体现在他的散体奏疏中。如《条奏役法疏》,全篇十一次重复"此臣所未喻也",依次铺排役法利弊之所在,条理清晰,层次分明。如此逐层深入密不透风,让人无法辩驳。文章最后回顾篇题,与御史针锋相对:"御史有言责者也,臣有官守者也。御史之所论,臣之官守也。御史以言责言,臣以官守言,此臣之区区所以事陛下之义,不敢不尽也。"①此种叙述方式颇似曾巩常用的"双行"手法,两两对提,毫不避讳,是展示自己观点并反击对方的一种强有力的方法。

  曾布长于叙述的特点还体现在一种颇为独特的文学样式之上,即大曲,这是其他二曾所缺乏的。宋代大曲的特点正是长于叙事,将曾布所作与司空图《冯燕歌》相比,可明显地看到这一点。曾布较早在宋代尝试以大曲形式来演说一段完整的故事,既为大曲的发展做了探索,也让曾氏长于叙事的家学传统在新的形式中做了一次大胆尝试。

  与两位兄长相同,曾肇也"克承其家学"②而长于叙事论理。因其胸襟不如曾巩开阔,故其为文难有开张之势,而多于篇章内在思理上巧作安排,由此形成其文以绵密见长的特点,然缺乏其兄曾巩的雄浑深厚,导致其绵密处有时过于密腻。他们两人都有为佛寺写的记叙文,曾巩的文章态度鲜明、器宇轩昂,"必为自家门第",其扬儒抑佛的立场清晰可见。曾肇的《滁州龙蟠山寿圣寺佛殿记》开篇有大段文字阐述禅宗心性思想,最后归结到儒家的心性论"其意亦如是哉"。他是通过两者内在思理上的相通之处,顺势将之导向儒家之道。刘克庄《后村先生大全集》卷一百七十八《诗话续集》载:

  南丰序《南齐书》云:"为二典者所记,岂独唐虞之迹耶?

---

① 《全宋文》第〇八四册,第260页。
② 《曲阜集》卷四附录《神道碑》。

并与其精微之意而传之。""方是之时,岂特任政者皆天下之士哉?盖执简操笔而随者,亦皆圣人之徒也。"曲阜行《颍滨中书舍人制》云:"在昔典谟、训诰、誓命之文,学者宗之,以为大训。盖当是时,岂独纪纲法度后世有不能及哉?至于言语侍从之臣,皆圣人之徒,亦非后世之士所能仿佛也。"词意全本南丰,其家庭素所讲贯也。①

与曾巩文章相比,其行文要纡折绵密得多。然而有时正因其思致过于细密,而冲淡了主题。如此篇佛殿记,若不细心体会其费思劳神之处,则往往会以为其曲终奏雅,于儒道只是稍做点缀而已。从此类文章的对比中正可看出,曾肇承其家学,受其兄长曾巩文风的影响又能自成面目。同时,也能看到他为文不足处之所在。

三曾兄弟长于叙事,而于诗歌创作则相对较弱。如上所述,三曾诗歌都有佳作,尤其曾巩古体、近体俱佳。他们弱于诗歌主要是指对于诗歌传统传承多而变创少,宋人诗歌的独特风貌尚显不足,这与他们为文的变化多方、姿态万千相比,与苏轼、黄庭坚等人多有开拓相较,其诗歌创作的成就要为之逊色。如此言其"短于韵语"方为准确。

对于文与诗两大文类创作的不平衡,又可从他们的词创作中得到一个印证。词乃有宋一代之文学,缪钺先生以为词之特质,约有四端:一曰其文小,二曰其质轻,三曰其径狭,四曰其境隐。②曾氏兄弟"刚毅""刚直",其耿介不苟以至偏于执拗的性格特点,与词体小、轻、狭、隐的特质差异较大,故而他们都不擅长于运用这一文学样式抒情写意。词之创作大兴于宋代,北宋文人几乎无不试作一二,但三曾兄弟的词作极少。虽然,历经千载,文集多有散佚,但其词作之少似当与他们不擅此体有

---

① 《后村先生大全集》第一百七十八卷,《四部丛刊初编》本。
② 缪钺:《缪钺全集》第三卷,河北教育出版社,2004年,第5—9页。

关。曾巩传世之作只有一首《赏南枝》[①]，整个宋代再无人用此调创作，可见此调不得众人所喜，在音律上亦有不足之处。曾巩不能为词在当时也是出了名的，李清照的《词论》就说："王介甫、曾子固，文章似西汉，若作一小歌词，则人必绝倒，不可读也。"[②] 茅坤说他是"殊属木纳謇涩，嗷之无声，嘘之无焰者"[③]。袁子才更进一步解释为"亦天性少情之故"[④]。至于曾肇则无词作传世[⑤]，曾布虽有《水调歌头》大曲，但大曲的性质与缪钺先生所言词体之特质相差甚大。且在此曲的创作中，曾布所体现的正是他长于叙事的文学创作才能。除此大曲，曾布还有一首《江南好》：

江南客，家有宁馨儿。三世文章称大手，一门兄弟独良眉。
藉甚众多推。
千里足，来自渥洼池。莫倚善题鹦鹉赋，青山须待健时归。
不似傲当时。[⑥]

此调源自唐代白居易的《忆江南》，只有五十四字，六韵，是早期近于诗歌的词体形式。较之后来吴文英所作九十五字、八韵的《江南好》（又名《满庭芳》），在体式复杂性上则要相去甚远。因其近于诗体，不便词人抒情写意，故而在宋代极少有人用此调进行创作。整个南北二宋，只有南宋赵师侠也用五十四字体创作了一首《江南好》：

天共水，水远与天连。天净水平寒月漾，水光月色两相兼。

[①] 《全宋词》第一册，第199页。最早载于宋黄大舆《梅苑》，署名曾巩。此外，在宋代再没有其他著作谈到曾巩创作了这首词。
[②] 〔宋〕李清照撰，王仲闻校注：《李清照集校注》，人民文学出版社，2000年，第195页。
[③] 〔明〕茅坤撰：《茅鹿门先生文集》卷八《复陈五岳方伯书》，明万历刻本。
[④] 《袁枚全集》第3册《随园诗话》卷六，第177页。
[⑤] 《全宋词》第一册，第572页载有署名曾肇的《好事近》，但此非曾肇所作，见本书附论四之考订。《听秋声馆词话》卷三"周氏兄弟能词"条言古来兄弟能词者有曾子固、曾子开，此亦为《好事近》所误。
[⑥] 《全宋词》第一册，第266页。

月映水中天。人与景，人景古难全。景若佳时心自快，心远乐处景应妍。休与俗人言。①

两者相较可以看出，曾布所作与《水调歌头》大曲一样，依然是以叙事为主。而赵师侠的作品则偏于抒情，要比曾布所作优美许多，带有"小""轻"的词体特点。前文论述《水调歌头》大曲时，曾分析了曾布之所以选择大曲中之《水调歌头》进行创作的原因。而此处我们亦能更进一步看到，曾布在宋代较早进行大曲创作，虽有某种偶然性，但曾氏家族非常擅长的叙事才能无疑对他进行大曲的创作起到了重要的推动作用。

三曾之后人，对于家族性格特点以及文学特性，于传承中更多拓展。既长于叙事，亦优于抒情。其中小三曾可谓代表。曾纡、曾惇、曾协，诗歌创作各有千秋，亦有家族遗风。律调均如大三曾，少有如李义山之幽微细腻之风情，多为爽朗壮阔之情怀。而于古体，尤为出彩。是中，曾协最为翘楚。朴茂与爽利交融，太白与子美融贯，老拙中尽展劲爽之风致。与大三曾相比，小三曾最为突出之变化表现于小词之创作。曾纡、曾惇均可谓当行里手，词才词情，不输群英。尤其曾协，不再拘束以小令，渐进骋情于中调，始得长篇抒写，且如《水龙吟》等，已成嘉构。由此可见世事之变幻，心性之变迁。非如早起曾氏之固守执拗，多得灵动兴会之情韵。唯，性灵渐开，固守难再。由是曾惇多慕虚华，逢迎权贵，以致后世声名日下。然，渐变终有本色。曾氏后人虽诗词兼能，终究偏擅诗歌。小词，终拘束于"小"，尚难有两宋词风自是一家之风度，多不脱花间之旧痕。

---

① 《全宋词》第三册，第2093页。

陈振孙《直斋书录解题》卷二十"《曾文清集》十五卷"载：

> 本朝曾氏三望，最初温陵宣靖公公亮明仲；次南丰舍人巩子固兄弟，然其祖致尧起家，又在温陵之先矣；其后则几之族也，自赣徙河南，与其兄楙叔夏、开天游皆尝贰春官。①

在北宋中后期，以曾巩为代表的曾氏三兄弟或多次荣任词臣之选，或拜为宰相执掌朝纲，于当时的政坛、文坛影响颇著。就宋朝而言，兄弟接连折桂登科者不在少数，以文学创作之能扬名当世者亦不乏其人。其文名虽不及三苏，但较之清江孔氏、南昌洪氏、阆中陈氏、眉州唐氏等家族而言，其为文、为政两方面对宋代以至后世的影响都要远大于这些家族。②曾氏家学传承有绪，后代谨守不辍。宋代自曾致尧、曾易占进士及第，家风始振之后，一门兄弟均勤奋好学，五人金榜题名。自曾致尧始，其家族即以耿介不苟的性格著称于世，后代亦多秉此性，或被誉为"刚毅"，或被赞为"刚直"。曾巩为其弟曾宰所作《亡弟湘潭县主簿子翊墓志铭》中言："为人质直孝弟，抑畏小心，少年饮酒歌呼、饶乐放纵之事，未尝一接焉。"此评正可为曾氏家族众子弟之概括。可见其家教之严谨，非如宋人常见琴棋书画、问道参禅之流荡，尤其亦造就曾氏家族总体心性偏好于"质直"、沉稳，而少有灵动骀荡。总体受此影响，其为诗为文在各具面目的同时，也有着明显的共性。这就是长于以文叙事论理，而弱于诗词的写作。然就总体而言，以曾巩为代表的曾氏三兄弟在当时"文"名卓著，非一般家族可及。也正因此，精通文艺"天才甚高"的宋徽宗曾对三曾兄弟评道："兄弟皆有文名"③。

---

① 《直斋书录解题》，第600页。
② 清江孔氏：孔文仲、孔武仲、孔平仲；南昌洪氏：洪朋、洪炎、洪刍、洪羽；阆中陈氏：陈尧叟、陈尧佐、陈尧咨；眉州唐氏：唐淹、唐庚、唐文若。
③ 分别见：《能改斋漫录》卷十六，第485页；《挥麈录》卷一，第61页。

而三曾后人，以小三曾为代表者，诚如傅伯寿《云庄集序》所言：

> 公之聪明该博既踔绝辈流，而鸿儒宗工，代起相袭，心通性解，目濡耳染，其于文也，是唯无作，作则追美于前、垂声于后必矣。①

群辈多能承袭家族之遗风，亦自有一己之新变，由是傅伯寿不禁感叹："然则继文昭兄弟之业而使公无九泉之憾者，将于是乎！在《传》曰：'非在其身，在其子孙。'其是之谓夫！"

---

① 《宋集序跋汇编》卷二九，第1356页。

主要征引文献

一、著作

1.〔清〕安岐撰:《墨缘汇观录》,新文丰出版公司编辑部:《丛书集成新编》第五一册,新文丰出版公司(台湾),1986年,据粤雅堂丛书本影印。

2.〔唐〕白居易著,顾学颉校点:《白居易集》,中华书局,1979年。

3.〔唐〕白居易著,朱金城笺注:《白居易集笺校》,上海古籍出版社,1988年。

4.〔汉〕班固:《汉书》,中华书局,1959年。

5.〔清〕鲍廷博编:《知不足斋丛书》,中华书局,1999年。

6.〔南朝宋〕鲍照著,丁福林、丛玲玲校注:《鲍照集校注》,中华书局,2012年。

7.北京大学古文献研究所编:《全宋诗》,北京大学出版社,1991年。

8.〔清〕毕沅编著,标点资治通鉴小组校点:《续资治通鉴》,中华书局,1957年。

9.〔宋〕蔡襄著,〔明〕徐等编,吴以宁点校:《蔡襄集》,上海古籍出版社,1996年。

10.〔宋〕蔡正孙撰,常振国、降云点校:《诗林广记》,中华书局,1982年。

11.〔明〕曹学佺编:《石仓历代诗选》,上海古籍出版社,1987年,《钦定四库全书》本。

12.〔宋〕晁补之撰:《济北晁先生鸡肋集》,《四部丛刊初编》本。

13.〔宋〕晁公武撰,孙猛校证:《郡斋读书志校证》,上海古籍出版社,1990年。

14.〔宋〕陈次升撰:《谠论集》,《文渊阁四库全书》本。

15.〔宋〕陈景沂辑:《全芳备祖》,农业出版社,1982年。

16.〔宋〕陈均编,许沛藻点校:《皇朝编年纲目备要》,中华书局,2006年。

17.〔宋〕陈骙、佚名撰,张富祥点校:《南宋馆阁录》,中华书局,1998年。

18.〔宋〕陈师道:《后山居士文集》,上海古籍出版社,1984年,据北京图书馆藏宋刻本影印。

19.陈万鼐:《中国古代音乐研究》,文史哲出版社(台北),1990年。

20.〔宋〕陈旸撰:《乐书》,《景印文渊阁四库全书》本。

21.陈寅恪:《金明馆丛稿二编》,上海古籍出版社,1980年。

22.〔宋〕陈元靓撰:《事林广记》,中华书局,1999年。

23.〔宋〕陈振孙著,徐小蛮、顾美华点校:《直斋书录解题》,上海古籍出版社,1987年。

24.程千帆编选:《宋诗精选》,江苏古籍出版社,1992年。

25.〔唐〕崔令钦撰,任半塘笺订:《教坊记笺订》,中华书局,1962年。

26.〔汉〕戴圣:《礼记》,上海书店,1997年,据《四部丛刊初编》本。

27.丁福保辑:《历代诗话续编》,中华书局,1983年。

28.〔清〕董诰等编:《全唐文》,中华书局,1983年。

29.〔宋〕杜大珪编:《新刊名臣碑传琬琰之集》,《中华再造善本》,据中国国家图书馆藏宋刻元明递修本影印。

30.〔唐〕杜甫撰,〔清〕杨伦笺注:《杜诗镜铨》,上海古籍出版社,1980年。

31.〔唐〕段安节撰:《乐府杂录》,中国戏曲研究院编:《中国古典戏曲论著集成一》,中国戏剧出版社,1959年。

32. 段成式:《酉阳杂俎》,《四部丛刊初编》本。

33.〔宋〕范晔撰,〔唐〕李善等注:《后汉书》,中华书局,1995 年。

34.〔清〕方东树撰,汪绍楹校点:《昭昧詹言》,人民文学出版社,1961 年。

35.〔元〕方回选评,李庆甲集评校点:《瀛奎律髓汇评》,上海古籍出版社,1986 年。

36.〔明〕方以智:《通雅》,中国书店,1990 年,据康熙姚文燮浮山此藏轩本影印。

37.〔唐〕房玄龄等撰:《晋书》,中华书局,1995 年。

38. 傅璇琮、王兆鹏主编:《宋才子传笺证·词人卷》,辽海出版社,2011 年。

39. 高海夫主编:《唐宋八大家文钞校注集评》,三秦出版社,1998 年。

40.〔宋〕葛立方:《韵语阳秋》,上海古籍出版社,1984 年,据上海图书馆藏宋刻本影印。

41. 耿昇译:《柏朗嘉宾蒙古行纪》,何高济译:《鲁布鲁克东行纪》,中华书局,1985 年。

42.〔清〕桂馥撰:《说文解字义证》,上海古籍出版社,1987 年。

43.〔清〕桂馥撰:《未谷诗集》,清道光二十一年刻本。

44. 郭绍虞著:《宋诗话考》,中华书局,1979 年。

45.〔宋〕郭茂倩编:《乐府诗集》,中华书局,1979 年。

46.〔宋〕郭祥正撰,孔凡礼点校:《郭祥正集》,黄山书社,1995 年。

47.〔宋〕郭祥正:《青山续集》,《景印文渊阁四库全书》本。

48.〔唐〕韩愈著,钱仲联集释:《韩昌黎诗系年集释》,上海古籍出版社,1984 年。

49. 郝懿行、王念孙、钱绎、王先谦等著:《尔雅 广雅 方言 释名 清疏四种合刊(附索引)》,上海古籍出版社,1989 年。

50. 何琳仪:《战国古文字典》,中华书局,1998 年。

51. 何清谷校注,陕西省古籍整理办公室编:《三辅黄图校注》,三秦出版社,

1995年。

52.〔清〕和珅:《钦定大清一统志》,《景印文渊阁四库全书》本。

53.〔宋〕何汶撰,常振国、绛云点校:《竹庄诗话》,中华书局,1984年。

54.〔清〕何焯著,崔高维点校:《义门读书记》,中华书局,1987年。

55.〔宋〕洪迈撰,何卓点校:《夷坚志》,中华书局,2006年。

56.〔明〕胡震亨:《唐音癸签》,上海古籍出版社,1981年。

57.〔宋〕胡仔纂集,廖德明点校:《苕溪渔隐丛话》,人民文学出版社,1962年。

58.〔宋〕黄朝英撰,吴启明点校:《靖康缃素杂记》,上海古籍出版社,1986年。

59.〔宋〕黄昇编:《中兴以来绝妙词选》,《四部丛刊初编》本。

60.黄竹三、冯俊杰主编,刘孝严校审:《六十种曲评注》第5册,吉林人民出版社,2001年。

61.〔清〕黄宗羲撰,沈善洪主编,吴光执行主编:《黄宗羲全集》,浙江古籍出版社,2005年。

62.〔唐〕计有功:《唐诗纪事》,上海古籍出版社,1965年。

63.〔清〕纪昀总纂:《江西通志》,《景印文渊阁四库全书》本。

64.〔唐〕贾岛著,齐文榜校注:《贾岛集校注》,人民文学出版社,2001年。

65.贾敬颜:《五代宋金元人边疆行记十三种疏证稿》,中华书局,2004年。

66.贾志扬:《宋代科举》,东大图书公司(台北),1995年。

67.〔宋〕江少虞撰:《宋朝事实类苑》,上海古籍出版社,1981年。

68.〔唐〕康骈:《剧谈录》,古典文学出版社,1958年。

69.〔宋〕孔平仲撰:《孔氏谈苑》,中华书局,2012年。

70.〔唐〕李白著,瞿蜕园、朱金城校注:《李白集校注》,上海古籍出版社,1980年。

71.李崇智编著:《中国历代年号考(修订本)》,中华书局,2004年。

72.〔宋〕李昉等撰:《太平御览》,中华书局,1960年。

73.〔宋〕李昉等:《太平广记》,中华书局,1961年。

74.〔宋〕李昉等编:《文苑英华》,中华书局,1966年。

75.〔明〕李蓘编:《宋艺圃集》,《景印文渊阁四库全书》本。

76.〔宋〕李清照撰,王仲闻校注:《李清照集校注》,人民文学出版社,2000年。

77.〔唐〕李群玉撰:《李群玉诗集》,《四部丛刊初编》本。

78.〔唐〕李商隐撰,刘学锴、余恕诚集解:《李商隐诗歌集解》,中华书局,1998年。

79.〔唐〕李石等编著,邹介正、和文龙校注:《司牧安骥集校注》,中国农业出版社,2001年。

80.李守奎编著:《楚文字编》,华东师范大学出版社,2003年。

81.〔宋〕李焘著,(清)黄以周辑补:《续资治通鉴长编》,上海古籍出版社,1979年。

82.〔明〕李贤等撰:《明一统志》,《景印文渊阁四库全书》本。

83.李孝定编述:《甲骨文字集释》,中央研究院历史语言研究所,1965年。

84.〔宋〕李心传:《建炎以来系年要录》,中华书局,1985年。

85.〔唐〕李延寿:《南史》,中华书局,1975年。

86.〔宋〕李攸撰:《宋朝事实》,《景印文渊阁四库全书》本。

87.李域铮:《陕西古代石刻艺术》,三秦出版社,1995年。

88.李震:《曾巩年谱》,苏州大学出版社,1997年。

89.李正光等编:《楚汉简帛书典》,湖南美术出版社,1998年。

90.〔宋〕李埴著:《皇宋十朝纲要》,赵铁寒主编:《宋史资料萃编》第一辑,据上海东方学会铅字印本影印,文海出版社(台北),1980年。

91.〔宋〕李廌撰,孔凡礼点校:《师友谈记》;〔宋〕朱弁撰,孔凡礼点校:《曲洧旧闻》;〔宋〕陈鹄撰,孔凡礼点校:《西塘集耆旧续闻》,中华书局,2002年。

92.〔元〕李冶撰，刘德权点校：《敬斋古今黈》，中华书局，1995年。

93.〔后魏〕郦道元注，杨守敬、熊会贞疏，段熙仲点校，陈桥驿复校：《水经注疏》，江苏古籍出版社，1989年。

94.〔清〕厉鹗辑撰：《宋诗纪事》，上海古籍出版社，1983年。

95.〔梁〕梁子显撰：《南齐书》，中华书局，1972年。

96. 林谦三：《隋唐燕乐调研究》，商务印书馆，1936年。

97.〔宋〕林表民：《赤城集》，《景印文渊阁四库全书》本。

98. 凌景埏、谢伯阳校注：《诸宫调两种》，齐鲁书社，1988年。

99.〔清〕刘大櫆著，范先渊校点：《论文偶记》，〔清〕吴德旋范先渊校点：《初月楼古文绪论》，〔清〕林纾撰，范先渊校点：《春觉斋论文》，北京：人民文学出版社，1959年。

100.〔宋〕刘克庄撰：《后村先生大全集》，《四部丛刊初编》本。

101.〔西汉〕刘向集录：《战国策》，上海古籍出版社，1985年。

102.〔汉〕刘歆撰，〔晋〕葛洪集，向新阳、刘克任校注：《西京杂记校注》，上海古籍出版社，1991年。

103. 刘兴隆编：《新编甲骨文字典（增订版）》，国际文化出版公司，2005年。

104.〔后晋〕刘昫等撰：《旧唐书》，中华书局，1975年。

105. 刘永济辑录：《宋代歌舞剧曲录要》，古典文学出版社，1957年。

106.〔唐〕刘禹锡著，瞿蜕园笺证：《刘禹锡集笺证》，上海古籍出版社，1989年。

107.〔宋〕柳永著，薛瑞生校注：《乐章集校注》，中华书局，2012年。

108. 逯钦立辑校：《先秦汉魏晋南北朝诗》，中华书局，1983年。

109.〔宋〕陆游撰：《南唐书》，《四部丛刊续编》本。

110.〔唐〕陆德明撰：《经典释文》，上海古籍出版社，1985年，据北京图书馆藏宋刻本影印。

111.〔宋〕吕祖谦：《类编皇朝大事记讲义》，文海出版社（台湾），1981年。

112. 罗继祖主编，罗振玉著：《罗振玉学术论著集》，上海古籍出版社，2010年。

113. 罗香林：《唐代文化史研究》，上海文艺出版社，1992年。

114. 马永卿编：《元城语录》，《景印文渊阁四库全书》本。

115. 〔明〕茅坤撰：《茅鹿门先生文集》，明万历刻本。

116. 〔清〕毛先舒撰：《填词名解》，《四库全书存目丛书》，齐鲁书社，1997年，据北京大学图书馆藏清康熙十八年刻词学全书本影印。

117. 冒广生补笺，冒怀辛整理：《后山诗注补笺》，中华书局，1995年。

118. 〔宋〕梅尧臣撰，朱东润编年校注：《梅尧臣集编年校注》，上海古籍出版社，1980年。

119. 〔唐〕孟郊著，华忱之、喻学才校注：《孟郊诗集校注》，人民文学出版社，1995年。

120. 〔宋〕孟元老撰，伊永文笺注：《东京梦华录笺注》，中华书局，2006年。

121. 缪钺：《缪钺全集》，河北教育出版社，2004年。

122. 〔唐〕南卓撰、〔清〕钱熙祚校：《羯鼓录》，古典文学出版社，1957年。

123. 〔宋〕欧阳修撰，李逸安点校：《欧阳修全集》，中华书局，2001年。

124. 〔宋〕欧阳修著，洪本健校笺：《欧阳修诗文集校笺》，上海古籍出版社，2009年。

125. 〔宋〕欧阳修、宋祁撰：《新唐书》，中华书局，1975年。

126. 〔宋〕彭百川：《太平治迹统类》，江苏广陵古籍刻印社，1981年。

127. 〔清〕彭定求编：《全唐诗》，中华书局，1960年。

128. 骈宇骞编著：《银雀山汉简文字编》，文物出版社，2001年。

129. 钱南扬：《永乐大典戏文三种校注》，中华书局，1979年。

130. 钱锺书：《管锥编》，中华书局，1986年。

131. 钱锺书选注：《宋诗选注》，人民文学出版社，1989年2版。

132. 〔宋〕秦观撰：《淮海集》，《四部丛刊初编》本。

133.〔宋〕秦观著,龙榆生点校:《淮海居士长短句》,中华书局,1957 年。

134. 丘琼荪校释:《历代乐志律志校释》,民音乐出版社,1999 年。

135. 丘琼荪撰,隗芾辑补:《燕乐探微》,上海古籍出版社,1989 年。

136. 任二北:《词学研究法》,商务印书馆,1935 年。

137.〔宋〕任渊、史容、史季温注,黄宝华点校:《山谷诗集注》,上海古籍出版社,2003 年。

138.〔宋〕任渊、史容、史季温注,刘尚容校点:《黄庭坚诗集注·山谷外集诗注》,中华书局,2003 年。

139. 容庚编著,张振林、马国权摹补:《金文编》,中华书局,1998 年。

140.〔宋〕阮阅编,周本淳校点:《诗话总龟》,人民文学出版社,1987 年。

141. 上海师范大学古籍整理研究所编,朱易安、傅璇琮等主编:《全宋笔记·第一编》,大象出版社,2003 年。

142. 邵文良:《中国古代体育文物图集》,人民体育出版社,1986 年。

143.〔宋〕沈括撰:《元刊梦溪笔谈》,文物出版社,1975 年。

144.〔清〕沈雄编纂,江尚质增辑:《古今词话》,上海书店,1987 年,据康熙二八年宝翰楼刻本影印。

145.〔梁〕沈约撰:《宋书》,中华书局,1974 年。

146.《十三经注疏》整理委员会整理,李学勤主编:《十三经注疏·毛诗正义》,北京大学出版社,1999 年。

147.〔宋〕司马光撰,邓广铭、张希清点校,《涑水记闻》,中华书局,1989 年。

148.〔汉〕司马光编著,〔元〕胡三省音注,标点资治通鉴小组校点:《资治通鉴》,中华书局,1956 年。

149.〔汉〕司马迁撰:《史记》,中华书局,1959 年。

150.〔明〕宋濂:《宋学士文集》,中华书局,1985 年。

151.〔宋〕苏轼撰,〔清〕王文诰辑注,孔凡礼点校:《苏轼诗集》,中华书局,

1982年。

152. 苏轼著,孔凡礼点校:《苏轼文集》,中华书局,1986年。

153.〔宋〕苏舜钦撰,沈文倬校点:《苏舜钦集》,上海古籍出版社,1981年。

154.〔宋〕苏辙著,陈宏夫、高秀芳点校:《苏辙集》,中华书局,1990年。

155.〔宋〕苏辙著,曾枣庄、马德富校点:《栾城集》,上海古籍出版社,1987年。

156. 汤可敬撰:《说文解字今释》,岳麓书社,2002年。

157. 汤余惠主编:《战国文字编》,福建人民出版社,2001年。

158. 唐圭璋编:《词话丛编》,中华书局,1986年。

159. 唐圭璋编:《全宋词》,中华书局,1965年。

160. 唐圭璋编著:《宋词纪事》,中华书局,2008年。

161.〔元〕陶宗仪撰:《辍耕录》,新文丰出版公司编辑部编:《丛书集成新编》第八册,《津逮秘书》本,新文丰出版公司(台北),1985年。

162.〔明〕陶宗仪等编:《说郛三种》,上海古籍出版社,1988年。

163.〔元〕脱脱等:《宋史》,中华书局,1985年。

164.〔元〕脱脱等撰:《辽史》,中华书局,1974年。

165.〔元〕脱脱等撰:《金史》,中华书局,1975年。

166. 汪辟疆校录:《唐人小说》,上海古籍出版社,1978年。

167. 汪藻:《浮溪集》,《四部丛刊初编》本。

168.〔宋〕王安石:《临川先生文集》,《四部丛刊》初编本。

169.〔宋〕王安石撰,〔宋〕李壁注:《王荆文公诗李壁注》,上海古籍出版社,1993年。

170.〔宋〕王安石撰,王水照主编:《王安石全集》,复旦大学出版社,2017年。

171.〔宋〕王称:《东都事略》,赵铁寒主编:《宋史资料萃编》,文海出版社(台北),1979年。

172.〔宋〕王存撰,王文楚、魏嵩山点校:《元丰九域志》,中华书局,1984年。

173.〔宋〕王谠撰,周勋初校证:《唐语林校证》,中华书局,1987年。

174.〔宋〕王溥撰:《唐会要》,中华书局,1955年。

175. 王国维著:《王国维遗书》,上海古籍书店,1983年。

176. 王国维撰,马美信疏证:《宋元戏曲史疏证》,复旦大学出版社,2004年。

177.〔明〕王祎撰:《大事记续编》,《景印文渊阁四库全书》本。

178.〔明〕王骥德撰:《曲律》,中国戏曲研究院编:《中国古典戏曲论著集成四》,中国戏剧出版社,1959年。

179.〔宋〕王明清:《挥麈录》,中华书局,1961年。

180.〔宋〕王明清:《投辖录·玉照新志》,上海书店,1990年,据"钱塘丁氏所藏鲍渌饮校本"影印。

181.〔清〕王琦注:《李太白全集》,中华书局,1977年。

182.〔清〕王士禛撰,李毓芙、牟通、李茂肃整理:《渔洋精华录集释》,上海古籍出版社,1999年。

183.〔清〕王士禛撰,湛之点校:《香祖笔记》,上海古籍出版社,1982年。

184. 王云五:《丛书集成初编》,中华书局,1985年。

185.〔元〕王祯撰,缪启愉译注:《东鲁王氏农书译注》,上海古籍出版社,1994年。

186.〔宋〕王灼:《碧鸡漫志》,中国戏曲研究院编:《中国古典戏曲论著集成一》,中国戏剧出版社,1959年。

187.〔唐〕韦应物撰,陶敏、王友胜校注:《韦应物集校注》,上海古籍出版社,1998年。

188.〔宋〕魏了翁撰:《鹤山集》,《四部丛刊》初编本。

189.〔宋〕魏庆之撰,王仲闻校勘:《诗人玉屑》,上海古籍出版社,1978年。

190. 闻一多撰,傅璇琮导读:《唐诗杂论》,上海古籍出版社,1998年。

191.〔清〕吴之振编:《宋诗钞》,《景印文渊阁四库全书》本。

192.〔宋〕吴曾:《能改斋漫录》,上海古籍出版,1979年。

193.吴钊:《追寻逝去的音乐踪迹——图说中国音乐史》,东方出版社,1999年。

194.〔明〕吴讷著,于北山校点:《文章辨体序说》,〔明〕徐市曾著,罗根泽校点:《文体明辨序说》,人民文学出版社,1962年。

195.向达:《唐代长安与西域文明》,河北教育出版社,2001年。

196.〔梁〕萧统编,〔唐〕李善注:《文选》,上海古籍出版社,1986年。

197.谢再善译:《蒙古秘史》,开明书店,1951年。

198.〔宋〕辛弃疾著,辛更儒笺注:《辛弃疾集编年笺注》,中华书局,2015年。

199.徐邦达:《古书画过眼要录——晋、隋、唐、五代、宋书法》,湖南美术出版社,1987年。

200.〔唐〕徐坚等著:《初学记》,中华书局,1962年。

201.〔南朝〕徐陵编,〔清〕吴兆宜注,程琰删补,穆克宏点校:《玉台新咏笺注》,中华书局,1985年。

202.〔清〕徐松:《宋会要辑稿》第九册,中华书局,1957年。

203.〔宋〕徐天麟:《东汉会要》,上海古籍出版社,1978年。

204.徐中舒主编:《甲骨文字典》,四川辞书出版社,1988年。

205.〔宋〕徐自明:《宋宰辅编年录》,《文渊阁四库全书》本。

206.〔清〕许慎撰,〔清〕段玉裁注:《说文解字注》,上海古籍出版社,1981年。

207.〔清〕许应铃、朱澄澜修,〔清〕谢煌等撰,《中国地方志集成·江西府县志辑:光绪抚州府志》,南京:江苏古籍出版社,1996年,据光绪二年(1876)刻本影印。

208.〔宋〕严羽著,郭绍虞校释:《沧浪诗话校释》,人民文学出版社,1961年。

209. 杨荫浏:《中国古代音乐史稿》,人民音乐出版社,1981年。

210.〔明〕杨慎,王幼安校点:《词品》,人民文学出版社,1960年。

211.〔宋〕杨时:《龟山先生语录》,《四部丛刊续编》本。

212.〔清〕永瑢等:《四库全书总目》,中华书局,1965年。

213. 于锦绣、杨淑荣主编:《中国各民族原始宗教资料集成·考古卷》,中国社会科学出版社,1996年。

214.〔宋〕袁褧撰,《枫窗小牍》,新文丰出版公司编辑部编:《丛书集成新编》第八四册,新文丰出版公司(台北),1986年,据陈继儒辑《宝颜堂秘笈》本排印。

215.〔元〕袁桷撰:《延祐四明志》,中华书局,1990年。

216.〔元〕袁桷:《清容居士集》,《文渊阁四库全书》本。

217.〔宋〕曾巩:《曾文定公集》,南京图书馆古籍部藏康熙壬申年刊本。

218.〔宋〕曾巩撰,陈杏珍、晁继周点校:《曾巩集》,中华书局,1984年。

219. 曾枣庄、刘琳主编:《全宋文》,辞书出版社、安徽教育出版社,2006年。

220.〔宋〕曾慥撰:《类说》,北京图书馆古籍出版编辑组编:《北京图书馆古籍珍本丛刊》62册,书目文献出版社,1998年,据明天启六年岳钟秀刻本影印。

221. 曾昭岷、曹济平、王兆鹏、刘尊明编撰:《全唐五代词》,中华书局,1999年。

222.〔宋〕曾肇撰:《曲阜集》,《文渊阁四库全书》本。

223.〔宋〕张邦基撰,孔凡礼点校:《墨庄漫录》;〔宋〕范公偁撰,孔凡礼点校:《过庭录》;〔宋〕张知甫撰,孔凡礼点校:《可书》,中华书局,2002年。

224.〔唐〕张籍撰,徐礼节、余恕诚校注:《张籍集系年校注》,中华书局,2011年。

225.〔元〕张可久著,吕蔚芬、杨镰校注:《张可久集校注》,浙江古籍出版社,1995年。

226. 张世彬:《中国音乐史论述稿》,友联出版社,1975年。

227.[金]张暐等辑:《大金集礼》,《景印文渊阁四库全书》本。

228.〔清〕章学诚著,郭康松点校:《湖北通志检存稿·湖北通志未定稿》,湖北教育出版社,2002年。

229.张亚初编著:《殷周金文集成引得》,中华书局,2001年。

230.〔宋〕张炎:《词源》,商务印书馆,1937年。

231.〔后蜀〕赵崇祚编,杨景龙校注:《花间集校注》,中华书局,2014年。

232.〔宋〕赵令畤撰,孔凡礼点校:《侯鲭录》,中华书局,2002年。

233.〔宋〕赵善璙:《自警编》,《景印文渊阁四库全书》本。

234.赵铁寒编:《宋史全文续资治通鉴》,文海出版社(台湾),1980年。

235.〔宋〕赵汝愚编,北京大学中国中古史研究中心校点整理:《宋朝诸臣奏议》,上海古籍出版社,1999年。

236.〔宋〕赵与时撰,齐治平校点:《宾退录》,上海古籍出版社,1983年。

237.〔宋〕郑克编,刘俊文译注、点校:《折狱龟鉴译注》,上海古籍出版社,1988年。

238.〔清〕郑献甫:《补学轩文集》,清咸丰十一年刊本。

239.中国社会科学院考古研究所编辑:《甲骨文编》,中华书局,1965年。

240.中国社会科学院考古研究所编:《殷周金文集成释文》,香港中文大学中国文化研究所,2001年。

241.中国社会科学院考古研究所编:《殷周金文集成》,中华书局,1992年。

242.《中国音乐文物大系》总编辑部:《中国音乐文物大系·北京卷》,大象出版社,1999年。

243.中华人民共和国体育运动委员会运动技术委员会编:《中国体育史参考资料》,人民体育出版社,1957年。

244.中央民族学院艺术系文艺理论组:《〈梦溪笔谈〉音乐部分注释》,民音乐出版社,1979年。

245.周法高主编,张日升、徐芷仪、林洁明编纂:《金文诂林》,香港中文大学,1974年。

246.〔宋〕周煇撰,刘永翔校注:《清波杂志校注》,中华书局,1994年。

247.〔宋〕朱熹撰,郭齐、尹波点校:《朱熹集》,四川教育出版社,1996年。

248.〔宋〕祝穆:《古今事文类聚》,《景印文渊阁四库全书》本。

249. 祝尚书编:《宋集序跋汇编》,中华书局,2010年。

250. 周兴陆辑著:《世说新语汇校汇注汇评·中》,凤凰出版社,2017年。

251.〔梁〕宗懔撰,宋金龙校注:《荆楚岁时记》,山西人民出版社,1987年。

二、学术论文

1. 连波:《论结构布局》,中国音乐协会上海分会、中国戏剧家协会上海分会编:《论戏曲音乐》,中国戏剧出版社,1983年。

2. 阴法鲁撰:《唐宋大曲之来源及其组织》,《国立北京大学五十周年纪念论文集·文学院第十种》,北京大学出版部,1948年。

3. 邹陈惠仪:《曾巩诗文版本概况与辑佚》,《古籍整理研究学刊》,2003年3月第2期。

后记一

妄 思
——缅怀恩师恕诚大人千古

已不忆先师何年何月何时逝往于何地何所何乡，或不甚远亦，或甚矣辽阔。不曾勘对，未得想及，难耐搜检，怯然忆往亦不知何处追忆、何时念想。唯随风而逝、随意往还、随心飘散，如是而已。

或初始拜慰于某地某日某时，金陵长途于芜湖，携两三瓜果偶旅彷徨周旋往复于某地。楼甚高，室甚狭。十年钢铁生涯，一九八八跨越一九九八，如此漫长，如是悠幽。马江之炉火，南钢之轰鸣，一切之印记，铁烙于风尘。由是木讷僵硬痴傻不知所言所为所想。一长者静尊于一椅，无声。语无伦次唐突贸然左支右绌支吾嗫嚅，欲语凝噎处倏忽潸然，十年。冰硬于铁于钢于轧机于炉火，唯千度炙烤万般棰楚沁人心醉之铁红。无所由来，无所预示，飘然而至，倏然以逝，十年。不知从何而来，流浪何地，逡巡飘荡江之南天之北海之涯。每日横渡朝霞流浪夕阳以至汪洋，亦无何悲与非悲，是与非是，非与非非。昏昏沉沉浑浑噩噩断断续续一线相连。不知人鬼之域生死之境悲喜之心苦乐之情。或微风或野火，扑面燎烧蔓草凄迷，或轻啼或哀嚎纠葛撕扯，地老天荒好一番景致，美不胜收，十年。荒原也已荒芜，穹宇亦将崩颓，漫天风沙四地浊浪，只有沉沦。

天涯何处远，远隔大江天。咫尺轻舟度，生死笑谈闲。

似与非似际，雀跃飞舞廷兰妖娆相向合鸣，东南渐曙。一九九七暂辍轰鸣跨海横江懵懂于考场。何以南何以北何以东何以西，唯向生死地拼却修罗场。无有甘来，焉能邂逅，金榜安在，把酒何欢，却是再次沉没。置身死地何有后生，濒于绝境唯是绝然。退之辞之除之废之贩夫走卒牛溲马勃天矣命矣，一九九八再向东南。一弱微明或颤绽于天荒地老。风，泥犁之清凉。却又政之难治一命危悬芥草风腾。驱车，狂奔。更至合州教衙勘对草草彷徨衰煞。微明一弱静止如水。情不可遏心不可已由以至极至性以至玄一。可谓古今天人精而熟之鬼神以告，正此一灵咬定透彻生死。至情至性心印心戚。

师，沉缓以允温谨以诰。玄黄正序玉宇桑田由此重生一九九八，死生走过。

三年于赭山三载于镜湖生兹长兹。两周之例训，半载之课业，三年之考成，育之秀之。师，亲力亲为。课余常趋尊府恭承謦欬，楼甚高而未远，室甚狭而堂皇。师，兀兀伏案几净斜晖窗明晓月环堵插架萧萧肃肃肃穆穆皇皇。乌沉大案长方厚簿晨思风貌夜话谿生。其心良以诚恳，其性温以慈容，其气恭以善物，其行俭以自修，其德让以成仁，善哉吾师。恕以宽之，诚以道之，谨行恭貌微言细辞，稳重如巍峦深沉似渊海。皖江业就负笈三江。佳节候问亲濡翰芳。柳书正楷笔笔行行。睹书如面何敢怠荒。再走扶桑，晨昏宇治，悠悠长川，遥遥凤翔。春月春晖秋雨秋霜。晨兴彷徨忽触痛伤。不知所以兀坐夕阳。想来又是数载光阴悠然飘散，潮起潮落朝来朝往。是中何曾料想更是一番幻幻灭灭生生寂寂悲欣迷惘。唯师唯铭黾勉无忘。精勤磋磨尤自高翔。于师千百生徒或无一多于吾唯是唯一再造栋梁。

师，逝往已远生思迢遥。想天涯于聚散怅因缘之飘摇。风乍起于层林云四散于荒皋。长流兮万里长怀兮春宵。良不可兮再得尤大梦兮层霄。师兮归来。或侧畔于青山亦周流于湖水。似悠游于红楼宛往来于舍帷。

更星月于塾堂尤芬桂于春晖。师兮归来。横大江兮骋望奔荒涂于久长。辽旷远兮弥漫悲晨风兮清凉。登赭山兮何得以追思荡碧波兮焉能而留芳。天门兮中断征帆兮孤张。怅兮惘兮徜徉恍兮惚兮愁伤。师兮归来。忽几净于斜晖窗明于春光。亦晨思于风貌夜话于豁商，唯环堵于何地尤渺邈焉何方。师兮烟然尤以远航。

后记二

短　歌

　　早岁端居宇治，默对长流，俯仰四宇，静待三秋，俱是悲欣交集，玉散风幽。意不知所起，亦不知所之所止所行所往何以遨游。天道周星，因缘有自，得心香一瓣，南丰千寿，百代问对，今昔并俦。遂中意论考，倾心绸缪。行卷芹曝，鸿满西洲。前有奉侍，后有妾愁。不意横遭三叹，徒罹九忧。片言无存，匪兕荒丘。唯亲驴马，无识冤旒。史有北癯呕哑，燕雀唧啾。以致犬羊犹鞯，虎豹无畴。郢书燕说，南冠北囚。后山薄命于无泪，子山哀伤于孤舟。诚意七发，难尽悠幽。故于是作再呈妾意，以诉情绸。有望青山，丹心长秋。

　　己亥荷月中浣西元二〇一九七月十七
　　于古彭玉泉雅筑快斋